COLLECTION MICHEL LÉVY

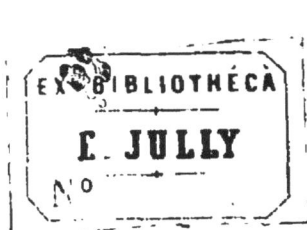

ŒUVRES COMPLÈTES

D'ALPHONSE KARR

ŒUVRES COMPLÈTES
D'ALPHONSE KARR

PARUES DANS LA COLLECTION MICHEL LÉVY

AGATHE ET CÉCILE.	1 vol
LE CHEMIN LE PLUS COURT.	1 —
LES FEMMES.	1 —
ENCORE LES FEMMES.	1 —
LA FAMILLE ALAIN.	1 —
FEU BRESSIER.	1 —
LES FLEURS.	1 —
GENEVIÈVE.	1 —
LES GUÊPES.	6 —
HORTENSE.	1 —
MENUS PROPOS.	1 —
LA PÊCHE EN EAU DOUCE ET EN EAU SALÉE.	1 —
LA PÉNÉLOPE NORMANDE.	1 —
UNE POIGNÉE DE VÉRITÉS.	1 —
PROMENADES HORS DE MON JARDIN.	1 —
RAOUL.	1 —
ROSES NOIRES ET ROSES BLEUES.	1 —
LES SOIRÉES DE SAINT-ADRESSE.	1 —
SOUS LES ORANGERS.	1 —
SOUS LES TILLEULS.	1 —
TROIS CENTS PAGES.	1 —
VOYAGE AUTOUR DE MON JARDIN.	1 —

LAGNY. — Typographie de A. VARIGAULT et Cie.

LA
FAMILLE ALAIN

PAR

ALPHONSE KARR

NOUVELLE ÉDITION

PARIS
MICHEL LÉVY FRÈRES, LIBRAIRES-ÉDITEURS
RUE VIVIENNE, 2 BIS
—
1861

Tous droits réservés

A JEANNE

A MADAME JOSÉPHINE MAURIN

LA FAMILLE ALAIN

I

La Dive est une petite rivière qui serpente à travers la riche vallée d'Auge et qui vient se jeter dans la mer. Quelques cabanes de pêcheurs et d'herbagers ont fini par devenir un village qui s'appelle Dive, du nom de la rivière.

Les hommes sont pêcheurs ou marchands de bestiaux. Parmi les femmes, quelques-unes s'occupent de l'industrie de leurs maris; le plus grand nombre fait de la dentelle.

Toute la vallée se compose de pâturages limités par des ruisseaux alimentés par la Dive, qui, après avoir passé sous le pont de bois de Cabour, hameau d'une dizaine de maisons, coule entre le village de Dive et un énorme banc de sable qui le sépare de la mer, dans laquelle elle va se jeter au-dessous de Beuzeval.

Beuzeval n'est guère que la réunion, sur les livres du cadastre, des fermes isolées sur un plateau élevé au-dessus de la mer et de moulins à eau mus par une petite rivière qui s'appelle tout simplement *la rivière*; fleuve, si l'on en croit la définition des géographes; fleuve de un à deux pieds de profondeur, d'une eau claire et limpide, et sur lequel on a jeté de place en place un vieux saule qui, posé sur les deux rives, forme un pont suffisant.

Par une matinée d'août, un dimanche, la marée montait et enflait la Dive, qui, à marée basse, n'est guère qu'un ruisseau.

Un grand nombre de personnes étaient rassemblées près de l'embouchure de la rivière, sur une partie du village où sont situés deux ou trois cabarets sur lesquels on lit : *Cidre à dépoteyer*, ce qui veut dire à vendre par pots.

La messe venait de finir, et les habitants de Cabour, qui n'ont pas d'église, ainsi qu'une grande partie de ceux de Beuzeval, qui se trouvent plus loin de leur église que de celle de Dive, étaient descendus, à l'issue de la messe, jusqu'au bord de la rivière et de la mer, pour assister à une cérémonie qui allait avoir lieu.

Quelques hommes dépoteyaient du cidre. De jeunes filles en parures se promenaient par trois ou quatre ensemble, caquetant et riant tout haut pour attirer l'attention des garçons, qu'elles semblaient éviter, tandis que ceux-ci, également par groupes, causaient de la mer, de la pêche et du temps, sans perdre les filles de vue.

Parmi ceux qui s'étaient assis devant les cabarets, il était impossible de ne pas remarquer deux hommes déjà âgés, mais encore vigoureux, qui, partageant fraternellement un pot de cidre, échangeaient quelques mots qui sortaient de leur bouche entre d'épaisses bouffées de tabac.

L'un des deux était le seul des assistants qui ne fût pas en toilette : il avait sur la tête un bonnet de laine rouge ; un gilet de laine rayé de blanc et de rouge ne laissant voir que ses manches, parce qu'un autre gilet de gros drap bleu foncé était boutonné par-dessus ; un pantalon de drap bleu était recouvert du haut par un cotillon, large pantalon de toile à voile qui retombe à gros plis jusqu'aux genoux, et d'en bas par de grandes bottes qui montent jusqu'à moitié de la cuisse.

Son visage était à peu près couleur de cuivre, ainsi que son cou, que l'absence de cravate permettait de voir.

En réalité, il s'appelait Tranquille Alain; mais quelques actes d'audace à la pêche lui avaient fait donner dans sa jeunesse le surnom de Risque-Tout, qui était devenu tout doucement son nom et le seul sous lequel le connussent les jeunes gens de la commune.

L'autre, auprès de Tranquille Alain, était presque un monsieur : il avait un chapeau et une très-longue redingote d'un bleu pâle, un pantalon de faux nankin d'un jaune plus ardent que le véritable, des souliers à bouts arrondis, et sur le ventre un large cordon de montre vert et rouge terminé par un gros cachet et une clef en cornaline.

Il se nommait Éloi Alain et était cousin de Tranquille. Il était meunier du meilleur moulin de Beuzeval, celui qui est le plus près de la mer.

Il était riche, et n'était pas fâché qu'on lui parlât de son argent.

Comme presque tous les meuniers, il accaparait un peu de blé et faisait une sorte de petite banque quelque peu usuraire ; il avait beaucoup spéculé sur la manie des paysans de devenir propriétaires en achetant des carrés de terre qui rapportent deux pour cent, et dont il leur faut payer l'intérêt à cinq pour cent quand le vendeur leur accorde du temps, ou à huit ou neuf quand il faut emprunter pour payer l'acquisition.

Il avait fait aussi un peu de contrebande dans sa jeunesse; mais le métier n'en valait plus rien, et il n'y pensait que pour se rappeler une haine violente qu'il conservait dans son cœur, et qui avait pris son origine dans une affaire de cette nature.

Il avait prêté de l'argent à son cousin Tranquille, pour faire construire un nouveau canot que l'on devait baptiser ce matin même, et ils attendaient, en buvant et en fumant, que M. le curé, qui était allé dîner après sa messe, descendît sur la plage avec son clergé.

Le canot neuf était sur la plage, mâté et voilé, avec un énorme bouquet au haut du mât. Pélagie Alain, femme de Tranquille, triomphait sans dissimulation.

Auprès d'elle étaient le parrain et la marraine; un beau petit garçon et une belle petite fille vêtus de leurs habits de fête, et qu'elle avait bien du mal à empêcher d'aller jouer, ce qui aurait nécessairement détruit bien vite l'effet de ses soins pour les parer.

Le garçon, appelé Onésime, était à elle, ainsi qu'une seconde petite fille, la blonde Bérénice, qui n'assistait à la fête qu'en qualité de spectatrice. La marraine était une enfant dont Pélagie avait été la nourrice, et qui était sœur de lait de Bérénice.

Sa mère était morte depuis longtemps, et son père, soldat, l'avait laissée chez les Alain, avec lesquels il avait été lui-même élevé. Il était mort depuis quatre ans sur le champ de bataille, chef de bataillon et décoré, laissant à sa fille deux cent cinquante francs de pension.

Tranquille Alain et sa femme ne la distinguaient guère de leurs autres enfants, et tous ensemble se traitaient comme frères et sœurs.

La marraine avait été nommée Pulchérie, nom qui se prononce dans les campagnes normandes comme *chérie*.

Peut-être serez-vous un peu étonnée, madame, de l'air un peu prétentieux de la plupart de ces noms; mais je puis vous assurer que je n'en suis pas l'inventeur, et qu'ils sont très-communs en Normandie.

Il n'y a pas un village où l'on ne trouve des Bérénice, des Artémise et des Cléopâtre. Où les habitants ont-ils pris originairement ces noms? Je l'ignore.

Quelques dames de château les auront donnés d'abord autrefois d'après quelques romans de mademoiselle de Scudéri, et ils seront restés traditionnellement dans le pays.

Le pot de cidre de Tranquille et d'Éloi était vide. Éloi prit sa canne, qu'il avait posée à terre; cette canne avait une masse à un bout et un cordon de cuir à l'autre, et il frappa sur la table en criant :

— Garçon, un pot!

Le maître du logis, qui était son propre garçon, vint prendre le pot et le rapporta plein, puis attendit, selon l'usage, que les consommateurs le payassent d'avance.

Éloi tira d'une poche de son pantalon une poignée de pièces de cinq francs, sembla chercher parmi elles une pièce moins grosse, puis, ne la trouvant pas, remit l'argent dans son gousset, et interrogea l'autre poche de la même manière.

— Attends, dit Tranquille, j'ai de la monnaie.
— Tu as déjà payé l'autre pot.
— C'est égal, puisque tu n'as pas de monnaie.

Éloi se laissa vaincre sans plus de résistance, et, comme s'il eût attendu cette offre, il remit dans sa seconde poche l'argent qu'il en avait tiré, et, amenant à lui une blague formée d'une patte d'albatros, dans laquelle Risque-Tout mettait son tabac, il remplit de nouveau sa pipe.

Risque-Tout en fit autant avec son propre tabac, tira un peu d'amadou de son gilet, battit le briquet avec son couteau sur un galet cassé qu'il ramassa, et ralluma sa pipe noircie par l'usage, dont le tuyau avait à peine quelques lignes de longueur, et qui se plaçait dans un trou qu'il avait entre deux dents, comme un aviron dans une *dôme*.

— Eh! Tranquille, dit le meunier, je ne vois pas ton aîné.
— Césaire? Oh! il est allé se faire brave. Il n'a pas voulu rester comme moi avec ses habits de pêche.

— Tu pêches donc le dimanche?

— Ma famille mange le dimanche comme les autres jours.

— L'Église ne veut pas qu'on travaille le dimanche, et il n'y a que toi qui n'obéisses pas.

— C'est commode pour toi. Le blé pousse le dimanche comme les autres jours, et il pousse aussi la nuit pendant que tu dors. D'ailleurs, qui travaille prie. On permet bien de boire et de se soûler au cabaret le dimanche, et on ne me permettrait pas de gagner le pain de mes enfants ! Allons donc ! je suis un simple, je ne sais pas lire, mais j'ai un bon sens qui me dit ce qui est bien et ce qui est mal. Pourquoi est-ce qu'on ne travaillerait pas le dimanche ?

— Cela t'empêche d'aller à la messe.

— Pas tout à fait. Nous sommes partis cette nuit pour relever nos lignes et nos cordes, et, quand le jour a commencé à poindre, Césaire et moi, nous nous sommes mis à genoux et nous avons prié un brin le bon Dieu de bénir notre travail, et il nous a entendus : nous avions du poisson à tous hains.

(Je ne crois pas devoir conserver aux personnages l'accent du pays, qui serait peu intelligible. En réalité, Tranquille Alain a dû dire *béni* pour bénir, — *pèchon* pour poisson, — *mè* pour moi, — *commenché* pour commencé ; — *tous hains* est parfaitement français et est synonyme d'hameçon).

— Et aussi, ajouta Éloi, M. le curé a encore dit *anhui* (aujourd'hui), dans sa chaire, que Dieu s'était reposé le septième jour.

— M. le curé, je le respecte ; mais, dans sa chaire, il parle tout seul, et personne ne lui répond. Si le bon Dieu s'est reposé le septième jour, c'est parce qu'il avait fini sa besogne et n'avait plus rien à faire. Il s'est aussi reposé le huitième, c'est-à-dire le lundi, et le neuvième, et tous les jours suivants; faut-il donc ne pas travailler demain ni jamais? Écoute, Éloi, tu m'as prêté cent écus pour faire faire ce canot neuf; eh bien, tu es plus sûr d'être payé des cent vingt écus que je dois te rendre après la saison, par un homme qui travaille le dimanche... Tiens, voilà Césaire qui arrive.

— Es-tu content de lui?

— Oui, il va bien ; c'est doux comme une fille, ça n'a pas une volonté : mais un qui sera un fin pêcheur, c'est le petit Onésime, le parrain de l'embarcation. Il ne vit que sur la mer, cet enfant-là, et ça a onze ans! Si ça avait la force, ça vous manœuvre déjà un bateau comme un homme! Je ne veux pas l'emmener aux marées de nuit; tant qu'il est si jeune : eh bien, il faut se fâcher chaque fois pour le laisser à la maison.

» L'autre nuit, il y a deux jours, je le croyais endormi; nous partons avec Césaire, il était une heure de la nuit; eh bien, Onésime était allé d'avance se cacher sous le tillac du canot! Quand il tient une ligne ou un libouré, le roi n'est pas son maître! Cet enfant-là sera un jour l'ennemi du poisson.

» Mais on sonne à l'église, c'est le curé qui sort. Ah! voilà le maître du château et sa femme.

— M. Malais?

— M. Malais de Beuzeval.

— Pas plus de Beuzeval que moi, répliqua le meunier avec impatience ; le grand-père était marchand de bœufs comme le mien; le père a été usurier, tandis que le mien était honnête homme. C'est de ce moment-là que leur famille s'est élevée au-dessus de la nôtre; il a acheté ou plutôt volé le château du Beuzeval. Je ne parle pas de l'oncle de celui-ci, qui était douanier (le diable ait son âme! je n'en parle pas, parce que j'en ai trop à dire). Et ces Malais, ça a l'air de mépriser la terre... elle n'est pas digne de les porter. Eh!

1.

moi aussi, j'en ai, de l'argent ; ça sera peut-être à mon tour quelque jour de ne pas les reconnaître ; j'ai fait un serment sur cette famille-là.

On sonnait toujours à l'église ; on commençait à entendre les chants du curé, du clerc et des enfants de chœur, dont l'un portait la croix et l'autre du sel, du blé et de l'eau bénite.

Les pêcheurs qui entouraient le canot, qui en louaient ou en critiquaient le bordage ou la quille, et qui prophétisaient qu'il irait plus ou moins bien à la voile ou à l'aviron, se découvrirent et s'espacèrent pour faire place au curé, au parrain et à la marraine.

Pélagie Alain avait placé un christ de buis sur l'arrière du bateau, place d'honneur. Tout le monde se signa, et le curé commença à dire en latin : « Seigneur, vous domptez l'orgueil de la mer, et vous calmez la violence des flots. »

Et le clerc répondit : « Je chanterai éternellement les miséricordes du Seigneur. »

Le curé lut alors l'Évangile :

« En ce temps-là, Jésus montant dans une barque, ses disciples le suivirent, et voici qu'une grande tempête s'éleva sur la mer, en sorte que la barque était couverte de vagues. Jésus, cependant, dormait ; ses disciples s'approchèrent donc de lui et l'éveillèrent en disant : « Seigneur, sauvez-nous, » nous périssons ! » Jésus leur dit : « Pourquoi craignez- » vous, gens de peu de foi ? » Et, en même temps, se levant, il commanda aux vents et à la mer, et il se fit un grand calme. Ceux qui étaient présents furent saisis d'étonnement, et ils disaient : « Quel est celui à qui les vents et la mer » obéissent ? »

Puis le curé reprit en chantant : « Seigneur, vous domptez l'orgueil de la mer, et vous calmez la violence des flots. »

Et le clerc répondit avec les enfants de chœur : « Je chanterai éternellement les miséricordes du Seigneur.

Le curé fit alors le tour de la barque en y jetant du sel et du blé, et en disant :

« Notre secours est dans le nom du Seigneur.

Le clerc. Qui a fait le ciel et la terre.

Le curé. Que le nom du Seigneur soit béni !

Le clerc. Maintenant et dans toute l'éternité.

Le curé. Opérez, Seigneur, ce qui est représenté par le sel et par le blé ; donnez-nous la sagesse qui prévient la corruption et l'iniquité, et bénissez les travaux de ceux qui monteront ce frêle esquif. »

Il demanda alors quels étaient le parrain et la marraine, et, à une seconde question : « Quel nom donnez-vous au canot ? » Onésime s'embarrassa et ne put répondre ; mais Pulchérie, rouge comme une cerise, répondit :

— *La Mouette*, monsieur le curé.

Le curé aspergea le canot d'eau bénite, et se remit en route. Pulchérie lui mit dans la main un sac de bonbons, dans lequel on avait caché un petit écu.

Onésime donna des dragées et une petite pièce au clerc et aux enfants de chœur.

Et le clergé de Dive retourna à l'église en chantant : « L'eau s'élevait jusque par-dessus ma tête ; j'ai dit : « Je suis » perdu ! » j'ai invoqué votre nom, Seigneur, et j'ai été sauvé. Mon secours vient du Seigneur, qui a fait le ciel et la terre. »

Tous les assistants firent encore le signe de la croix. Alors la scène changea.

Pélagie avait des dragées dans son tablier ; elle en donna à ses commères ; et les deux enfants, Pulchérie et Onésime, jetèrent les dragées par poignées et le plus loin possible sur les galets, sable arrondi de la mer dont chaque grain est gros comme un œuf, de même que les mouettes, qui sont les hirondelles de l'Océan, sont de la taille d'un aigle.

Les enfants se ruaient sur les dragées, se précipitaient sur les galets entre lesquels elles tombaient, se poussaient et roulaient pêle-mêle.

Pélagie alors retourna à la maison pour préparer la *caudrée*. La caudrée veut probablement dire la chaudronnée, comme on dit la marmite, chez les petits bourgeois, pour signifier le dîner.

Pendant la pêche, on fait ordinairement, chez le patron de chaque barque, une caudrée le samedi soir, après qu'on a partagé l'argent de la pêche de la semaine ; mais, cette fois, c'était à propos du baptême du nouveau canot : Pélagie avait invité quelques amis, et aussi les matelots de Tranquille.

Outre le petit canot qui était à lui, et que le nouveau baptisé était destiné à remplacer, Risque-Tout commandait une grande barque appartenant à M. Malais de Beuzeval, pour les temps où la mer est plus dangereuse et les pêches plus lointaines, l'hiver pour la pêche du hareng, et l'été pour celle du maquereau.

Ce bateau était monté par cinq hommes et un mousse. On divisait la pêche en un certain nombre de parts ; au bateau il revenait deux lots.

Pour la première fois, Onésime avait rempli les fonctions de mousse à bord de la barque, au commencement de l'été, pendant la pêche du maquereau.

Dans les intervalles de ces deux pêches, le petit canot servait pour pêcher à la ligne, et tendre la nuit de longues cordes armées d'hameçons, et aussi pour porter des sortes de nasses, pour prendre les homards et les crabes, étrilles, etc., dont il n'y a guère sur la côte sablonneuse de Dive.

Pour ces pêches, Onésime, quoique inscrit sur le rôle de son père comme mousse, n'aurait été qu'un embarras dans le petit canot, et on le laissait à terre, à son grand chagrin, avec les deux petites filles. Bérénice commençait à faire de la dentelle; mais à Pulchérie, nièce de M. Malais, qui ne s'occupait guère d'elle, on n'aurait pas osé faire apprendre un état. Onésime allait à l'école tous les deux jours.

Ces intermittences s'expliquent par un usage inventé par beaucoup de paysans en Normandie. L'école se paye de trente à quarante sous par mois pour un enfant; beaucoup de parents envoient deux enfants alternativement et ne payent que pour un, puisque, au bout du compte, il n'y a jamais qu'un seul enfant à l'école.

Depuis deux ans que ce manége durait, Bérénice connaissait à peine ses lettres; et Onésime n'avait fait de notables progrès que dans l'art de mettre de petits morceaux de papier à l'abdomen des mouches, qui, volant par la classe avec cette queue postiche, comblaient les enfants de bonheur.

Ces études extrêmement primaires d'Onésime étaient presque supprimées depuis un an qu'il allait à la mer. En outre, Pulchérie, qui ne faisait rien et n'avait rien à faire, se trouvait seule quand Bérénice était à l'école un jour et le jour d'après faisait de la dentelle; aussi elle faisait tout pour débaucher Onésime, sans lequel elle n'eût pas osé aller courir dans la campagne ou faire voguer de petits bateaux au bord de la mer.

Vers cinq heures, on se réunit chez Tranquille pour la caudrée. Les femmes amenèrent leurs enfants, les unes deux, les autres quatre, quelques-unes un plus grand nombre.

Le repas se composait de soupe, de viande grillée et de poisson, et de cidre pour boisson. Tous les enfants mangèrent ensemble sur un banc érigé en table; mais leur gazouillement ne tarda pas à gêner les pêcheurs.

Les mères les emmenèrent au logis. Bérénice resta avec la sienne pour l'aider; Pulchérie et Onésime disparurent avec les autres enfants, et on ne s'occupa plus d'eux.

Les pêcheurs alors se mirent à deviser; les pots de cidre se vidaient et se remplissaient. On parla du nouveau canot, puis de la pêche.

— Prendrons-nous du hareng cette année? Nous n'en avons guère eu l'année dernière.

— Le hareng, dit un marin qui avait servi dans la marine impériale, il a quitté nos côtes depuis le départ de l'empereur.

— Je crois, dit un autre, que nous n'étions pas assez au nord.

— Je m'en irai par le travers de Dieppe.

— J'ai bon espoir pour cette année.

Les têtes s'échauffaient ; le cidre répandait la gaieté et la confiance.

Les femmes revinrent après avoir couché leurs petits enfants et les avoir laissés à la garde des plus grands. Alors on chanta.

Le marin de la garde chanta la fameuse chanson :

>Le collecteur des tailles
>Dit qu'il vendra mon lit ;
>Je me moque de lui,
>Je couche sur la paille.

Et tout le monde chanta en chœur le refrain :

>J'aime mieux moins d'argent,
>Chanter, danser et boire ;
>J'aime mieux moins d'argent,
>Et vivre plus gaiement.

La soirée fut terminée par un cantique qui se chante à presque toutes les cérémonies qui intéressent les pêcheurs, et qui s'adresse à la vierge Marie, à laquelle les marins ont une dévotion particulière :

Vierge sainte, exaucez-nous !
Notre espoir est tout en vous ;
Chère dame de la Garde,
Très-digne mère de Dieu,
Soyez notre sauvegarde
Pour nous défendre en tout lieu.
Soutenez de votre bras
Et nos vergues et nos mâts ;
Fortifiez le cordage,
Les câbles et les haubans.
. . . .
Claire étoile de la mer,
Montrez-vous dans le danger.
. . . .
Conservez-nous la santé,
La vie et la liberté.
Soyez notre ancre maîtresse,
Si l'ancre vient à cherler.
. . . .
Suppliez votre cher Fils
Qu'il bénisse nos profits ;
Ajoutez au bon passage
Un heureux et prompt retour.
. . . .

Pendant que la caudrée avait lieu chez Tranquille Alain, on dînait également chez M. Malais de Beuzeval.

Éloi Alain avait dit la vérité en disant que le grand-père de M. Malais avait été marchand de bestiaux. Il était mort en tombant de cheval dans un voyage, après un repas prolongé. Il avait laissé passablement d'écus à son fils Aubry Malais.

Celui-ci avait renoncé au commerce de son père, et s'était mis à prêter de l'argent. Il avait épousé la fille d'un marchand, qui avait mis la maison sur un pied bourgeois.

Un de leurs deux fils s'était fait soldat.

Elle avait marié l'autre, à qui, presque malgré son mari, elle avait fait donner une éducation de *monsieur* ; elle lui avait fait épouser la fille d'un marchand comme elle, qui, outre de l'argent comptant, apportait des façons d'être à son gré.

Elle avait été en pension à Lisieux, et en était revenue très-demoiselle.

L'autre fils, le soldat, quelques années plus tard, s'était marié lui-même. Il apporta un jour une petite fille, pour laquelle il demanda une nourrice.

Pélagie Alain venait d'accoucher de Bérénice ; elle éleva les deux enfants en même temps. Auguste Malais repartit au bout de quelques jours en laissant de l'argent, et sans avoir dit autre chose de la mère de la petite Pulchérie, sinon qu'il l'avait perdue.

On n'entendit plus guère parler de lui, et, quelques années après, on apprit presque en même temps qu'il avait été nommé chef de bataillon et officier de la Légion d'honneur, et qu'il avait été tué.

Son oncle et sa tante avaient bien autre chose à faire qu'à s'occuper de Pulchérie. Ils avaient eux-mêmes eu trois enfants dont deux étaient morts presque en naissant.

Le premier seul, qui avait trois ans de plus que Pulchérie, avait survécu et était en pension à Paris, où on avait décidé qu'il deviendrait un prodige.

La mère Aubry Malais était morte en disant: « Ce n'est pas commode, d'avoir un beau-père marchand de bœufs. » Dorothée, sa belle-fille, voulut effacer cette origine le plus possible pour elle et tout à fait pour son fils.

Le père de son mari avait acheté le château de Beuzeval et ses dépendances. Le propriétaire était gêné dans ses affaires.

En répandant des bruits exagérés et inquiétants sur sa situation, Aubry Malais avait fait douter de sa solvabilité, et passa pour un extravagant quand on le vit ramasser partout des créances sur M. de Beuzeval; mais, quand il en eut suffisamment, il sut s'en servir de façon à avoir le château et les terres pour le quart de leur valeur, en suscitant mille ennuis et mille tracasseries au possesseur.

Dorothée et son mari, déjà plus éloignés du marchand de bœufs, avaient tout doucement ajouté le nom de Beuzeval à leur nom de famille, en préparant les voies à leur fils, qui s'appellerait simplement M. de Beuzeval et renoncerait au nom trop-connu de Malais.

Donc, M. Malais de Beuzeval et sa femme Dorothée étaient des parvenus dans l'acception la plus complète du mot, fiers de leur fortune et ne perdant aucune occasion de l'étaler aux yeux des autres.

Quand le jeune Octave Malais de Beuzeval avait eu douze ans, il était venu faire sa première communion au château pendant les vacances. C'était l'époque où communiaient les enfants du pays. M. Malais avait exigé du curé de Beuzeval, qui avait eu la faiblesse d'y consentir, que l'on ne fît pas communier son fils avec les enfants des paysans et des pêcheurs, et il avait communié à part, la veille de la communion générale; puis on l'avait renvoyé à Paris continuer ses études.

Madame Malais disait à tout le monde que son fils apprenait le latin et le grec; qu'outre les maîtres du collége, il avait des professeurs particuliers; qu'il travaillait beaucoup, etc. Tout à coup l'objet de toutes leurs espérances tomba malade et mourut.

M. et madame Malais furent écrasés du malheur qui les frappait. Leur vanité chercha des consolations dans un grand et coûteux appareil donné à leur douleur. On ramena de Paris le corps d'Octave; on lui fit à Beuzeval des obsèques splendides; on lui éleva dans le cimetière un tombeau ou plutôt un mausolée magnifique.

Néanmoins il leur était resté une grande tristesse ; leur vie était désormais sans but et sans espoir.

Dorothée, un jour, s'avisa de songer à Pulchérie. Elle alla la voir chez Pélagie Alain. Elle la trouva jolie, mais horriblement paysanne, et n'y retourna plus pendant quelque temps. Un autre jour qu'elle la rencontra par hasard, elle l'embrassa ; puis elle se la fit amener quelquefois.

Pélagie, par un bon instinct, pensa que madame Malais reprenait des droits sur l'enfant en reprenant un peu de tendresse ; et, quand il fut question de baptiser le canot, elle alla demander à madame Malais la permission que Pulchérie fût marraine.

Non-seulement on y avait consenti, mais encore on avait donné une robe pour l'enfant et on avait promis d'assister à la cérémonie. Rentrés chez eux, sans spectateurs pour leur luxe, les deux époux, à la fin d'un dîner somptueusement servi, parlèrent de l'événement de la journée.

— Comment trouvez-vous la petite, Louis ?

— Assez bien ; elle ressemble beaucoup à feu mon frère.

— Elle n'avait pas le même air que toutes ces petites paysannes, quoiqu'elle ait été élevée avec elles ; mais ce bon naturel ne sera pas long à se gâter : elle ne tardera pas longtemps à devenir commune et grossière comme les gens dont elle partage la vie.

— Ce sera dommage.

— Faisons-nous bien à son égard tout ce que nous devons, mon cher Louis ?

— Je me le demandais ce matin, Dorothée, et aussi ce qu'on pouvait dire de nous à ce sujet.

— Après tout, c'est notre nièce, Louis.

— La fille de mon frère, Dorothée... Et on doit trouver singulier que nous laissions ainsi la fille de mon frère.

— Tout ce qui reste de notre famille, puisque Dieu m'a repris les trois enfants qu'il m'avait donnés.

— Et surtout notre fils Octave, qui promettait d'être un homme distingué.

— Notre maison est bien triste depuis que nous avons perdu ce cher enfant.

— Cette petite fille est notre héritière.

— Unique... et elle porte notre nom. Devons-nous la laisser devenir tout à fait une paysanne?

— Pour qu'elle ne puisse épouser qu'un marchand de bestiaux!... Cela ferait un bel effet!

— Qui nous appellera son oncle et sa tante!

— Pulchérie sera jolie ; elle sera riche. Son père était chef d'escadron et officier de la Légion d'honneur. Personne ne pourrait trouver mauvais qu'elle prétendît à tout.

— Oui, avec une éducation convenable et des habitudes plus distinguées.

— Nous ne devons pas oublier que c'est notre sang, presque notre fille... On doit en jaser... Je voudrais savoir si nous sommes du même avis... sur quelque chose, Dorothée...

— Je crois que oui... Pensez-vous à la prendre avec nous?

— Je pense que nous le devons à elle et à la mémoire de mon frère, et puis à nous-mêmes. Elle est notre seule héritière ; elle n'a pas de parents et nous n'avons plus d'enfants. Cela consolera notre vieillesse ; cela nous donnera quelque belle alliance. Ce nom qui nous fait bien du tort dans l'opinion du monde, ce maudit nom de Malais que nous avons tant de peine à déguiser sans pouvoir le faire oublier, disparaîtra sous un beau nom...

— Pulchérie n'épousera qu'un noble ; elle sera comtesse.

— Et vous serez la tante d'un comte et d'une comtesse! Il

faut aller la chercher demain matin. Je pense que ce sera généralement approuvé.

— Il faudra lui faire faire tout de suite des habillements convenables. J'ai ici quelques étoffes, et, d'ailleurs, nous écrirons demain à Caen ou à Lisieux; on lui fera des robes d'après ma belle robe que j'ai fait faire à la mode de Paris quand nous y sommes allés il y a douze ans.

II

La caudrée chez Risque-Tout dura assez tard. On prit le café. Le café du pêcheur normand consiste en n'importe quoi qui soit noir et liquide; le goût ne fait rien à l'affaire.

Voici comme on prend un café : on avale la moitié de la chose appelée café, puis on remplit sa tasse avec du tafia, de l'eau-de-vie ou du genièvre.

Le genièvre est quelque chose qui a l'odeur de la térébenthine. Cela a été inventé pour nettoyer les meubles; on a fini par en boire, et on en boit beaucoup. Ce premier mélange s'appelle *gloria*.

On vide derechef la tasse à moitié, et on la remplit encore d'eau-de-vie, de tafia ou de genièvre; c'est ce qui forme le *gloria gris*.

On absorbe le gloria gris presque entièrement; après quoi, on remplit la tasse d'eau-de-vie, et on la vide sous le nom de *rincette*. A la rincette succède la *surrincette*, qui est suivie du *pousse-café*; quand le pousse-café est bu, on dit : « Nous allons boire une goutte d'eau-de-vie, » et on en boit plusieurs gouttes.

Il est très-rare que les pêcheurs soient ivres pour cela.

Je ne connais pas beaucoup les mœurs des autres marins;

mais ce que je puis affirmer, c'est que je n'ai jamais entendu à une caudrée aucun pêcheur chanter une chanson grossière et inconvenante : on chante des cantiques, des refrains guerriers, des chansons sur l'empereur ou sur la mer.

La caudrée finie, on se sépara. La marée commandait le départ pour une heure avant le jour.

Pélagie commençait à s'inquiéter. Bérénice dormait depuis longtemps ; il était plus de dix heures, et les deux autres enfants n'étaient pas dans la maison. Tranquille Alain et Césaire, qui n'avaient que trois heures à dormir, se couchèrent et ne tardèrent pas à céder au sommeil. Pélagie attendit encore un peu.

Il faisait un vent assez frais. Elle courut sur la plage appeler les enfants, puis elle alla les demander chez les autres pêcheurs ; personne ne les avait vus. Elle retourna au bord de la mer et rentra chez elle.

Quand elle vit le jour poindre, elle fit la soupe pour Tranquille et pour son fils aîné, qu'elle réveilla.

— Tranquille, dit-elle, les enfants ne sont pas rentrés.

— Comment, pas rentrés ! de toute la nuit ?

— De toute la nuit. J'ai heurté à toutes les portes, j'ai erré sur la grève ; on ne les a vus nulle part.

— Je n'ai pas peur pour la mer ; mais la rivière est vaseuse...

Tranquille et Césaire allèrent sur les rives. Pélagie réveilla Bérénice, et toutes deux se mirent en route de leur côté. Le mari et la femme rentrèrent à la maison au bout d'une demi-heure. Pélagie pleurait ; Tranquille était ému, mais dissimulait son inquiétude.

— Ils sont peut-être allés à Beuzeval, au château ou chez le cousin Éloi ; on les aura gardés à coucher, ils vont revenir au jour. Onésime sera au moins huit marées sans aller à la mer.

— Il faut que nous mettions à la voile ; tout le monde est en route.

— Où est Césaire ?

— Il m'attend au canot, sans doute... Adieu, Pélagie. Nous reviendrons ce soir quand la marée commencera à dévirer par le sud. Tu me feras signe, sitôt que tu nous verras, s'ils sont revenus... ou plutôt tu les amèneras avec toi sur la plage... Adieu.

A ce moment arriva Césaire tout hors d'haleine.

— Voilà bien une autre affaire : le canot n'est pas sur la grève ; on ne le voit ni à la mer, ni nulle part.

Tranquille devint pâle.

— Onésime aura voulu s'aller promener avec le canot. A quelle heure sont-ils partis hier, Pélagie ?

— Je ne sais ; ils ont disparu pendant la caudrée.

— La marée descendait. Césaire, va parer le vieux canot et ne perds pas de temps. Nous les rencontrerons à la mer ; Onésime n'aura pas eu la force de revenir ; nous les rencontrerons. Ne te tourmente pas, Pélagie, il n'y a pas de danger ; quelqu'un de nos bateaux qui sont déjà en route les aura peut-être rencontrés. Le canot venait d'être bénit, il n'y a pas de danger.

Tranquille, contre son habitude, embrassa Pélagie en partant. Pélagie resta immobile et écrasée sur une chaise.

Puis, lorsque Tranquille eût poussé à l'eau le vieux canot avec l'aide de Césaire, il dit à son fils :

— Onésime et Pulchérie sont perdus ; il a venté cette nuit, le canot aura chaviré : sans cela, Onésime aurait bien su revenir au changement de la marée. A moins qu'il ne se soit égaré dans le brouillard, ils sont perdus !

Le canot poussé à l'eau, le père et le fils allèrent prendre le vent à l'aviron, puis hissèrent la voile, et ils ne tardèrent pas à s'enfoncer dans la brume matinale.

Vers dix heures du matin, madame Malais descendait de Beuzeval à Dive, accompagnée d'une servante, pour emmener Pulchérie, dont on avait déjà préparé la chambre.

Les deux femmes trouvèrent Pélagie comme son fils et son mari l'avaient laissée, c'est-à-dire semblable à une femme foudroyée ; on la secoua.

— Qu'avez-vous donc, Pélagie ? Êtes-vous malade ?

— Oh ! la mer, dit-elle, la cruelle mer ! Elle a englouti mon père et mes trois frères ; elle aura mon mari et tous mes enfants.

— Mais qu'avez-vous, Pélagie ? Pourquoi êtes-vous ainsi ? Il ne fait pas mauvais temps, et votre mari va tous les jours sur une mer plus effrayante.

— Ah ! madame, dit Pélagie en pleurant, nous ne reverrons ni Onésime ni Pulchérie.

— Pulchérie, dites-vous ? où est-elle ?

— Dieu seul le sait, madame : elle a disparu hier soir avec Onésime. J'ai passé la nuit à les chercher ; ils sont partis avec le canot qu'on a baptisé hier.

— Est-on allé à leur recherche ?

— Tranquille et Césaire sont partis ; mais il a fait du vent cette nuit, et mes pauvres enfants sont perdus !

— Comment n'avez-vous pas surveillé davantage une enfant qui vous était confiée ?

Ici, Pélagie retrouva de l'énergie, se leva et dit :

— Madame, on ne peut demander à une femme d'avoir plus de soin d'aucun enfant que des siens propres. Cette pauvre petite, il ne m'est pas arrivé souvent de penser qu'elle n'était pas à moi comme les autres ; d'ailleurs, personne ne m'a disputé le soin à prendre d'elle, et, s'il est arrivé un malheur, c'est à moi plus qu'à n'importe quelle autre qu'il est arrivé. Tranquille, en partant, me disait que les enfants avaient peut-être été au château un peu tard, et qu'on les avait retenus. Je suis allée cette nuit partout ; mais, puisque le canot n'y est pas... ils sont partis avec.

— Votre mari reviendra-t-il de bonne heure?

— Avec la marée ; il ne peut pas revenir plus tôt : à moins que le vent ne change, et il a l'air de bien tenir de la terre.

— Mais que peut-on faire ?

— Rien, madame, pleurer, attendre et prier Dieu et la sainte Vierge : mon espoir est tout dans ce canot tout frais baptisé, qui n'a jamais été monté que par ces deux innocentes créatures. Si la mer ne le respecte pas, que respectera-t-elle ? Je vais aller voir M. le curé, pour qu'il fasse des prières.

Et Pélagie s'en alla chez le curé. Madame Malais fut obligée de remonter à Beuzeval, où elle raconta tout ce qui était arrivé à Pulchérie ; on envoya plusieurs fois des domestiques demander si les pêcheurs étaient revenus et si on avait des nouvelles des enfants.

Les deux époux se firent d'abord des reproches de n'avoir pas pris plus tôt Pulchérie chez eux ; puis, grâce aux accommodements qu'on trouve toujours moyen de faire avec sa conscience, ils finirent par tomber d'accord que tous les torts étaient à Tranquille et à Pélagie, et ils déplorèrent alors la perte d'une enfant qu'ils aimaient tant, quoiqu'ils ne s'en fussent jamais occupés jusque-là ; l'isolement de leur vieillesse, l'espoir détruit d'une alliance avec quelque grande famille, leur fortune tombant après eux à des parents éloignés, à des Malais marchands de bestiaux, ou pis encore, et M. Malais pensa que l'on ne pourrait rien dire à ce sujet qui ne leur fût défavorable.

Le domestique envoyé à Dive revint annoncer que l'on voyait de loin les barques, mais qu'elles n'étaient encore visibles que pour les femmes et les enfants des pêcheurs, dont les yeux étaient plus exercés. M. et madame Malais se mirent alors en route, et descendirent à Dive par un chemin assez escarpé, couvert de buissons d'hippophaès, à feuilles étroites et grises, et ressemblant à des oliviers chagrinés.

Quand ils arrivèrent sur la grève, on voyait alors plus distinctement les canots. Toutes les femmes et tous les enfants étaient réunis au bord de la rivière.

La mer était à peu près *étale;* elle ne montait plus, et les assistants tiraient du vent et de l'état de la mer des inductions qui n'étaient très-claires que pour les gens du métier. Pélagie avait les yeux fixés sur l'horizon, qu'elle interrogeait avec anxiété.

— Le vent est un peu retombé, disait une femme; ceux qui sont allés par l'est ne pourront pas rentrer avant l'autre *flot.*

— Voit-on les canots à Risque-Tout?

— Non; les deux premiers sont à Samuel Aubry et à Pacôme Glam.

— Et le troisième?

— Le troisième?... N'est-ce pas la barque à Placide?

— Peut-être bien.

M. Malais s'approcha de Pélagie et lui dit:

— Pélagie, ne voyez-vous rien?

— Monsieur Malais, répondit Pélagie, ils ne sont pas en vue; j'ai prié toute la journée, et je ne sens pas d'angoisses dans mon cœur: j'espère.

A ce moment, le bateau de Pacôme Glam entrait en rivière. Pélagie voulut faire une question; mais la force lui manqua. Une autre femme cria:

— Ohé! Pacôme, avez-vous rencontré les gens à Pélagie?

— Non, nous ne les avons pas vus; ils doivent être par l'est.

— Avez-vous du poisson?

— Assez bien.

Et la famille de Pacôme Glam remonta le bord de la ri-

2

vière pour aller aider l'équipage à débarquer son poisson, ses lignes, ses cordes et ses autres *applets.*

— Ohé ! Samuel, demanda la femme de Samuel Aubry, as tu vu les gens à Pélagie ?

— Non.

— As-tu du poisson ?

— *Pièche.*

— Encore une mauvaise pêche ! dit la famille Aubry.

— Ohé ! Placide, as-tu rencontré les gens à Pélagie ?

— Je les ai vus de loin, ils couraient des bordées dans l'est ; il ne sont pas venus *cueillir* leurs cordes, qui étaient près des nôtres.

— As-tu du poisson ?

— Un peu.

Et huit bateaux entrèrent ainsi en rivière, où ils allèrent s'amarrer au bord, après avoir amené et serré leurs voiles, sans que personne donnât des nouvelles plus positives de Risque-Tout et de Césaire, si ce n'est qu'on les avait vus courir des bordées dans l'est, sans qu'on sût pourquoi.

Pacôme, débarrassé de son poisson et de ses cordes, vint auprès de Pélagie, qui restait immobile perçant l'horizon de ses regards.

— Dis donc, Pélagie, sais-tu pourquoi tes gens ne sont pas venus cueillir leurs cordes ?

— Il s'agit bien de cordes, dit Pélagie ; Onésime est parti hier soir avec le canot neuf, et il a emmené la petite Pulchérie, et on n'en a plus entendu parler. Mon homme est parti à leur recherche avec Césaire sur le vieux canot. Vous n'avez rien vu à la mer ?... et, ajouta-t-elle en hésitant, pas de canot chaviré ?

— Non ; mais à quelle heure penses-tu qu'ils sont partis ?

— Pendant que nous étions à la caudrée.

— La marée a dû les porter par l'est, et c'est par là aussi

que Risque-Tout est allé les chercher; il sait son affaire.

— Et pourra-t-il revenir de cette marée? Je serai morte d'inquiétude si je dois passer la nuit sans nouvelles.

— Le vent remonte par le nord ; il va passer au nord-est. S'il fraîchit un peu, tes gens pourront refouler la marée, qui commence à leur être contraire. Le vent doit être nord-est au large.

— Tiens, tiens, Pacôme !

Et Pélagie saisit le bras de Pacôme d'un mouvement convulsif.

— Tiens, par le nord-est, une voile vent arrière.

— Tu as l'œil comme le nez d'un chien de chasse. C'est ma foi vrai, et je ne l'avais pas vue.

Pélagie devint toute tremblante.

— Il n'y en a qu'une.

— Je n'en vois qu'une.

— Alors... ils n'ont pas retrouvé les enfants?

— Peut-être ont-ils l'autre canot à la remorque.

— Oh! non... Césaire serait dans un des deux; ils seraient tous deux à voile.

Le jour, à ce moment, commençait à baisser. Tous les assistants, penchés en avant, cherchaient à distinguer le canot, qui évidemment essayait de revenir à Dive, protégé par le vent et repoussé par la marée.

Quelques femmes et les marins rentrés dans la rivière, qui étaient venus à l'embouchure au lieu d'aller quitter leurs vêtements mouillés, parlaient bas, pour ne pas être entendus de Pélagie.

L'un disait :

— C'est drôle... à la marche, ça n'a pas l'air d'être le vieux canot.

— Si c'était le neuf, ils y seraient tous les deux.

— C'est vrai.

— Pauvres gens! pauvres enfants!

M. et madame Malais faisaient quelques questions, mais on leur répondait à peine. On était habitué à considérer Pulchérie aussi bien qu'Onésime comme appartenant à Tranquille et à sa femme, et on ne s'occupait que de leur chagrin.

Cependant le jour continuait à diminuer, la marée prenait de la force, et, si le canot gagnait du chemin, il n'en gagnait guère.

Il vint un moment où l'on voyait plutôt sa marche et sa situation par l'écume blanche qui se brisait sous sa quille que par ce qu'on découvrait de lui-même, confondu qu'il était dans la brume et la nuit. Les pêcheurs continuaient à se communiquer leurs observations.

— Le voilà qui vire de bord.

— Comment! dit M. Malais, le canot s'éloigne?

— Il va revenir. S'il ne retournait pas dans le vent, il passerait devant la rivière sans pouvoir y entrer.

En effet, après avoir couru une bordée de vent large dans la direction d'Honfleur, il revint vent arrière, et, cette fois, on s'aperçut qu'il gagnait sur la marée.

On ne tarda pas à entendre le bruit de l'eau qui se brisait avec force à cause de la résistance qu'opposait la marée. La nuit était venue.

— Décidément, il n'y a qu'un canot.

Pélagie tomba à genoux sur le sable, les mains convulsivement serrées, en murmurant :

— O mon Dieu! ô bonne sainte Vierge!

A ce moment, le canot à pleine voile entrait dans la rivière et passait rapidement devant le groupe rassemblé à l'embouchure. Tranquille Alain, que l'on voyait seul à l'arrière du canot, et qui tenait le gouvernail d'une main, s'écria d'une voix forte en passant :

— Sauvés tous les deux !

Alors Pélagie sentit son cœur se fondre, et, avec de grands sanglots, elle dit :

— O mon Dieu, merci ! bonne sainte Vierge, merci !

Puis elle tomba sans mouvement sur la plage. Un des pêcheurs la porta dans le cabaret devant lequel Éloi et Tranquille avaient bu du cidre la veille au matin. Quelques femmes se joignirent à la petite Bérénice pour lui donner des soins. Le reste du groupe alla en courant aider Risque-Tout à descendre.

— Prenez d'abord Pulchérie, dit-il, elle n'a pas d'avaries.

Madame Malais prit Pulchérie dans ses bras.

— Prenez maintenant le matelot, dit-il ; il a besoin d'un bon lit et d'un verre de cidre chaud. Il n'en mourra pas, mais il a été secoué.

Et il donna à un pêcheur Onésime enveloppé dans sa grosse veste à lui, et presque sans mouvement.

— Où est Césaire ?

— Césaire est à la mer, où je vais le rejoindre ; je l'ai envoyé mouiller sur nos cordes avant la nuit, et je vais aller l'aider à les cueillir quand j'aurai mangé un morceau, car les pauvres enfants ont mangé une bonne partie de mes provisions, et j'ai laissé le reste à Césaire.

Pélagie était revenue à elle ; elle accourut, arracha Pulchérie des bras de madame Malais, la réunit dans les siens avec Onésime ; puis, voyant l'état dans lequel était le pauvre enfant, elle rendit Pulchérie à madame Malais.

— Parle-moi donc, mon petit homme ; parle à ta mère, mon cher petit Onésime. Mais qu'a-t-il donc, Tranquille ? est-il blessé ?

— Non, le pauvre petit a eu froid. Quand il s'était vu dériver malgré lui, il avait amené la voile et il avait jeté l'ancre ; il a passé toute la nuit à l'ancre, mais il avait entouré la petite Pulchérie de ses habits et de la voile : elle était chaudemens enveloppée. Quant à lui, lorsque j'ai abordé le canot, je l'ai cru mort ; il était à peu près nu et sans connaissance ; je ne l'ai ranimé qu'en lui faisant avaler un peu de genièvre et en l'en frottant partout ; une heure plus tard, je ne l'aurais pas trouvé vivant. Il avait mis son mouchoir au haut du mât, c'est ce qui m'a fait le découvrir. Ils avaient voulu essayer le canot neuf.

Tout en parlant ainsi, on marchait. Pélagie n'avait voulu laisser à personne le soin de porter Onésime ; arrivée à sa maison, elle le donna à son mari et tomba par terre épuisée de fatigue.

On mit Onésime dans un lit, on lui fit avaler un verre de cidre chaud, mais on ne put tirer de lui une seule parole ; il finit par s'endormir, et quelques gouttes de sueur parurent sur son front.

— Le voilà sauvé, dit Risque-Tout ; je vais profiter du reste de la marée pour rejoindre Césaire.

Il alluma sa pipe, serra la main de Pélagie et se mit en route. Quelques pêcheurs allèrent l'aider à s'embarquer ; les autres rentrèrent chez eux pour prendre quelques heures de repos : avant le départ, il leur fallait amorcer leurs lignes le lendemain matin. Madame Malais embrassa Pulchérie et lui dit :

— A demain, chère petite, je viendrai te voir demain.

Elle donna aussi un baiser sur le front à Onésime, qui dormait ; puis elle quitta la maison pour retourner à Beuzeval.

III

Le lendemain, on vint chercher Pulchérie. Pélagie pleura beaucoup en se séparant de l'enfant, qui, de son côté, versa d'abondantes larmes. Onésime était au lit avec la fièvre et un peu de délire.

Madame Malais promit que Pulchérie viendrait voir quelquefois sa nourrice, laquelle serait toujours bien reçue au château, ainsi que ses enfants.

On enverrait prendre des nouvelles d'Onésime, qui, par son imprudence, avait failli causer un grand malheur, mais qui l'avait réparée par la générosité d'un dévouement qui aurait pu lui coûter la vie.

— Que dit-on de ce que nous avons repris la petite Pulchérie? demanda quelques jours après M. Malais à sa femme.

— On pourrait plutôt parler de ce que nous ne l'avons pas prise ici plus tôt, répondit madame Malais.

— J'ai reçu la réponse de M. le grand chancelier de la Légion d'honneur, ajouta M. Malais. Il me dit que l'objet de ma demande est tout simplement un droit; que Pulchérie, fille d'un officier supérieur membre de la Légion d'honneur, entre de plein droit à la maison royale de Saint-Denis, pour y faire son éducation; mais il m'avertit que les règlements prescrivent un âge : c'est de sept à douze ans, et Pulchérie doit avoir quelque chose comme onze ans. De plus, il faut déjà, je pense, savoir quelque petite chose.

— Je suis un peu fâchée de me séparer de cette pauvre enfant.

— On ne peut renoncer à l'honneur de la faire élever à la maison royale de Saint-Denis; cela sera d'un excellent effet quand il sera question de la marier. Je pense qu'il serait bon de lui faire donner des leçons par le clerc de Dive, qui viendrait ici après sa classe. On ne peut qu'approuver que mademoiselle Pulchérie Malais, fille d'un officier supérieur, membre de la Légion d'honneur, nièce et unique héritière de Malais de Beuzeval, n'aille pas à l'école avec toute la marmaille du village.

— Et que dit la petite ?

— La petite a d'abord été enchantée de sa belle chambre,

de ses belles robes et de la table bien servie ; mais maintenant elle veut voir Bérénice et Onésime, et la bonne femme qu'elle s'obstine à appeler maman Alain. Le petit Onésime est encore malade, et j'ai permis à Pulchérie d'aller le voir.

En effet, Pulchérie tomba, en entrant, dans les bras de Pélagie. Onésime était levé, mais il était encore faible et pâle ; Bérénice faisait de la dentelle auprès de son frère.

— Ah ! voilà Pulchérie ! s'écria-t-elle.

Elle mit la dentelle de côté. La couleur revint aux joues d'Onésime.

— Eh bien, vas-tu mieux, Onésime ?

— Oui, Pulchérie. Viens-tu pour rester avec nous ? La maison est bien triste et bien abandonnée depuis que tu es partie. Est-ce que tu es mieux qu'ici, à Beuzeval ? On est loin de la mer d'abord ; et puis avec qui joues-tu ?

— Je ne joue pas du tout. Il y a bien un grand bassin dans le jardin, mais personne ne sait gréer de petits bateaux pour les faire voguer dessus ; et... je *m'ennuie* de vous autres...

— Et nous donc ! nous parlons de toi toute la journée ; je disais ce matin à Bérénice : « Dis donc, Bérénice, est-ce que Pulchérie ne pense plus à nous ? » Bérénice disait que si.

— Comme tu as une belle robe ! dit Bérénice.

— Je viens seulement pour vous voir et savoir comment se porte le pauvre Onésime. Il faut que je m'en retourne bien vite. Maman Dorothée a dit...

— Comment ! s'écria Onésime, tu n'as plus la même maman que nous, à présent ?

— J'en ai deux : maman Pélagie et maman Dorothée.

— Mais madame Malais n'est pas ta mère, elle est ta tante !

— Mais maman Pélagie non plus.

— Ah bien, voilà que maman Pélagie n'est plus sa mère ! Je ne suis plus ton frère alors, et Bérénice n'est plus ta sœur ?

— Madame Malais veut que je l'appelle maman, et elle est très-bonne pour moi. On ne veut plus que je dise maman Alain, mais je le dis tout de même. Tenez, voilà de bonnes choses que je vous ai apportées.

Et elle leur donna un plein panier de gâteaux et de friandises.

— Dis donc, Onésime, maman Dorothée a dit que, quand tu irais mieux, tu viendrais passer une semaine avec Bérénice au château.

— Je vais bien.

— A-t-elle dit cela, en effet? dit Pélagie.

— Oui, maman Alain, elle l'a dit.

La servante qui accompagnait Pulchérie confirma la chose.

— Eh bien, dit Pélagie, j'en suis bien reconnaissante, et cela consolera un peu ces pauvres enfants. Si madame Malais veut bien le permettre, je les conduirai dimanche.

— A présent, je vais m'en aller, dit Pulchérie.

— Attends un peu que je grée un bateau pour faire voguer sur ton bassin. On doit bien s'ennuyer quand on n'a pas de bateau !

— Ah ! oui, va ! mais je ne peux pas attendre ; on nous a dit de revenir tout de suite.

— Eh bien, je te le porterai dimanche. Je vais te regréer à neuf mon plus beau.

— Le sloop ?

— Non ; le cutter, celui qui est là-haut sur l'armoire.

— Nous allons bien nous amuser dimanche !

— Et toute la semaine.

— Adieu, Bérénice ; adieu, Onésime ; adieu, maman Alain. Papa Alain est à la mer avec Césaire ?

— Oui, et ils ne reviendront que cette nuit. Adieu, Pulchérie ; à dimanche !

— A dimanche !

Le dimanche arriva; Pélagie mena les deux enfants au château de Beuzeval. Elle portait dans un panier un turbot que Risque-Tout avait pris pendant la nuit. Onésime portait son cutter avec le gréement neuf. Césaire et son père les suivirent jusqu'à la grille.

Il n'osaient pas entrer; mais Pélagie devait amener Pulchérie jusqu'à la porte, pour qu'ils pussent l'embrasser. M. et madame Malais les reçurent d'un air de protection, mais avec une suffisante affabilité.

On voulut que Pélagie restât à dîner; elle refusa en disant :

— Il faut que je retourne faire la cuisine à nos gens. Je vous prierai seulement, madame, de permettre que Pulchérie vienne jusqu'à la grille, à cause que Tranquille et Césaire meurent d'envie de la voir.

M. et madame Malais se consultèrent du regard; après quoi, M. Malais dit :

— Allez leur dire, ma bonne femme, allez leur dire que je les invite à dîner avec vous et avec les enfants.

— Il n'oseront jamais.

— Je vais le leur dire moi-même.

Quand M. Malais arriva à la porte, il trouva Pulchérie dans les bras de Risque-Tout et de Césaire. Aussitôt qu'elle avait appris qu'ils étaient si près d'elle, elle avait couru à eux sans attendre les réflexions ni la réponse de M. Malais.

Un autre personnage se trouvait également à la grille : c'était Éloi Alain, le meunier, qui les avait rencontrés en passant par là et qui attendait pour redescendre avec eux à son moulin, et de là à Dive. M. Malais fit son invitation.

— Ah ! oui, papa Alain, et toi, Césaire, venez, dit Pulchérie en les entraînant.

— Ça ne se peut pas, monsieur Malais, bien merci de votre

honnêteté ; mais voici le cousin Éloi que je viens d'inviter à manger notre soupe à Dive, et qui attend Pélagie pour que nous redescendions tous ensemble.

M. Malais n'aimait pas excessivement le meunier ; mais sa faiblesse à l'égard de l'opinion publique, dont il était sans cesse préoccupé, faisait qu'il s'inquiétait assez de la froideur habituelle d'Éloi à son égard. Il profita de l'occasion pour l'engager à dîner avec les autres.

Éloi hésita un moment ; puis, voyant qu'il ferait perdre un bon dîner à ses cousins et que lui-même en ferait un bien meilleur au château qu'à Dive, il céda d'assez bonne grâce.

Éloi Alain était plus embarrassant que les autres ; il était riche et était considéré dans le pays comme une espèce de monsieur. Ses opinions avaient une grande influence, et M. Malais n'aurait pas été fâché d'être bien avec lui.

Malheureusement, la vanité obstruait le peu de bon sens que la nature avait accordé au maître et à la maîtresse de Beuzeval.

Pour faire plus d'honneur à leurs hôtes, et aussi dans l'espoir de les stupéfier d'admiration, ils couvrirent la table de toute leur argenterie. Madame Malais mit sa belle robe à la mode de la ville, qu'elle avait fait faire à Paris douze ans auparavant, et sur laquelle, depuis ce temps, elle avait fait tailler toutes ses robes, pensant que la mode de la ville en tout était comme la mode de certaines localités.

Ainsi un bonnet à la mode du pays de Caux ne change jamais, pas plus qu'un bonnet à la mode de Carentan. Elle avait la conscience d'être vêtue à la mode de la ville avec cette robe qu'elle avait fait faire sous l'Empire et qu'elle portait encore sous la Restauration, époque à laquelle se passe notre histoire.

Le meunier était envieux et avait, d'ailleurs, d'anciens

griefs contre la famille Malais. Devant ce luxe inusité, il lui semblait à lui-même qu'il n'était peut-être pas aussi riche qu'il se plaisait à le croire, et qu'il n'était pas l'égal des Malais.

Aussi, avec la ruse du paysan normand, il ne négligea rien pour froisser ses hôtes, tout en ayant l'air de vouloir leur être agréable. Il ne trouva rien de mieux que de parler beaucoup d'une famille dont les Malais n'étaient pas très-fiers d'être issus.

—Il y avait, dit Éloi, votre grand-père, Malais le marchand de bœufs, qui était de Dive ; il avait un fameux bidet, et il faut dire qu'il était, lui, un fameux cavalier. Il est allé une fois pour acheter des bœufs de Dive en Poitou ! Il a fait cette fois-là soixante-quatre lieues sans débrider. C'était un maître homme ! Le bidet était gris pommelé, un modèle de cheval !

Madame Malais prit un air distrait, M. Malais versa à boire ; mais Éloi, voyant que le coup avait porté, continua :

— Je ne l'ai pas connu, mais tout le monde se le rappelle dans le pays. Quand on veut parler d'un bon cavalier, d'un homme qui boit dur et qui ne boude pas à la fatigue, on ne manque jamais de dire : « C'est comme Malais de Dive. » Si l'on veut dire qu'un homme fait bien ses affaires, on dit encore : « Ce gars-là, ce sera comme Malais de Dive, il laissera à ses enfants de quoi ne rien faire, et ses petits-enfants auront un château. » Tout le monde connaît Malais le marchand de bœufs, jusqu'aux petits-enfants.

Madame Malais réussit à détourner la conversation en parlant de pêche à Risque-Tout, qui coupa alors la parole à son cousin ; mais cela ne put durer longtemps, parce que, Risque-Tout en étant venu à parler des douaniers qui lui avaient pris un petit baril de tafia qu'il avait trouvé à la mer, Éloi reprit la parole et dit :

—Écoute-moi, Tranquille. Il ne faut pas parler de douaniers devant M. et madame Malais ; cela peut leur faire de la peine. Ils ont eu un oncle qui était douanier et pas grand'chose avec ; c'était le propre fils de Malais, le marchand de bestiaux. On n'est pas responsable des fautes des autres. Malais le douanier était un gredin : ça n'empêche pas que Malais de Dive, le marchand de bœufs, était un honnête et un brave homme qui a laissé de quoi à sa famille ; ça n'empêche pas que le père de M. Malais, ici présent, était un homme qui vendait peut-être son argent un peu cher, mais qui pourtant n'a jamais eu rien avec la justice.

M. Malais se hâta encore de verser à boire et de remplir le verre du meunier ; mais ce verre de vin ne servit qu'à augmenter la loquacité d'Éloi Alain, qui avait déjà beaucoup bu, et lui fournit une transition pour continuer.

— Je veux, dit-il, que ce verre de vin que je bois à la santé de M. Malais et de madame Malais me serve de poison si j'ai pu voir un douanier depuis ce temps-là. Faut vous dire qu'étant jeune homme, vous étiez encore enfant, vous, monsieur Malais, j'ai fait un peu de contrebande. Honnête homme toujours, n'ayant pas ça à personne ; mais, la contrebande, c'est prendre de l'argent au gouvernement, et prendre de l'argent au gouvernement, c'est pas voler, tout le monde sait ça. Voilà donc que Malais le douanier, le propre fils de Malais le marchand de bœufs, et le frère de Malais le marchand d'argent, père de M. Malais qui nous régale, voilà qui me dit : « Dis donc, Éloi, on dit comme ça que tu fais de bons coups ! » Je le connaissais d'enfance ; je ne me défiais pas plus de lui que de Tranquille Alain. Voilà que, de paroles en paroles, je lui dis un matin en buvant un coup de cidre :

— Écoute, veux-tu en être ?
— Oui, qu'il me dit.

— C'est bon, je suis ton homme.

— Je suis le tien.

» Faut vous dire que c'était du tabac, et qu'un petit cutter anglais devait venir nous l'apporter à une lieue et demie du côté de Caen. La chose s'exécuta on ne peut mieux, sinon que, quand nous en vînmes à débarquer, il se trouva que Malais le douanier, au lieu de nous aider, nous avait dénoncés, qu'on nous tomba dessus, et qu'on saisit toute la pacotille. Moi et deux autres que je n'ai pas besoin de nommer, nous eûmes trois mois de prison chacun ; et Malais eut, les uns disent le tiers, les autres disent la moitié de la prise. J'ai eu, moi, la consolation de lui donner une maîtresse raclée ; mais c'est égal, c'est toujours là : jamais je n'oublierai Malais le douanier.

» Monsieur et madame, à votre santé et à celle de tous les honnêtes gens !

Les maîtres de Beuzeval furent extraordinairement soulagés quand le dîner fut fini ; lorsque les convives partirent, on ne songea pas à les engager à revenir, loin de là, madame Malais dit à Pélagie :

— Pélagie, vous savez que vos deux enfants passent la semaine avec Pulchérie. Je vous les renverrai dimanche soir.

Quand ils furent seuls, M. et madame Malais se plaignirent de l'ennuyeuse journée qu'ils avaient passée.

— Voyez un peu s'ils se sont seulement aperçus de la beauté de notre argenterie ! C'est bien fâcheux de n'avoir personne *de comme il faut* à voir ; à quoi nous servent notre château, et notre mobilier en acajou, et notre argenterie ? Que le ciel nous donne un gendre digne de Pulchérie, et nous pourrons dire que nous commencerons à vivre. Pulchérie va avoir douze ans ; quand elle aura passé quatre ans dans la maison royale de Saint-Denis, elle aura seize ans : je n'avais guère plus quand nous nous sommes mariés.

— A propos de Pulchérie, il faudra que je lui parle sérieusement : elle est acccoutumée à tutoyer les enfants de Pélagie, qui la tutoient aussi. Il semblerait vraiment, à les voir jouer ensemble, que ce soient des enfants de la même classe. Il faut que tout cela ait un terme.

— Écoute, Dorothée, encore un peu de patience ; ça pourrait paraître drôle, on dirait que nous faisons de l'embarras... Que ne dirait-on pas ?... Pulchérie va bientôt partir. Quand elle reviendra aux vacances, elle aura passé un an dans la maison royale de Saint-Denis, ce sera une demoiselle ; il sera temps alors de lui apprendre à se conduire, et, d'ailleurs, les petits Alain n'oseront plus la tutoyer. Il faut prendre garde à ce qu'on dirait.

Les enfants passèrent ces huit jours dans une joie sans mélange, si ce n'est que le quatrième jour, Onésime finit par dire :

— Tiens, Pulchérie, je m'ennuie beaucoup quand je ne te vois pas, mais je m'ennuie aussi quand je ne vois pas la mer. Je voudrais aller à la pêche avec mon père tous les jours et te retrouver à la maison quand je reviendrais manger la soupe ; mais je ne m'habituerais pas à être toujours dans un jardin.

La veille du départ, il dit :

— Si nous allions nous promener un peu dehors ?

Les trois enfants tombèrent bien vite d'accord ; et, comme ils étaient à l'extrémité du jardin, ils pensèrent qu'ils auraient plus tôt fait de franchir une petite haie qui les séparait de la campagne que d'aller chercher la porte.

Les deux filles n'eurent besoin que de très-peu d'aide pour imiter Onésime, et ils se trouvèrent dans les prés qui bordent la rivière de Beuzeval. Cette petite rivière, d'une limpidité merveilleuse, gazouille sur le sable entre des rives fleuries, sous les peupliers et les aunes ; on voyait encore en fleurs quelques roses sauvages et quelques chèvrefeuilles qui grimpaient après les saules et retombaient sur l'eau en guirlandes parfumées.

Les reines des prés n'étaient plus en fleurs, non plus que les coquelourdes roses, qui sont très-abondantes sur ces bords; mais les myosotis, les *ne-m'oubliez-pas* aux petits épis bleu de ciel, fleurissaient le pied dans l'eau.

Les trois enfants s'assirent à l'ombre d'un gros vieux saule creux, et causèrent de leurs petits intérêts.

— Tu vas donc partir, Pulchérie? dit Onésime.

— Oui, je vais aller à l'école dans une maison où sont les filles de tous les officiers décorés... comme mon père.

— Resteras-tu longtemps?

— A peu près quatre ans, à ce qu'on dit.

— Nous resterons quatre ans sans nous voir?

— Oh! non... je viendrai tous les ans passer un mois ici.

— Pourquoi est-ce donc qu'on t'envoie si loin, Pulchérie?... Est-ce que le clerc ne pourrait pas t'apprendre tout au monde?

— Il paraît que non.

— Est-ce qu'on veut que tu sois maîtresse d'école et que tu remplaces la mère Buchard?

— Je ne sais pas.

— Dans quatre ans, nous serons grands tous les trois, dit Bérénice; qu'est-ce que nous ferons dans quatre ans?

— Je ne sais pas ce que nous ferons, dit Onésime, mais je sais bien ce que je voudrais faire : je voudrais avoir un grand bateau à commander pour aller aux harengs et aux maquereaux, être bien gréé de lignes et d'applets de tout genre, et puis demeurer avec vous deux, qui me feriez de bonne soupe.

— Moi, dit Pulchérie, je voudrais être belle, belle et bien habillée de robes de soie, comme maman Dorothée, et avoir une belle voiture et un beau cheval, comme M. Malais, et puis épouser un beau prince.

— Comment! épouser un prince? s'écria Onésime. Et ma soupe!... qui est-ce qui fera ma soupe pour quand je reviendrai de la mer?

— C'est toi qui serais le prince ; nous aurions une servante pour faire la soupe, nous mangerions de la soupe à la viande tous les jours ; tu n'irais à la mer que quand il ferait beau temps ; tu aurais toujours un chapeau et un habit bleu, comme M. Malais. Et toi, Bérénice, qu'est-ce que tu voudrais ?

— Moi, je voudrais savoir bien, bien faire la dentelle, et gagner quinze sous par jour.

— Et qui est-ce qui sera ton mari, à toi?

— Onésime sera notre mari à toutes deux.

— Tu vas donc tout apprendre là-bas, Pulchérie? dit Onésime.

— Tout au monde, à ce qu'on dit.

— A écrire aussi?

— Il paraît que oui.

— Alors tu nous écriras?

— Bien sûr, sitôt que je saurai ; j'apprends avec le clerc, et je sais déjà un peu.

— Eh bien, alors Bérénice va se mettre à apprendre à lire pour pouvoir me lire tes lettres, parce que, moi, je ne pourrai jamais : il faut que j'aille à la mer et que j'apprenne bien mon état.

— Je vais apprendre à bien lire et aussi à écrire, dit Bérénice, pour te donner de nos nouvelles et te dire ce qui se passera ici ; car tu ne nous oublieras pas là-bas?

— Il n'y a pas de danger. Vous ne m'oublierez pas non plus, vous deux !

Les trois enfants s'embrassèrent.

— Ecoute, dit Bérénice, il faudra, quand tu viendras tous les ans, que nous venions ici où nous sommes... A quelle époque est-ce que tu reviendras?

— A peu près à cette époque-ci.

— Eh bien, nous ne serons pas fâchés de retrouver l'ombre du vieux saule, nous y viendrons nous asseoir ensemble là où nous sommes; nous nous dirons que nous nous aimons toujours bien, et nous nous raconterons tout ce que nous aurons fait. Si je savais écrire, je sais bien ce que je ferais.

— Que ferais-tu, Bérénice?

— J'écrirais nos trois noms sur l'écorce du vieux saule.

— Moi, je saurais bien les écrire, si j'avais un couteau.

— Donne-moi ton couteau, Onésime.

Pulchérie prit le couteau d'Onésime, et, après de grandes dissertations, il fut convenu qu'on ne mettrait que les premières lettres de chaque nom. Pulchérie mit au moins une heure à inscrire sur le tronc du saule — B. — O. — P.

Il était à peu près l'heure du dîner; les trois enfants s'embrassèrent encore, se promirent de s'aimer toujours, de s'écrire souvent et de revenir ensemble tous les ans sous le saule sur lequel ils avaient inscrit leurs noms; puis ils rentrèrent à la maison.

On les avait cherchés, on les gronda; mais ils s'en soucièrent peu. Le lendemain, Pulchérie, accompagnée d'une servante, reconduisit ses amis à Dive.

La mère Pélagie avait préparé du lait caillé pour Pulchérie, qui fut surprise de ne pas le trouver aussi bon que d'ordinaire; la cuisine du château avait déjà détruit la saveur de ces régals d'autrefois.

Bérénice et Onésime continuèrent à aller voir Pulchérie le dimanche; mais l'hiver arriva, et il n'y eut plus de promenades dans la campagne.

Bérénice allait quelquefois seule dans la semaine passer

une heure avec Pulchérie, par laquelle elle se faisait donner des leçons de lecture et d'écriture pour corroborer celles du clerc, qu'elle prenait à peu près tous les jours : attendu qu'Onésime persistait dans l'idée que c'était assez que sa sœur pût lui lire les lettres de Pulchérie, et qu'il n'avait aucun besoin d'être si savant lui-même.

Enfin arriva le jour où Pulchérie devait partir pour Paris et Saint-Denis. On pleura en se séparant. M. Malais alla avec sa voiture jusqu'à Honfleur; de Honfleur, on passa au Havre, où l'on prit la diligence de Paris.

Bérénice, en embrassant Pulchérie, lui dit :

— Pense au vieux saule de Beuzeval.

IV

Pendant assez longtemps, Dive fut désert pour les deux enfants. Ils n'étaient contents que lorsqu'ils étaient seuls ensemble, parce qu'alors ils parlaient de Pulchérie, et des espérances prochaines, et de leurs projets pour quand ils seraient grands.

Cependant Onésime devenait marin à mesure que ses forces augmentaient; il avait une audace à toute épreuve, et on disait qu'il était *chanceux* à la pêche.

Bérénice, tout en faisant dans l'art de la dentelle des progrès qui annonçaient que ses vœux de gagner quinze sous par jour seraient sans doute les premiers accomplis de ceux qui s'étaient faits sous le saule, commençait aussi à lire et à écrire passablement.

Quinze jours après le départ de Pulchérie, M. Malais, qui l'avait conduite à Saint-Denis, rencontra par hasard Bérénice et lui dit :

— Nous sommes arrivés à bon port. Pulchérie est installée à la maison royale de Saint-Denis ; elle m'avait bien recommandé d'aller vous le dire, mais je n'ai pas eu le temps.

Pulchérie Malais à Bérénice Alain.

« Saint-Denis.

» Ma chère Bérénice,

» Tout est tellement changé autour de moi, que je me demande si je rêve ou si je suis moi-même. Figure-toi d'abord que je ne m'appelle plus Pulchérie, mais Pulkérie, qu'il n'y a pas de mer ici, et que je ne sors jamais d'une grande maison dans laquelle il y a trois ou quatre cents jeunes filles.

» J'ai été deux mois sans t'écrire, parce que j'étais tellement étourdie de tout ce qui m'entourait, que je n'aurais pu trouver de mots pour te dire des choses toutes différentes de ce que nous connaissons.

» Nous sommes toutes habillées de même : des robes noires, des chapeaux de paille noire, des bas de coton bleu l'été, dit-on, et, l'hiver, des bas de laine grise ; on tient tant à ce que nous soyons absolument la même chose, que j'ai été grondée l'autre jour parce que j'avais une fleur à ma ceinture ; une élève, à laquelle on en avait apporté en cachette, me l'avait donnée, et je n'avais pas remarqué qu'elle cachait les siennes.

» Nous sommes toutes coiffées de même : les cheveux séparés sur le front et en bandeaux ; on serait sévèrement punie si on bouclait ses cheveux.

» On est divisé par classes comme chez M. Épiphane Garandin, le clerc de Dive.

» Les élèves des différentes classes sont distinguées par la couleur de leur ceinture ; ainsi, j'ai, moi, une ceinture bleue avec un liseré blanc. Tous les six mois, celles qui ont bien travaillé changent de ceinture pour passer dans une classe plus élevée.

» Voici dans quel ordre sont placées les ceintures ; tu verras que j'ai été jugée assez savante pour ne pas commencer au commencement :

» Verte avec un liseré blanc, vert uni, violet liséré de blanc, violet uni, aurore liséré, aurore uni, bleu liséré, bleu uni, nacarat liséré, nacarat uni, blanc liséré de nacarat, blanc uni. Et puis il y a les blanches nouvelles et les blanches anciennes ; mais ce sont de grandes demoiselles.

» La classe de perfectionnement a une ceinture rayée de toutes les couleurs des autres classes.

» Nous avons trois dames pour chaque classe, deux dames surveillantes et une dame institutrice. Elles portent la croix d'honneur sur la poitrine.

. . . .

» Figure-toi que j'ai déjà été punie et que j'ai déjà fait connaissance avec mademoiselle Sophie. Mademoiselle Sophie est une dame noire, c'est-à-dire une dame d'un ordre inférieur, qui ne porte pas la croix d'honneur ; elle préside à la salle de correction.

» A cette salle, on ne suit plus le cours des études ; on ourle des torchons ou on fait quelque gros ouvrage. Mademoiselle Sophie, sans être méchante, est un peu bourrue ; cependant elle aime les élèves qu'elle voit le plus souvent, ce qui fait que ce sont les plus méchantes qui obtiennent son affection.

» Nous nous levons à six heures, à la lumière, et nous entendons la messe tous les jours dans une chapelle qui appartient à la maison.

» L'été, nous nous lèverons à cinq heures et demie, à ce que m'a dit une nacarat uni, qui cause quelquefois avec moi sous les tilleuls de la promenade où nous avons notre récréation.

» J'ai été punie et mise chez mademoiselle Sophie pour un bien petit crime. Figure-toi que je voulais parler à *ma réciproque,* le nacarat uni : c'est ainsi qu'on appelle l'élève qu'on aime le mieux, quand elle vous aime aussi, parce que quelquefois on en aime qui ne vous aiment pas, ou qui ont une autre *réciproque.*

» Alors on tâche de s'en faire aimer par toute sorte de petits soins et de prévenances. On dit alors qu'on *court après* telle ou telle, c'est-à-dire qu'on tâche de la rencontrer et de lui parler.

» C'est surtout quand il s'agit d'une plus âgée et d'une plus savante, qui méprise souvent les petites.

» Je voulais donc parler à ma *réciproque*, et nous nous étions donné rendez-vous dans un couloir. Pour ne pas être reconnue et arrêtée, j'avais dérobé le manteau et le chapeau d'une dame surveillante qui est très-petite.

» Je marchais assez bien comme elle, et je me tenais droite pour me hausser un peu, car elle est encore plus grande que moi.

» A peine étais-je sortie de la classe, que je rencontre... qui ?... la terrible madame Chareton. Madame Chareton est l'inspectrice de la maison, et personne n'est aussi redoutée qu'elle.

» Je devins toute tremblante. Cependant j'eus la force de lui faire une révérence qu'elle me rendit ; mais, tout en continuant mon chemin sans me retourner, je sentais que ses yeux me suivaient et qu'elle ne croyait qu'à moitié avoir rencontré madame ***.

» Je rencontrai pourtant le nacarat uni, mais je lui dis :

— Rentre dans ta classe ; j'ai rencontré madame Chareton, je suis perdue.

» — Est-ce qu'elle t'a reconnue? me demanda Marie.

» — Pas tout à fait ; mais, c'est égal, j'ai bien peur.

» — Alors, adieu.

» — Adieu.

» Je ne m'étais pas trompée ; madame Chareton m'attendait au passage. Après quelques compliments ironiques, elle me condamna à passer trois jours chez mademoiselle Sophie.

» Je pense bien souvent à mes amis de Dive ; il est très-heureux pour moi d'avoir rencontré Marie, qui m'aime beaucoup et que j'aime presque autant que toi.

» Tu la connaîtras un jour. Quand elle sera grande, elle viendra à Dive. C'est elle qui m'a sauvé l'ennui du premier temps.

» Elle dit que je lui ai plu tout de suite ; et elle m'a montré sur un mur des mots qu'elle avait écrits dès le lendemain de mon arrivée. Nous sommes souvent désignées par nos numéros, et, au milieu de plusieurs inscriptions du même genre, elle m'a montré : « 153 — je t'aime ; — signé, 264. » J'ai écrit au-dessous : « 153 partage l'amitié de 264. »

» Il y a une chose assez triste pour moi. Le jeudi et le dimanche, vers deux heures, de petites bonnes viennent apporter aux dames la liste des élèves demandées au parloir par leurs parents ou certains amis de leur famille.

» Jamais personne ne me demande, jamais je ne vois personne du dehors. Marie, que l'on vient voir tous les jeudis, partage avec moi tout ce qu'on lui apporte ; mais néanmoins c'est fort triste. J'envoie cette lettre à maman Dorothée, qui te la fera remettre ; donne-lui ta réponse.

» Adieu, je t'embrasse, ainsi qu'Onésime, Césaire et papa et maman Alain. J'espère que vous vous portez tous bien.

» Pulchérie Malais. »

Bérénice Alain à Pulchérie Malais.

« Ma chère Pulchérie,

» Ne va pas aimer Marie plus que moi, ni même autant; surtout ne lui montre pas ma lettre, qui va être mal écrite et pleine de fautes. J'apprends de mon mieux, et maître Épiphane est content de moi.

» J'ai lu ta lettre à la maison. Tout le monde a été bien content de ton souvenir, et tout le monde t'embrasse de bien bon cœur.

» Onésime dit qu'il n'aime pas ta *réciproque*, et que tu es bien pressée de faire de nouvelles amitiés. Moi, au contraire, je suis très-satisfaite que tu aies trouvé une amie tout de suite ; sans cela, nous t'aurions manqué comme tu nous manques.

» Nous ne sommes pas heureux cet hiver, la mer est presque toujours en colère. Voilà quinze jours que papa, Césaire et Onésime n'y ont mis le pied.

» Onésime maintenant est tout à fait marin ; il va à la mer tous les jours, quand on y va.

» La pêche du hareng avait été assez bonne, mais les petits canots ne font rien ; aussi Césaire parle-t-il d'aller à la pêche de la baleine ou de la morue. Ce sont des pêches bien longues et bien dangereuses, surtout celle de la baleine, et maman pleure chaque fois qu'il en parle.

» Cependant, il a l'air bien décidé, et je crois qu'il finira par là. Tout le monde se plaint ; cependant, jusqu'ici, Dieu nous a fait la grâce de ne pas manquer de pain.

» En travaillant bien, je gagne huit sous par jour à la dentelle ; ce n'est pas grand'chose, mais cela aide toujours un peu, et je suis bien heureuse d'apporter quelque chose à la maison.

» Si la mer continue à être aussi dure, papa dit qu'il ira travailler à la terre dans la campagne; mais on voit que cela l'attriste fort : les marins n'aiment pas à quitter la mer ; nous prions Dieu et nous attendons.

» Le cousin Éloi, qui avait prêté de l'argent pour le canot ton filleul, n'a pu être payé ; il s'est fâché, et j'ai entendu dire à papa qu'il en coûtait très-cher pour le faire attendre. Il va revenir demain, et on ne pourra pas encore le payer ; mais Dieu ne nous abandonnera pas : nos gens ne sont pas paresseux et sont grands pêcheurs.

» La mer a, à ce que dit papa, des poissons à eux qu'il faudra bien qu'elle leur donne.

» Je te dis tout cela, parce que, quoique tu ne t'appelles pas comme nous, tu es de la famille. Cependant, ne te tourmente pas à cause de nous ; le vent qui se tenait au *suroué* depuis quinze jours au moins, semble, en ce moment même, remonter tout doucement au *sué*[1] ; peut-être nous serons riches quand tu recevras cette lettre.

» Nous parlons beaucoup de toi. L'autre dimanche, comme il pleuvait, nous avons pris l'almanach, nous deux Onésime, et nous avons compté combien de jours il y avait encore à attendre ce que tu appelles les vacances, pour te revoir ici : il y en avait encore deux cent quatre-vingt-dix-huit !

» Tous les soirs, avec Onésime, nous effaçons le jour qui vient de se passer ; ainsi, quand nous aurons effacé celui-ci, cela ne fera plus que deux cent quatre-vingt-quatorze.

» C'est bien long, mais enfin cela arrivera. Surtout ne montre pas, je t'en prie encore, ma lettre à Marie. Je la regarde, et je suis effrayée de la voir si mal écrite.

» Tu écris, toi, déjà bien mieux que quand tu es partie. Je ne serai jamais aussi savante que toi, mais je ne veux pas te faire honte quand je t'écrirai.

[1] Sud-ouest, sud-est.

« Adieu, ma chère Pulchérie. Qu'est-ce que c'est donc que *nacarat?* Personne, dans la maison, ne peut me dire ce que c'est. Nous t'embrassons tous de bon cœur. Maman dit qu'elle espère que tu es toujours sa fille, mais qu'en tout cas elle sera toujours ta mère.

» BÉRÉNICE. »

V

Où Éloi Alain se manifeste.

Comme Bérénice l'annonçait à Pulchérie, le vent remonta doucement au sud-est, et la mer se calma, mais en conservant encore un lent balancement tout d'une pièce, suite de l'agitation qu'elle avait éprouvée.

Risque-Tout et ses enfants n'attendirent pas que le beau temps fût tout à fait décidé, pour pousser le canot à la mer ; deux ou trois autres pêcheurs suivirent leur exemple. Comme à la fin du jour les bateaux paraissaient à l'horizon, Éloi Alain descendit de Beuzeval et vint attendre les bateaux sur la plage.

On avait pris un peu de merlan. Onésime était fier, parce que c'était sur sa ligne que presque tout le poisson s'était jeté.

Risque-Tout, qui était parti le matin un peu prématurément, sans attendre que l'accalmie fût tout à fait assurée, eut un sentiment de crainte et d'embarras quand il aperçut le meunier.

— Avez-vous quelque chose? demanda celui-ci.

— Un peu de merlan. Viens-tu en manger avec nous?

Éloi ne répondit pas ; mais, quand on eut tiré du canot les lignes et le poisson, et qu'on l'eut lavé, quand on eut halé le bateau sur la grève, il suivit les trois pêcheurs chez eux.

Pélagie fut également inquiète en voyant Éloi ; elle lui demanda, comme avait fait Tranquille, s'il voulait manger un merlan ; à quoi il répondit : « Pour ne pas vous refuser. » Puis, comme on changeait les poissons de manne, il en garda longtemps deux dans les mains en disant : « Voilà de beaux merlans, deux merlans tout à fait beaux, » jusqu'à ce que Pélagie lui eût dit : « Vous les emporterez avec vous, cousin. »

Éloi ne répondit rien, on se mit à table ; il trouva le cidre pas trop bon, ce qui ne l'empêcha pas d'en boire beaucoup.

— Ah çà ! Tranquille, finit-il par dire, c'est aujourd'hui que tu dois me payer les cent vingt écus que je t'ai prêtés.

Ni l'intrépide Risque-Tout, ni personne de la famille n'osa faire remarquer qu'il n'avait pas été prêté cent vingt écus, mais seulement cent écus, pour lesquels on devait en rendre cent vingt.

— C'est vrai ! dit Tranquille Alain, c'est vrai ; mais la raison qui fait que je ne pouvais pas te payer l'autre jour, fait qu'il ne peut pas encore en être question aujourd'hui : il n'y a que d'aujourd'hui qu'on a pu retourner à la mer.

— Ça me gêne bien, ces cent vingt écus que je t'ai prêtés, cousin ; j'avais compté dessus pour une affaire... Je les avais ôtés d'une somme que j'avais en réserve... et aujourd'hui me voilà dans l'embarras...

— J'en suis plus fâché que toi, cousin ; mais un peu de patience, et tout ira bien.

Tranquille n'osa pas dire non plus qu'Éloi ne pouvait pas être embarrassé pour les cent vingt écus, parce qu'il n'avait jamais dû lui en rembourser qu'une partie au commencement de la saison, et le reste à la fin.

— Et quand me payeras-tu ?
— Mais, cousin, à la fin de la saison.
— On payera les deux moitiés ensemble, ajouta la femme plus hardie.

— C'est aujourd'hui qu'il m'aurait fallu de l'argent ; je manque une affaire sur laquelle j'aurais gagné cinquante écus ! C'est bien fâcheux, d'obliger le monde, et puis ensuite de se trouver soi-même dans l'embarras. Vois-tu, Risque-Tout, j'ai si besoin d'argent, que, si tu veux me donner deux cents francs, je te rends tes deux billets de soixante écus chacun, que voilà.

— Tu sais bien que je n'ai pas d'argent, Éloi.

— C'est égal, c'est toujours l'histoire de te dire combien je ferais de sacrifices pour avoir de l'argent aujourd'hui.

On n'osa pas encore dire au meunier qu'il n'était pas de très-bonne foi quand il offrait de perdre cent soixante francs pour toucher une somme qui devait, disait-il, lui en rapporter cent cinquante.

— Comment faire ? ajouta-t-il.

— Je voudrais avoir de l'argent, Éloi.

— Tu dis donc que tu ne me payeras qu'à la Saint-Michel les cent vingt écus que tu devais me payer aujourd'hui ?

— C'est-à-dire, cousin, dit Pélagie toujours plus hardie ou moins patiente que son mari, que nous ne devions vous en donner que la moitié.

— Oui, mais c'était il y a quinze jours ; et, d'ailleurs, cette moitié me gêne tant, que... tiens, vois-tu, je t'offrais tout à l'heure tes billets pour deux cents francs, eh bien, paye-m'en un, et je te les rends tous les deux. Ça n'est pas être chien ni tenir à l'argent ; je t'ai prêté cent vingt écus, et je t'en fais quitte pour soixante.

— Cousin, je te répète que je n'ai pas d'argent ; et, d'ailleurs, si j'avais soixante écus, je te les donnerais, ce qui ne m'empêcherait pas de te donner les soixante autres plus tard.

— C'est soixante écus que je perds sur l'affaire que je manque faute d'argent.

Pélagie avait bien envie de dire qu'il n'était tout à l'heure question que de cinquante, mais elle se contint.

— Je ne suis pas un Turc, continua le meunier, je vais te renouveler tes effets. Fais-m'en un de cent cinquante écus à la Saint-Michel.

Les deux époux se regardèrent. Pélagie prit la parole.

— Comment, cousin, cent cinquante écus ! c'est donc trente écus d'intérêt d'ici à la Saint-Michel, et pour soixante écus encore, et même pour cinquante, puisque nous n'avons que la moitié d'échue, et que, sur les soixante écus, il y en a dix déjà pour les intérêts ?

— Je ne te dis pas le contraire ; tu trouves que c'est trop de me donner trente écus d'intérêt ; eh bien, moi, je t'en offre bien soixante. Donne-moi soixante écus, et je te rends les deux billets, et je te dirai encore merci, et tu m'auras rendu un fameux service.

— Ah ! cousin, je voudrais bien ne pas vous avoir emprunté cet argent.

— Et moi donc, je ne serais pas dans l'embarras aujourd'hui. Et pourquoi est-ce que j'y suis ? Pour ne pas vous y mettre ; car, si je voulais donner tes deux billets en payement pour l'affaire en question, on te ferait bien payer, on te ferait vendre tes deux bateaux ; mais j'aime mieux que l'embarras soit pour moi, parce qu'après tout nous sommes fils des deux frères, cousin, et qu'il faut bien un peu s'entr'aider dans la vie.

— C'est égal, cousin, c'est bien cher, trente écus.

— Oui, et, moi, je serais bien content si tu voulais me donner soixante écus pour cent vingt que je t'ai prêtés ; mais, mon Dieu ! n'ajoute rien au billet, si tu veux, voilà tout ; c'est moi qui perdrai tout.

— Il est juste d'ajouter quelque chose, Éloi.

— Dame ! puisque vous trouvez que c'est trop de me donner trente écus, lorsque, moi, je ne demande qu'à vous en donner soixante, ne mets rien ou mets trente écus.

Tranquille et sa femme se regardèrent.

— Allons, dit Risque-Tout, je vais faire comme tu veux.

— Remarque bien, dit le meunier, que ce n'est pas moi qui veux. Ce que je voudrais, au contraire, ce serait de toucher mes cent vingt écus qui sont sortis de ma poche, et de les recevoir tout secs ; ce que je voudrais encore bien, ce serait d'en recevoir soixante en te faisant grâce du reste.

— Écris le billet, je ferai ma croix.

Éloi écrivit. Puis, au moment d'inscrire la somme sur un papier timbré qu'il avait apporté avec lui, il s'arrêta :

— Tranquille, dit-il, le papier marqué me coûte cinq sous : il n'est pas juste que ce soit moi qui le paye. Donne-moi cinq sous.

— Il n'y a pas un sou chez nous, dit Pélagie.

— Alors nous allons le mettre sur le billet avec la somme. Donc : *Je payerai, à la Saint-Michel prochaine, à mon cousin Éloi Alain, la somme de quatre cent cinquante et un francs* (on ne peut pas mettre cent cinquante francs et cinq sous, on aurait l'air de malheureux), *de quatre cent cinquante et un francs qu'il a eu l'obligeance de me prêter en espèces ayant cours. Approuvé l'écriture.* La, mets ta croix, et toi, Pélagie, mets aussi la tienne.

Quand les signatures furent données, Éloi leur rendit les anciens billets avec un air de bienfaiteur d'une grande magnificence.

— Cette fois, cousin, dit-il, sois exact. Je vais porter ton billet en place d'argent à un meunier de Cherbourg, et, si tu ne payais pas à l'échéance, il ne serait pas si arrangeant que moi ; car enfin voilà quatre cent cinquante et un francs qui me seraient bien utiles si je les avais dans ma poche au lieu de te les avoir prêtés. On ne trouve pas quatre cent cinquante et un francs dans le pas d'un cheval ; on ne trouve pas tous les jours un cousin qui vous prête quatre cent cinquante et un francs.

On ne se permit aucune observation sur le prétendu prêt de quatre cent cinquante et un francs.

— Allons, je vais m'en aller. Je me suis peut-être un peu fâché, cousin, parce que vraiment ça me fait faute. Tu comprends bien qu'avoir compté sur quatre cent cinquante et un francs que l'on a prêtés, et puis recevoir... quoi? pas un rouge liard, c'est un peu ébouriffant ; mais enfin je ferai comme je pourrai. Je suis vif, je me suis mis en colère, mais je ne vous en veux plus. C'est fini.

Il prit alors ses deux merlans qu'on avait mis de côté. Il en prit un troisième dans la manne, le considérant à côté d'un des siens :

— Je crois que celui-ci est plus beau.

Il les pesa, un de chaque main.

— Il n'y a pas grande différence, dit-il.

Il les changea de main, les repesa encore, et parut embarrassé, jusqu'au moment où on lui dit :

— Ne soyez pas si embarrassé, cousin, prenez les trois.

— Tiens, Onésime, dit-il, attache-les-moi après un bout de ligne par les ouïes.

Onésime les enfila par le bout d'une forte ficelle, et, comme il allait la couper, Éloi l'arrêta en disant :

— Mon Dieu! que les enfants sont donc prodigues! Il couperait une corde toute neuve.

Et il emporta la corde entière avec ses trois merlans, après avoir encore bien des fois recommandé l'exactitude à Risque-Tout et avoir embrassé Bérénice en disant :

— Adieu, mes chers enfants ; enchanté de vous avoir rendu service.

— C'est un homme bien dur et bien avare que le cousin, dit Pélagie.

— Dieu ne paye pas ses ouvriers tous les soirs, répondit Tranquille en soulevant son bonnet de laine, mais il finit toujours par payer. Chacun aura le prix de ses œuvres.

VI

Pulchérie Malais à Bérénice Alain.

« J'ai bien du chagrin, ma chère Bérénice ; tu es ma seule amie. Marie m'a trahie. Je t'écris en cachette, et, quoique j'aie à me plaindre de Marie, c'est elle qui fera partir cette lettre sans savoir, bien entendu, ce qu'il y aura dedans.

» Nous étions déjà convenues que je n'enverrais plus les lettres pour toi à maman Dorothée. On vient voir Marie tous les jeudis ; mais quelquefois, et même assez souvent, c'est une vieille servante qui l'a élevée qui fait le voyage.

» Elle prendra mes lettres et tu lui adresseras les tiennes. Mes lettres te parviendront port payé ; ne t'occupe pas du port des tiennes.

» Voici l'histoire qui me cause tant de chagrin. Je t'écris à la salle d'étude de piano, car j'apprends le piano ; mais tu n'as jamais vu de piano.

» Le piano, c'est une musique bien plus belle que le flageolet du clerc, c'est-à-dire que le flageolet de maître Épiphane, que l'on trouve si agréable pour danser ; tu ne voudrais plus l'entendre si tu avais entendu une fois un piano.

» Madame Médard est une dame noire comme mademoiselle Sophie ; elle a pour fonctions de garder la salle consacrée à l'étude du piano ; elle s'occupe beaucoup de prendre du tabac, et n'est pas très-fine.

» On peut lire ou écrire sur son piano ; pourvu qu'elle

entende taper de temps en temps sur le piano et faire du bruit, elle est satisfaite. J'interromps quelquefois ma lettre pour faire une gamme.

» Où en étais-je ? Madame Médard a regardé très-longtemps de mon côté, et il m'a fallu faire semblant de travailler.

» Ah ! j'avais à te raconter mon chagrin à cause de Marie.

» C'était avant-hier, précisément dans la salle où je t'écris ; c'était le concours, c'est-à-dire qu'on sait alors celles qui sont assez savantes pour changer de classe. Il y a un concours tous les six mois. On y expose les dessins et les peintures des élèves !

» C'était superbe ! Il y avait le maréchal chancelier de la Légion d'honneur au milieu de toutes nos dames. Les plus grandes élèves sont examinées par le maréchal, qui leur fait des questions.

» Ensuite les élèves de M. Massimino ont chanté, on a joué du piano, etc. Puis chaque classe vient à son tour devant le maréchal, qui distribue les prix et donne les ceintures à celles qui ont mérité de passer dans la classe dont elles vont porter la couleur.

» Il y a eu une chose fort triste. Une grande élève, une nacarat liséré, a été condamnée à la ceinture grise pour son indocilité. Le maréchal lui a donné la ceinture grise, qu'elle a reçue en pleurant et en sanglotant.

» Il faut qu'elle la porte pendant un temps qui sera assez long, et pendant lequel elle marchera à la suite des autres et sera chargée du ménage de sa classe.

» Quelques-unes gardent la même ceinture et restent dans la même classe encore pendant six mois, jusqu'au concours suivant. Marie, qui était nacarat uni, a passé blanc liséré et a reçu sa ceinture des mains du maréchal.

» Figure-toi, Bérénice, que c'est une grande preuve d'affection de se faire attacher sa nouvelle ceinture par une personne qu'on aime, dame ou élève, et que c'est si important, qu'on attend quelquefois jusqu'au lendemain pour rencontrer celle à qui on destine cette marque d'amitié.

» Voilà donc que Marie reçoit sa ceinture blanc liséré de nacarat des mains du maréchal; j'étais aussi heureuse et aussi rouge qu'elle, tant j'étais sûre qu'elle allait venir à moi me dire de lui attacher sa ceinture.

» Eh bien, croirais-tu qu'elle l'a été porter à madame Félicie d'Aizac, la dame de la classe qu'elle quitte ? Madame d'Aizac est une femme qui fait des vers... Ah ! mais sais-tu ce qu'on appelle des vers ?...

» Ce sont des espèces de chansons. Madame d'Aizac l'a baisée au front et lui a attaché sa ceinture; moi, je suffoquais.

» Quand est venu mon tour, quand le maréchal m'a donné une ceinture bleu uni, j'ai eu envie de faire comme Marie, pour la punir, et de me la faire attacher aussi par la dame de ma classe, madame A..., qui est un peu bossue, mais ça m'était bien égal; cependant, au moment, je n'en ai pas eu le cœur, et je suis allée à Marie, qui était déjà au milieu des blanc liséré et qui faisait un peu sa grande demoiselle.

— Mademoiselle, lui ai-je dit, voulez-vous me faire l'amitié de me mettre ma ceinture ?

» — Très-volontiers, *ma petite!* m'a-t-elle répondu.

» Elle m'a attaché ma ceinture avec négligence et s'est remise à causer avec ses nouvelles amies.

» Je me suis sauvée et je suis allée me cacher dans un coin, où je me suis bien régalée de pleurer.

» Je n'ai presque pas dormi de la nuit, et, le lendemain matin, hier, j'ai écrit sur le mur, au-dessous de l'endroit où, Marie et moi, nous avions écrit nos noms ensemble : *264 est une perfide et une pimbêche.*

» Je finirai cette lettre une autre fois : on sonne la cloche pour le goûter, qui est composé de pain sec.

. . . .

« Ma chère Bérénice, je suis raccommodée avec Marie ; elle m'a tout expliqué : elle avait promis à madame d'Aizac de faire attacher sa ceinture par elle avant mon arrivée dans la maison ; je suis allée effacer, avant qu'elle l'ait vue, l'inscription que j'avais mise sur le mur.

» Tu me demandes ce que veut dire *nacarat* ; nacarat est une couleur rouge, non pas comme les bonnets de nos pêcheurs, mais plutôt comme ces grandes giroflées dont la graine vient de Bolbec et qui fleurissent tous les ans derrière votre ou plutôt derrière notre maison..

» Adieu, je vous embrasse tous.

» Pulchérie MALAIS. »

Bérinice Alaen à Pulchérie Malais

« Nous avons eu aussi et nous avons bien du chagrin : Césaire vient d'être pris par le service, et il est parti hier pour se rendre à Cherbourg à bord d'un navire de l'État.

» Mon père n'a plus avec lui qu'Onésime ; il est vrai qu'Onésime, à ce que disent tous les pêcheurs, est un enfant sur terre et un homme à la mer. Ma mère, surtout, ne s'accoutume pas à voir la place de Césaire vide à notre table ; c'est son aîné, et elle a pour lui un peu de respect, à part l'amitié qu'elle lui donne comme aux autres.

» Je commence à faire pas mal la dentelle et à aller assez vite ; aussi j'ai pu m'acheter une ceinture bleu uni pour être pareille à toi ; je me coiffe aussi les cheveux séparés en bandeaux avec une raie au milieu du front ; hier dimanche, à la messe, j'étais une bleu uni comme toi ; je n'ai pas de robe noire, mais j'en ai une d'un brun foncé qui fait à peu près le même effet.

» Nous avons effacé trente-trois jours sur l'almanach depuis que je t'ai écrit. Onésime a un nouvel ami : c'est un chien que lui a donné le berger de Beuzeval; ce chien ne le quitte pas et le suit même à la mer.

» L'autre jour, comme le chien aboyait contre quelqu'un qui ne vient pas d'ordinaire chez nous, Onésime, lui parlant comme si ce pauvre animal avait pu le comprendre, s'est mis à lui parler de toi; et le chien regardait son maître, cherchant à entendre ce qu'on lui disait.

» — J'espère, Mopse, lui dit-il, que tu n'aboieras pas après Pulchérie quand elle va revenir; Pulchérie est de la maison.

» — Il faudra, ajouta-t-il en s'adressant à moi, qu'il connaisse Pulchérie; je suis sûr que, quand elle l'aura caressé deux ou trois fois, il s'attachera à elle.

» Quand nous avons lu ta dernière lettre, Onésime, qui n'aime pas Marie, disait qu'il voudrait bien savoir écrire.

» — Et pourquoi? lui demandai-je.

» — Écoute, me dit-il, tu peux faire cela pour moi; je voudrais écrire sur deux ou trois murs : **264** *est une perfide et une pimbêche.*

» Nous avons été forcés de demander à maître Épiphane ce que c'est qu'une pimbêche. Onésime était aussi fâché de te voir raccommodée avec Marie que, moi, j'en étais contente.

» — Est-ce qu'elle avait besoin d'autres amis que nous? répète-t-il souvent.

» — Mais toi, lui dis-je, est-ce que tu n'aimes qu'elle? est-ce que tu n'aimes pas papa et maman, et aussi Césaire, et aussi un peu ta petite sœur Bérénice?

» — Je ne l'empêche pas de vous aimer aussi.

» Là-dessus, il n'y a pas moyen de lui faire entendre raison. Quand nous allons nous promener, nous remontons la rivière de Beuzeval, et nous allons voir l'arbre sur lequel nous avons écrit nos trois noms.

» Si Pulchérie veut y mettre un M, dit-il, j'abattrai l'arbre.

» Je t'envoie dans cette lettre une petite rose d'un rosier sauvage, que nous avons cueillie pour toi tout auprès du vieux saule. Embrasse Marie pour moi.

» Bérénice ALAIN. »

Quelques lettres furent encore échangées, puis arriva le moment des vacances ; M. Malais fut appelé à Paris par des affaires importantes.

— Ce sera, dit Dorothée, une bonne occasion d'aller chercher Pulchérie.

Malheureusement, les affaires traînèrent en longueur, les parents de Marie offrirent à M. Malais de prendre Pulchérie chez eux jusqu'à son départ ; ils demeuraient à la campagne, à la porte de Paris.

M. Malais fut un peu indisposé, puis reprit ses affaires ; tout cela dévora le temps. Il ne restait plus que quinze jours de vacances lorsqu'il fut question de partir. On lui fit remarquer que les quinze jours seraient absorbés par le voyage pour aller et revenir.

Pulchérie était un peu étourdie par la vie nouvelle qu'elle menait. Les de Fondois recevaient du monde ; on dansait au piano presque tous les soirs, on allait de temps en temps au spectacle.

Elle oublia ces deux pauvres enfants dont tout le bonheur était de l'attendre ; elle oublia Pélagie, qui avait été sa vraie mère ; elle fut enchantée quand elle entendit décider qu'elle n'irait pas à Beuzeval cette année, qu'elle resterait avec Marie jusqu'à la fin des vacances. Elle pria seulement M. Malais de dire à Bérénice, à Onésime et à Pélagie, qu'elle regrettait bien de ne pas les voir cette année, mais que ce serait pour l'année suivante.

Ce fut un grand chagrin et une grande stupeur à Dive quand on apprit la nouvelle. Les deux enfants furent pendant quelque temps tout découragés ; ils allèrent auprès de leur vieux saule, ils s'embrassèrent.

Leurs pauvres petits cœurs semblèrent crever, et ils fondirent en larmes.

— C'est mal, disait Onésime. M. Malais l'a bien dit devant nous, qu'il n'a pas insisté parce qu'il voyait bien que Pulchérie *mourait* d'envie de rester avec sa Marie. C'est mal ; elle ne nous aime plus. Comment peut-on changer si vite ?

Ils se rappelèrent avec amertume tous les détails de leur promenade au pied du vieux saule.

— Eh bien, dit Bérénice, aimons-nous seulement nous deux. Nous deux, nous ne nous oublierons pas et nous ne nous trahirons jamais.

Ils s'embrassèrent en pleurant encore, mais plus doucement ; ils se promirent d'oublier Pulchérie, puisqu'elle les avait si vite oubliés ; mais, un mois après, Pulchérie leur écrivit une lettre très-amicale en leur parlant des vacances prochaines.

Ils sautèrent de joie, lurent dix fois la lettre, et Bérénice y répondit avec la plus tendre amitié. La correspondance se renoua, et Bérénice et Onésime recommencèrent à attendre les prochaines vacances.

Onésime se prétendait *radoubé*. Quelques lettres furent échangées. Nous ne possédons que les deux qui précédèrent d'assez près le moment attendu avec tant d'impatience.

Les précédentes avaient fait savoir que Pulchérie avait reçu la ceinture nacarat liséré et que Marie était blanc uni.

Cette fois, elles s'étaient mutuellement attaché leur ceinture.

Un ou deux orages avaient assombri cette amitié pendant le cours de l'année, mais les nuages n'avaient pas tardé à se dissiper.

Chez les pêcheurs, il y avait, comme toujours, des alternatives de bonne et de mauvaise fortune. On n'avait pu donner à Alain qu'une partie de ce qu'on lui devait; il avait fallu renouveler encore le billet dans des conditions de plus en plus onéreuses.

Le meunier, qui n'avait en réalité prêté que cent écus, avait déjà reçu quatre cent vingt francs, sans compter le poisson dont il ne se faisait pas faute; et cependant il lui était encore dû deux cents et quelques francs.

Il se plaignait amèrement, et se disait fort malheureux et fort mal récompensé d'avoir voulu obliger un parent; du reste, il s'était toujours, disait-il, ruiné pour sa famille.

On avait reçu une fois des nouvelles de Césaire, dont le navire était dans les mers du Levant. Mopse, le chien d'Onésime, devenait fort savant; il rapportait et obéissait à tout ce qu'on lui ordonnait.

Pulchérie Malais à Bérénice Alain.

« Il faisait beau hier, ma chère Bérénice, et jamais le beau temps n'avait été demandé à Dieu avec plus de ferveur ; jamais les pêcheurs n'ont sur un pareil sujet adressé au ciel de plus ardentes prières.

» Nous pensons deux mois d'avance à la Fête-Dieu, et, un mois avant qu'elle arrive, nous ne pensons plus à autre chose. Elle se célèbre à Saint-Denis avec grande pompe; je doute fort que mon récit puisse t'en donner une idée.

» Quand il fait beau temps, on dresse au bout de la belle promenade un magnifique reposoir auquel nous allons en procession; tandis que, si le temps est incertain, la procession ne peut sortir, et nous faisons seulement le tour des cloîtres.

» Le reposoir, en ce cas, est dressé à un des angles où est une statue de la sainte Vierge. Mais enfin il faisait beau hier, et rien n'a manqué à la solennité de la fête.

» Tout était rempli de fleurs ; tous les balcons de la cathédrale, à laquelle aboutit notre promenade, étaient chargés de monde. Voici dans quel ordre s'avançait la procession.

» Madame Coindet, maîtresse de danse de la maison, surveille la cérémonie sous le rapport de l'ordre et de la grâce ; il nous semble toujours qu'elle va tirer son petit violon de sa poche.

» Toutes les élèves qui n'ont aucun rôle dans la représentation sont sur deux lignes, ainsi que toutes les dames, qui ont d'énormes bouquets. En tête et au milieu s'avance la bannière de la Vierge, portée par une élève de la classe blanc liséré.

» D'autres élèves de la même classe tiennent les cordons de la bannière ; un grand voile de mousseline blanche les recouvre entièrement. Derrière elles, le sacristain porte la croix ; deux élèves de la classe nacarat uni sont sur la même ligne que lui et portent des flambeaux.

» Elles sont également couvertes d'un grand voile blanc posé sur la tête nue, et, par-dessus le voile, elles portent une couronne de chèvrefeuille.

» Ensuite s'avance une troupe de quarante petites filles : ce sont les plus petites de la maison. Elles sont rangées quatre par quatre. Elles ont chacune un voile sur lequel est posée une couronne de bluets ; elles portent chacune une corbeille remplie de feuilles de rose, qu'elles jettent devant les pas du prêtre qui porte le saint-sacrement.

» J'étais une des quatre élèves nacarat liséré, couronnées

de fleurs des champs, qui-derrière les petites-portent les encensoirs.

» Viennent ensuite quatre jeunes filles prises dans la classe bleu uni, et j'étais une de ces quatre l'année dernière. Ce sont les vierges ; c'est le beau rôle de la procession. Le choix en est fort discuté à l'avance. Je n'ose guère dire que ce choix s'arrête en général sur les plus jolies.

» Lis ceci toute seule, et passe cette ligne si tu lis ma lettre à la famille. Elles sont couronnées de roses blanches et de jasmin. Enfin, vient le dais, porté par huit élèves de la classe blanc uni ; d'autres tiennent un des huit cordons.

» Quatre élèves blanc liséré portent des cierges. De chaque côté sont rangées les chanteuses ; elles ont également de grands voiles, mais pas de couronnes.

» Arrivées au reposoir, elles se cachent derrière et chantent sans êtres vues : *O salutaris hostia !* Marie, qui a une très-belle voix et est élève de madame d'Auby et de monsieur Massimino, fait partie des chanteuses.

» La procession aura encore lieu dimanche prochain. Je t'envoie une marguerite de ma couronne en échange de ta petite rose sauvage de la rivière de Beuzeval, que tu m'as envoyée l'année dernière.

» Nous n'avons de fleurs à notre disposition qu'à la Fête-Dieu ; je ne sais pourquoi on ne nous permet pas d'avoir le moindre bouquet pendant le reste de l'année. L'infraction à cette défense est, du reste, un crime assez fréquemment commis par quelques-unes, malgré la difficulté qu'on trouve à s'en procurer.

» Adieu, Marie te rends tes amitiés.

» Pulchérie MALAIS. »

4.

Bérénice Alain à Pulchérie Malais.

« Jeudi.

« Ma chère Pulchérie,

» Nous avons eu aussi une belle procession pour la Fête-Dieu. Tous nos pêcheurs, dont la plupart ont souvent échappé à de grands dangers en mer par l'intercession de la sainte Vierge, suivaient la tête nue. Le curé a ensuite béni la mer et les barques.

» Deux familles étrangères sont venues s'installer à Dive : l'une s'est logée à l'auberge de Marais ; l'autre à la pointe, à cette auberge qui est au bas de Beuzeval.

» Les deux familles, qui ne se connaissaient pas d'abord, mais qui maintenant parlent ensemble et se visitent le soir, sont venues pour prendre des bains de mer. On dit que ce sont des gens très-riches.

» Espérons que nous n'éprouverons pas, aux vacances prochaines, le désappointement qui nous a fait tant de peine l'année dernière, et que tu viendras passer quelque temps avec nous.

» Espérons... On m'appelle en grande hâte. Que se passe-t-il ?

. . . .

» J'ai quitté cette lettre il y a trois jours ; au moment où l'on m'appelait ; il nous arrivait un grand malheur, et je n'ose penser à celui qui aurait pu nous arriver.

» Mon père et Onésime revenaient de la pêche ; il faisait grand vent et la mer était grosse ; une lame a chaviré et retourné le canot : tous deux ont disparu dans l'écume.

» Onésime a bientôt reparu, il a cherché autour de lui ; mais, ne voyant pas notre père, il l'a cherché sous l'eau et a eu le bonheur de le ramener. Il fallait que ce pauvre père fût blessé pour être ainsi resté, lui qui nage si bien ; et, d'ailleurs, il n'y avait presque pas d'eau où ils ont chaviré.

» En effet, le canot l'avait frappé à la tête ; il était sans connaissance et couvert de sang. C'est alors qu'on nous a appelées, tandis que d'autres pêcheurs aidaient Onésime à apporter notre pauvre cher père à la maison.

» Sa blessure n'est pas dangereuse, il ne s'en ressent plus aujourd'hui ; mais, en même temps que le coup à la tête, il en a reçu un au bras, et il ne pourra d'ici à quelque temps se servir de ce bras.

» Qu'allons-nous faire? qu'allons-nous devenir? Depuis quelque temps, tout va mal chez nous ; Onésime disait ce matin :

— Nous avons bien du malheur depuis que Pulchérie a quitté la maison : elle a emporté toute notre chance avec elle.

» Mon père est désolé de se voir ainsi hors d'état de travailler au plus beau moment de la pêche ; Onésime a du courage et dit qu'il saura gagner ce qu'il faut.

» Je pense comme Onésime que, si tu as emporté notre bonheur, tu nous le rapporteras cette année.

» Adieu ; aimons-nous et pense à nous.

» Bérénice ALAIN. »

VII

La maison des pêcheurs était fort triste. Risque-Tout allait à l'arrivée des bateaux et rentrait tout affligé de la bonne pêche que rapportaient les autres, non pas qu'il fût envieux, l'excellent homme !

Bérénice et Onésime étaient fiers et presque heureux d'être la ressource de la maison.

Bérénice travaillait si assidûment à sa dentelle, qu'elle gagnait dix ou douze sous par jour.

Onésime pêchait de la crevette et de l'équille, seules pêches qu'il pût faire seul.

Cela ne rapportait pas grand'chose, mais on pouvait vivre; d'ailleurs chaque pêcheur, à son tour, donnait à la famille un ou deux poissons, selon la pêche qu'il avait faite.

Onésime de retour était toujours prêt à les aider à pousser les bateaux à la mer ou à les haler sur la plage. Il fut chargé d'apprendre à nager à deux jeunes enfants des familles étrangères arrivées à Dive; mais, après un coup de vent, le temps se refroidit, les bains furent suspendus, la mer resta grosse et inabordable pendant plus de quinze jours, la crevette gagna les fonds, et l'équille cessa de s'ensabler.

La famille se trouva réduite à la dentelle de Bérénice. Cette ressource ne tarda pas à manquer en grande partie; Pélagie tomba malade, il fallut que Bérénice la soignât et s'occupât de tous les détails du ménage.

Elle ne gagna bientôt plus que trois ou quatre sous par jour; il lui fallait laver, repasser le linge et préparer la nourriture.

Un vieux pêcheur dit un jour à Onésime :

— C'est dommage que tu n'aies pas la force, car tu aiderais bien ta famille; ce n'est pas le courage, ce n'est pas le bon cœur qui te manquent, c'est la force. Cependant tu pourrais, si tu voulais bien, gagner assez d'argent pour soutenir tes gens jusqu'à ce que ton père soit guéri.

— Je ne demande pas mieux, répondit Onésime; mais que peut faire un pauvre enfant comme moi, Pacôme Glam?

— Tu n'as qu'à t'en aller à Honfleur : tu trouveras là des bateaux de chalut qui te prendront volontiers pour mousse. Tu es grand et fort pour ton âge, tu connais la mer, tu es pêcheur; tu peux gagner trente-cinq francs par mois; tu te nourriras avec quinze, et tu enverras vingt francs à tes gens.

Ces vingt francs-là, on te les donnera d'avance et tu pourras les envoyer ici tout de suite. Je vais te donner un mot d'écrit pour un homme avec qui j'ai navigué autrefois ; il trouvera à te placer pour la saison. La saison passée, ton père sera guéri, et tu reviendras pêcher les harengs et les merlans avec lui.

Pacôme Glam ne savait pas écrire ; il alla avec Onésime chez maître Épiphane, qui, en échange de quelques poissons qu'on lui donnait de temps à autre, écrivait volontiers les lettres pour les pêcheurs.

Le clerc se chargea donc avec plaisir de la missive pour l'ami de Pacôme Glam. En possession de la lettre, Onésime rentra à la maison et fit signe à Bérénice de le suivre au jardin.

Là, il lui dit :

— Je crois que je ne reverrai jamais Pulchérie ; elle arrive dans trois semaines, et je pars demain aussitôt qu'il fera jour.

— Et où vas-tu ? demanda Bérénice.

— Je ne puis supporter plus longtemps de voir notre père et notre mère malades et manquant de tout, toi t'exténuant pour gagner trois sous par jour, et moi, à cause de l'inclémence de la mer, restant là les bras croisés. Pacôme Glam m'a donné une lettre pour un ami qu'il a à Honfleur. Il est sûr que je pourrai vous envoyer vingt francs par mois pendant la saison. Je reviendrai ensuite aider mon père quand il pourra retourner à la mer. Pulchérie sera repartie depuis longtemps. Tu lui diras pourquoi je suis parti, et, si c'est toujours une bonne fille comme toi, elle m'en aimera davantage. Vous irez ensemble au vieux saule de la rivière de Beuzeval, et, là, tu l'embrasseras pour moi. M. Malais disait l'autre jour qu'après les vacances elle ne devait plus rester qu'un an là-bas ; elle reviendra alors pour tout à fait. Si je ne suis pas noyé, je la verrai dans un an. Tu lui diras de caresser

Mopse, que je suis forcé de te laisser. Tu en auras bien soin, n'est-ce pas? Maintenant, rentrons et ayons l'air joyeux d'un départ qui nous chagrine tous les deux; mais il faut penser à nos parents.

Tous deux s'essuyèrent les yeux, s'embrassèrent et rentrèrent à la maison.

— Bonne nouvelle! dit Onésime en entrant, nous n'allons plus être à la côte. Pacôme Glam m'a donné une lettre pour un de ses amis à Honfleur, avec qui je vais m'embarquer pour trois mois, et je vous enverrai vingt francs par mois. Je reviendrai pour le merlan. Vous, mon père, vous serez radoubé, et nous reporterons la voile au haut du mât.

— Mes deux fils seront donc hors de la maison? dit Pélagie.

— Oh! maman, ne m'empêche pas; j'ai bien envie de voir du pays, et puis ça me rend tout joyeux de gagner de l'argent moi-même.

— Et quand pars-tu?

— Un peu avant le jour. Je n'aurai pas trop de ma journée pour arriver à Honfleur.

— Bérénice, dit Pélagie, il faut lui faire sa *pouche*, à ce cher enfant. Quel malheur que je ne puisse pas me lever! Je suis sûre qu'il lui manquera quelque chose. On passe presque toutes les nuits à bord des grands bateaux; n'oublie rien, Bérénice.

Bérénice ne répondit pas, car elle aurait sangloté; mais elle se mit à enfermer dans un sac les hardes nécessaires à Onésime. Pacôme entra.

— A la bonne heure, dit-il, le matelot ne fait pas attendre la marée. Comment vas-tu, Risque-Tout?

— Un peu mieux, merci. Voilà donc que tu envoies notre Onésime à Honfleur?

— Il sera bien; il sera avec un ami, entends-tu ça, Pélagie? Il sera comme chez toi et mieux que chez toi. Il est juste que les enfants travaillent pour nous quand nous sommes en dérive. D'ailleurs, qu'est-ce que c'est qu'un marin qui n'a jamais perdu de vue le clocher de son village? Vous verrez Césaire, quand il va revenir *d'à bord* de l'État, ça ne sera plus le même homme. Ah çà! vous n'avez pas de quoi, et il en faut au gars pour faire sa route. Voilà un vieux petit écu que je vas lui donner; vous me rendrez ça quand il vous en enverra.

Il est quelque chose qui est toujours si présent à l'esprit des pauvres, qu'ils ne le nomment pas le plus souvent, et qu'ils remplacent le nom par un pronom, comme s'ils en avaient déjà parlé, et comme s'ils étaient sûrs que leurs interlocuteurs y pensent.

Je veux parler de l'argent, cet irréconciliable ennemi, ce dieu irrité et inexorable.

J'entends souvent les pauvres gens dire : « Je n'en ai pas, il faut que j'en gagne, » sans prononcer préalablement le mot *argent*, qui est toujours sous-entendu. De même une femme adultère, parlant à son amant de l'ennemi commun, du mari outragé, dit : « On vient, est-ce *lui?* » ou : « *Il* trouve que vous venez souvent ici, » sans que le mot de mari soit exprimé.

Peut-être faut-il attribuer, dans les deux cas, cette réserve aux causes qui faisaient que les anciens évitaient de prononcer le nom des Furies.

Le lendemain matin, le jour venait de paraître. La mer unie comme un miroir, était d'un bleu pâle, calme et serein. Le soleil, qui ne paraissait pas encore, montrait ses rayons entre le Havre et Honfleur.

De petits nuages, mobiles vapeurs grises, se coloraient de rose et de lilas. Un glacis rose se montra aussi sur le bleu de la mer; puis, quand le soleil parut monter, ce glacis devint jaune et dora légèrement le bleu.

A ce moment Onésime sortit de la maison, accompagné de Bérénice. Tranquille et Pélagie n'étaient pas encore levés. Il les avait embrassés et s'était chargé de sa pouche, dont sa mère avait fait soigneusement l'inventaire pièce par pièce.

A peine le frère et la sœur étaient-ils à quelques pas de la maison, que Mopse, qu'ils croyaient avoir enfermé, sauta par une fenêtre ; il rejoignit son maître, qu'il accabla de caresses.

Il fallut retourner et le ramener ; il fallut encore embrasser les parents. Pélagie pleurait.

Quand on fut à l'extrémité du village, au haut du mauvais chemin qui commence la route de Trouville, Onésime dit à sa sœur :

— Ne va pas plus loin ; n'oublie pas tout ce que je t'ai dit pour Pulchérie. Vous ne tarderez pas à avoir de mes nouvelles. Adieu.

Ils s'embrassèrent tendrement. Onésime se retourna deux ou trois fois ; ils échangèrent à chaque fois des signes d'amitié.

Comme le chemin faisait un coude, Onésime se retourna ; mais il vit Bérénice, qui avait fait quelques pas de plus pour le voir plus longtemps. Alors il courut à elle, l'embrassa encore et lui dit :

— Maintenant, allons-nous-en, et courons tous les deux sans nous retourner.

Cependant, quand il fut à un point où il croyait qu'il ne la verrait plus, il regarda derrière lui, et, comme elle regardait aussi, ils se dirent de loin :

— Adieu ! adieu !

VIII

Pulchérie avait écrit pour demander la permission de promettre à Marie et à ses parents qu'elle reviendrait quinze jours avant la fin des vacances et qu'elle passerait ces quinze jours à leur campagne, comme l'année précédente.

M. Malais, en accordant cette permission, avait mis pour condition qu'aux vacances suivantes Marie viendrait pendant un mois au moins *au château.*

C'était la dernière année que les deux jeunes filles devaient passer à Saint-Denis.

On répondit que l'on acceptait avec reconnaissance l'invitation toute gracieuse de M. et madame de Beuzeval. De ce jour, cette visite attendue l'année prochaine préoccupa exclusivement les deux époux.

Il ne songèrent qu'à embellir le château et à le rendre digne des hôtes de Paris qui devaient leur arriver. On attendit cependant l'arrivée de Pulchérie pour commencer les changements.

Pulchérie venait de passer deux ans à Paris, ou du moins fort près de la capitale. Elle avait vu chez les de Fondois ce qui était beau, ce qui était à la mode.

Pulchérie accueillit bien Bérénice ; elles allèrent ensemble se promener en remontant la petite rivière de Beuzeval, et, quand elles furent assises sous le vieux saule, Bérénice s'acquitta de la commission d'Onésime.

Pulchérie fut touchée du dévouement et du départ du jeune pêcheur.

— Il doit être changé, dit-elle ; voilà deux ans que je ne l'ai vu.

— Tu le reconnaîtrais à peine, tant il est grand et fort ; son visage respire la résolution et la franchise ; sa voix est devenue grave, sans être rauque comme celle de nos autres pêcheurs ; son regard est assuré et pénétrant. Mais, toi, Pulchérie, comme tu es grandie ! comme tu es changée et cependant embellie !

— Tu es bien plus jolie aussi, dit Pulchérie.

— Oh ! tu n'es plus du tout une de nous, Pulchérie, tu es une demoiselle ; aucune fille d'ici ne sait marcher ni parler comme toi; tu as des manières pour dire les choses... Tu as l'air d'une princesse; eh bien, cela me fait presque de la peine. Je suis sûre que mon pauvre Onésime, s'il était ici, n'oserait pas te parler. Tu n'as plus l'air de la même espèce que nous.

— Tu es folle, Bérénice.

— Oh! non, ta voix est plus douce; on dirait une musique. C'est à peine la même langue que tu parles.

— Que fait Onésime?

— Hélas! il va à la mer et il pêche. J'aurais voulu qu'il apprît à lire et à écrire; mais, depuis qu'il va à la mer, il n'a pas encore remis les pieds chez maître Épiphane.

— Il faut pourtant qu'il apprenne.

— Je lui dirai que c'est toi qui l'as dit. Tu dois trouver que je parle un peu mieux que lorsque tu es partie. Maintenant, je lis le dimanche des livres qui étaient à la maison je ne sais pourquoi ni comment; car, excepté moi, personne n'y sait lire. Mon père dit qu'il les a connus de tout temps chez le sien, à qui était notre maison, et qu'il ne s'est jamais aperçu que quelqu'un lût dedans. Les hommes de Paris sont-ils aussi différents des hommes d'ici que tu es différente des jeunes filles de Dive? Est-ce qu'ils sont encore plus *monsieur* que M. Malais ton oncle? Qu'est-ce qu'on leur apprend?

— Comme aux filles, et même un peu plus : le latin d'abord, puis l'histoire, la géographie; ensuite ils apprennent à tirer des armes, à danser et à monter à cheval.

— C'est pour Onésime que je te demande tout cela.

— Et qu'en fera Onésime?

— Tu verras! tu verras!

Bérénice n'avait pas beaucoup à raconter, mais Pulchérie avait mille choses à lui dire; le monde qu'elle avait vu était aussi inconnu pour Bérénice que l'auraient été les sauvages du premier pays qu'on découvrira.

Pulchérie fit un peu semblant d'avoir peur de Mopse ; elle avait pris certaines affectations de timidité, parce qu'une audace apparente contre toute sorte de petits dangers, qu'elle avait apportée à Saint-Denis, avait été déclarée par les autres élèves ne pas être *comme il faut*.

— Dirai-je donc à Onésime que tu n'as pas voulu caresser son chien ? Il m'avait tant recommandé de t'en prier !

Pulchérie consentit à lui passer la main sûr le dos et à lui donner quelques petites tapes sur la tête, tout en retirant sa main avec terreur au moindre mouvement de l'animal.

Elle donna à son oncle toute sorte de conseils relativement aux dispositions et à l'ameublement du château. « Telle chose est ainsi chez les Fondois et telle autre ainsi ; » et l'oncle enregistrait les observations de Pulchérie.

Onésime avait envoyé les vingt francs de son mois deux jours après son départ : on avait pu le placer sur un bateau de chalut ; mais l'ami de Pacôme l'avait fait mettre à bord d'un bateau à vapeur qui allait et va encore du Havre à Cherbourg.

Le second mois arriva comme le premier. Pélagie avait repris la direction de son ménage, et Tranquille commençait à se servir de son bras.

Pulchérie ne tarda pas à repartir ; M. Malais la conduisit à Paris, en se proposant de profiter de ce voyage pour faire de nombreux achats et commander des meubles, ceux du salon du château ayant été condamnés définitivement par Pulchérie.

C'étaient de magnifiques meubles en bois sculpté, recouverts de vieilles tapisseries. Les artistes de ce temps-ci ne les avait pas encore mis à la mode, de telle façon qu'ils coûtent aujourd'hui si cher, qu'ils n'en peuvent plus acheter.

Il faut cacher tous ses bonheurs comme le voyageur cache son or quand il doit traverser une forêt périlleuse. La vie est fort boisée.

La fin des vacances fut remplie de séductions pour Pulchérie. Elle avait à peu près quatorze ans. A sa première enfance au bord de la mer, chez les pêcheurs, elle devait une santé robuste.

Elle était grande et formée plus que les filles ne le sont d'ordinaire à son âge. Marie avait un an de plus qu'elle, et on commençait à les compter pour quelque chose dans un salon.

Elles se donnaient le plaisir de faire tout ce qui était défendu à Saint-Denis. Toutes deux se firent donner des boucles d'oreilles et se firent percer les oreilles : seul moyen de manifester les riches pendeloques dans la maison de Saint-Denis, où tout bijou est interdit.

Elles se firent coiffer en boucles tout le temps que durèrent encore les vacances. Cette coiffure, qui, surtout pour de jeunes filles, est loin d'être aussi belle que les bandeaux, était une coiffure défendue à Saint-Denis. Elles portèrent d'énormes bouquets.

Une seule chose est tolérée contre l'égalité : on permet aux élèves de porter des gants apportés du dehors. Cet oubli du législateur a créé la suprême élégance à Saint-Denis. Dans les grandes cérémonies, on exige que l'on porte des gants de coton blanc fournis par la maison, et c'est aux élèves à imaginer des ruses pour leur substituer de petits gants de peau ; mais, les jours ordinaires, on n'y fait pas beaucoup d'attention ; et les *bien gantées* forment l'aristocratie.

Les deux *réciproques* rentrèrent donc avec les oreilles percées et une provision de gants. Ce fut un grand sujet d'envie.

Les gants étaient visibles, et les oreilles percées parlaient bien éloquemment de boucles d'oreilles. Toutes deux s'étaient fait faire une très-fine ganse de leurs cheveux, qu'elles avaient échangés.

C'est un cadeau qu'on se fait assez communément entre réciproques et qu'on tolère au cou des élèves. Cela s'appelle un *sentiment*. L'amitié des jeunes filles n'est que l'apprentissage de l'amour.

Pulchérie avait la ceinture blanc liséré, et avait pour institutrice la sèche et froide madame S... et pour dame surveillante la grande, belle et médiocrement intelligente J... de S...-C...

Marie était blanc uni *ancienne* ; c'était en partie pour rester avec Pulchérie, et aussi parce que sa famille la trouvait trop jeune pour la mettre tout à fait dans le monde, qu'elle suivait la classe de madame B..., jeune dame assez jolie, quoique maigre, mais très-sévère, et si redoutée, que la plupart des élèves quittaient la maison sans passer sous sa férule.

Marie devait sortir après le prochain concours : car, ne se destinant pas à rester dans la maison comme institutrice, elle ne devait pas suivre la classe de perfectionnement.

Onésime revint à Dive avant l'hiver. Tranquille Alain était tout à fait guéri. Le merlan d'abord et le hareng ensuite vinrent sur la côte assez abondamment.

On paya Éloi Alain le meunier, qui se trouva avoir reçu un peu plus de six cents francs pour trois cents qu'il avait prêtés à son cousin, et néanmoins resta toujours son bienfaiteur, tirant de son bienfait productif un intérêt perpétuel : tantôt il attendait le retour des barques et prenait un ou deux poissons ; tantôt il faisait faire à Tranquille une petite corvée sous un prétexte ou sous un autre, ayant soin de rappeler de temps à autre les services qu'il lui avait rendus, et appelant *la Mouette* notre bateau.

Pélagie était également revenue à la santé, et le bonheur était rentré dans la maison, où il ne manquait que Pulchérie ; mais elle y manquait beaucoup.

Pour Césaire, dont on avait de temps en temps des nouvelles, son absence se faisait beaucoup moins sentir, parce qu'il n'avait jamais participé à la vie de famille, et allait s'amuser avec des camarades de son âge dans les moments qui n'étaient pas consacrés au travail.

Onésime, qui avait un an et demi de plus que Pulchérie, allait avoir quinze ans; il était aussi fort que son père, et il avait réalisé ce que Risque-Tout avait prédit de lui; tout le monde disait : « Onésime est *l'ennemi du poisson.* »

Onésime et Bérénice parlaient souvent de Pulchérie. Bérénice répétait à son frère ce qu'elle avait dit à leur amie.

— Vois-tu, Onésime, Pulchérie a l'air de ne plus être de la même espèce que nous : d'abord elle est blanche comme le ventre d'un guillemot, et puis elle marche autrement que nous, elle ne dit rien de ce que nous disons, et avec une voix toute différente; il semble qu'elle n'est pas de ce pays. Tu te rappelles cette mouette que tu avais ramassée à la mer, pauvre petit oiseau tombé de son nid du haut de quelque falaise; nous l'avons élevée avec nos poules; et, un jour, quand elle a eu des ailes, elle s'est élevée et a pris son vol sur la mer : c'est l'histoire de Pulchérie.

— Mais, dit Onésime, si Pulchérie est devenue plus belle, et plus savante, et plus aimable, c'est une raison de l'aimer davantage; voilà tout.

— Oui... mais ce n'en est pas une pour qu'*elle* nous aime davantage, ni même autant.

— T'a-t-elle paru changée à notre égard?

— Non, elle nous aime toujours, elle est toujours bonne, et elle a embrassé maman Pélagie et moi avec un bien bon cœur; mais enfin, comme elle voit toute sorte de belles choses que nous ne connaissons pas, comme elle devient très-savante, tout en nous aimant bien, elle ne s'intéressera plus à ce qui nous intérese, et elle aimera mieux se trouver avec des gens avec qui elle pourra causer de ce qu'elle sait et de ce qu'elle a vu, des gens enfin capables de lui répondre : ainsi, par exemple, nous ici, nous dansons en rond; eh bien, elle, elle sait toute sorte de danses qu'on danse à la ville, là-bas ; cela ne l'amusera plus de danser en rond avec nous; elle sait tout, et nous ne savons rien.

» A ce propos, elle m'a chargée de te dire qu'il faut que tu apprennes au moins à lire et à écrire ; et, si j'ai un conseil à te donner, c'est de ne pas t'en tenir là. Elle m'a parlé des jeunes gens qu'elle voit, et j'ai bien retenu comme elle fait l'éloge de ceux qu'elle trouve le plus de son goût. Ainsi elle m'a dit, une fois que nous jasions à la maison, en me parlant de je ne sais qui : « C'est un *cavalier accompli.* » Je croyais d'abord que c'était quelqu'un qui montait bien à cheval ; mais elle m'a expliqué. Eh bien, ça n'est pas cela ; un cavalier accompli, c'est un homme... Elle ne m'a pas dit s'il savait lire et écrire, mais je crois bien que oui ; c'est un homme qui est très-bien habillé, qui sait bien danser, bien se battre à toute sorte d'armes, bien monter à cheval ; qui dit toute espèce de jolies choses aux jeunes filles ; je me suis bien rappelé tout pour te le dire : tu ne sais rien de tout cela !

» Moi, je puis encore causer un peu avec Pulchérie, parce que je sais à présent lire et écrire et un peu compter ; mais, toi, tu ne sais rien.

— Comment, je ne sais rien ! mais il n'y a personne ici pour louvoyer en canot au plus près du vent à côté de moi. Est-ce que je ne connais pas bien les marées ? Est-ce que tu connais quelqu'un capable d'*acquer* (amorcer) une manne de cordes aussi *souplement* que moi ? Et faire une épissure donc !...

— Oui, mais je te l'ai dit : Pulchérie n'est pas de la même espèce que nous ; notre coq n'était pas le mâle de la mouette, et elle est partie ; il faut que tu te rendes plus semblable aux jeunes hommes de l'espèce de Pulchérie, si tu veux que Pulchérie soit un jour ta femme, comme nous le disions quand nous étions petits ; il faut que tu ne lui fasses pas honte, il faut que tu deviennes savant comme elle... Mais peut-être que tu ne penses plus à cela, et que tu te contenteras d'aimer Pulchérie comme je l'aime ?

— Si je n'ai pas Pulchérie pour femme, je n'en aurai pas d'autre.

— Tant pis ! c'est peut-être bien du chagrin que nous aurons ; car, je te le redis encore, Pulchérie et nous, nous ne sommes pas de la même espèce.

— Pourquoi cela ? Son grand-père était marchand de bœufs et travaillait avec le nôtre, et notre cousin Éloi, le meunier, le tutoyait.

— Tout cela est vrai ; mais je ne puis pas bien t'exprimer les choses. Quand tu auras vu Pulchérie une fois, tu comprendras ce que je veux dire, tu n'oseras peut-être pas la tutoyer. En tout cas, si Pulchérie doit être ta femme, tu ne dois pas être au-dessous d'elle, et il faut que tu apprennes.

— Mais le pourrai-je ?

— Elle a bien appris, elle ; et moi-même, qui ne suis qu'une petite fille, n'ai-je pas appris à lire et à écrire ? Il y a maître Épiphane Garandin, le clerc, qui sait tout, à ce qu'il dit, et qui a fait tous les métiers. Nous gagnons assez d'argent pour le payer un peu, et, d'ailleurs, pour du poisson, il sera bien content de t'instruire ; dis-lui donc que tu veux devenir un « cavalier accompli ; » les gens savants doivent savoir ce que cela veut dire. S'il ne sait pas, tu lui diras qu'il faut que tu saches danser, bien te battre à tout, monter à cheval, faire de la musique, un peu aussi lire et écrire. Mets-lui de côté deux beaux gros merlans demain, et va lui narrer ton affaire. Pulchérie ne revient que dans huit mois ; il faut qu'elle te trouve changé comme tu la trouveras changée toi-même.

IX

Chez maître Épiphane Garandin.

Le lendemain, au retour de la pêche, Onésime passa un bout de ligne dans les ouïes de deux énormes merlans, et il s'en alla chez maître Épiphane.

L'école était une seule chambre ; on descendait trois marches pour y entrer ; un homme de taille ordinaire était obligé de baisser la tête pour ne pas se frapper contre la poutre.

La pièce était pavée ; au fond était le lit de maître Épiphane, enveloppé de rideaux en serge verte ; trois bancs et deux tables composaient le mobilier de la classe avec un vieux poêle en fonte, dont le tuyau montait dans la cheminée ; sur le poêle, dont le couvercle était enlevé, cuisait, dans une chaudière de fonte, le dîner de maître Épiphane.

Il y avait aussi un fauteuil de bois à fond de paille, devant lequel était une petite table carrée avec un vieux pupitre ; c'était la place du maître, auprès de la seule fenêtre qui éclairât l'école : fenêtre dite à guillotine, formée de deux panneaux dont l'un monte en glissant sur l'autre lorsqu'on veut avoir de l'air.

Cette fenêtre, de trois pieds carrés, était vitrée de trente-six petits carreaux, sur plusieurs desquels ressortaient des espèces de loupes d'un vert foncé assez semblable au fond d'une bouteille ; un seul de ces carreaux était de papier.

Les enfants étaient assis sur les bancs ; les plus grands avaient devant eux, sur les tables, des livres ou des cahiers ;

les plus petits étaient pressés sur le banc devant lequel il n'y avait pas de table, les jambes pendantes, bavardant, se poussait aussitôt que le maître détournait les yeux, prenant un air contrit et hypocrite quand il regardait de leur côté.

La classe, qui avait été autrefois blanchie à la chaux, avait, à trois pieds et demi de haut, une ligne crasseuse produite par le frottement de la tête des enfants.

Lorsque Onésime entra, il effaroucha une poule qui becquetait, sous les bancs, les miettes que les enfants laissaient tomber à l'heure de leur repas ; la poule s'enfuit en voletant, mais ne tarda pas beaucoup à revenir.

Le local n'était pas seulement l'école ; c'était aussi l'hôtel de ville, où, à certains jours, se rassemblaient M. le maire et MM. les conseillers municipaux.

Quand quelqu'un de ces jours ne *tombait* pas un dimanche, les écoliers avaient congé de droit ; d'autant que maître Épiphane, qui était secrétaire de la mairie, n'aurait pu leur donner ses soins éclairés.

Il faisait chaud dans l'école ; le poêle, sur lequel cuisait le dîner, était fort animé ; la fenêtre et la porte étaient fermées ; maître Épiphane, soit par ennui, soit par la privation d'air, s'était endormi au milieu d'une dictée : les écoliers s'étaient fait signe de ne pas le réveiller.

Parmi les plus petits, un avait quitté tout doucement sa place et était allé voler une tartine de beurre salé dans le panier où était le goûter d'un de ses camarades ; celui-ci s'en était aperçu et avait cru reconnaître son beurre lorsque le voleur avait déjà mordu deux bouchées dedans ; il s'efforçait de le lui arracher, et tous deux déchiraient la tartine beurrée, qu'ils tenaient à pleines mains. Un autre s'était mis à cheval sur le banc, auquel il avait fait des rênes avec une corde. Les plus grands jouaient aux billes.

Le bruit que fit Onésime en entrant effaroucha la poule et réveilla maître Épiphane ; il ne savait pas combien de temps il avait dormi : il avisa ceux qui jouaient.

— Eh ! là-bas ! dit-il d'une voix terrible, faut-il que j'aille vous trouver avec Jacqueline ?

Jacqueline était le nom qu'il lui avait plu de donner à une règle large et plate avec laquelle il leur appliquait des coups dans la main ou sur les ongles réunis, d'après la gravité du crime à expier.

Le plus grand silence régna à l'instant même dans la classe, sous le regard formidable que le maître promena circulairement sur ses élèves.

— Maître Épiphane, dit Onésime, voici deux merlans que j'ai mis de côté pour vous ; ce sont les plus beaux que j'aie jamais vus.

— Merci, Onésime, merci ; j'ai mon dîner d'aujourd'hui, ce sera pour demain ; mets-les sur la cheminée.

— Maître Épiphane, je voudrais bien vous parler.

— Parle.

— Mais c'est que ce que j'ai à vous dire sera un peu long.

— Eh bien, nous allons nous mettre dans la cour.

Il se leva, et, prenant sa règle :

— Vous voyez, vous autres, dit-il, que je prends Jacqueline avec moi ; je ne vous dis que cela, et, s'il arrivait que vous bavardassiez ou que vous fissiez le moindre bruit, j'ai un œil et une oreille sur vous.

Maître Épiphane était un grand homme sec, avec la figure jaune et le nez rouge, de grands yeux d'un bleu pâle, hébétés ; il paraissait avoir quarante ans ; ses cheveux, châtain clair, étaient prétentieusement frisés sur les faces.

Il était vêtu d'une redingote verte, râpée, à collet crasseux ; il avait sur le côté de la tête un chapeau, devenu gris et luisant, qu'il ne quittait jamais.

Il avait fait toute sorte de métiers, comme le disait Bérénice ; mais il était maître d'école depuis une dizaine d'années ; son langage était à la fois pédant et incorrect ; ses saluts, comme ses gestes, étaient prétentieux ; il se croyait positivement un homme *comme il faut*, et attribuait à un sort ennemi les hasards par lesquels il ne vivait pas dans le *grand monde*.

Il croyait, du reste, avoir été dans le monde à une époque où, demeurant dans une grande ville, il avait beaucoup hanté les cafés ; depuis qu'il était maître d'école, il s'était abandonné à la boisson ; personne pourtant ne le voyait jamais ivre ; il ne buvait immodérément que la nuit, enfermé chez lui. Son ivresse se passait à peu près dans le sommeil ; il ne lui en restait le lendemain matin qu'une somnolence et un hébétement qui avaient fini par rester sur son visage et dans son regard.

Outre ses fonctions d'instituteur et de secrétaire de la mairie, il était chantre à l'église, sonnait les cloches et jouait du violon ou du flageolet pour faire danser à certains dimanches.

Il s'appuya sur un arbre voisin de la porte de la classe, qu'il laissa ouverte.

— Allons parle, Onésime, dit-il ; tu es maintenant un homme et on peut causer avec toi.

Onésime lui dit :

— Savez-vous, maître Épiphane, ce que c'est qu'un cavalier accompli ?

— Oui, certes, répondit le maître d'école, et il y a quelque vingt ans, j'étais alors militaire et en garnison à Metz, j'ai entendu dire quelquefois de moi : « Voilà un cavalier accompli. »

— Est-il vrai, maître Épiphane, que, pour être un cavalier accompli, il faille savoir tant de choses ?

— Mais à quoi bon toutes ces questions, Onésime?

» Le bruit s'était graduellement élevé dans la classe jusqu'à un affreux tintamarre. Maître Épiphane ôta ses sabots et s'avança sans bruit jusqu'à la porte; mais les écoliers avaient placé une sentinelle, et, quand il fut à portée de voir dans la classe, tout était parfaitement en ordre et on aurait entendu une mouche voler.

Il les enveloppa de son plus terrible regard; et, en avisant un qui paraissait étudier avec la plus profonde attention, la tête dans les deux mains et les deux coudes sur la table :

— Tu es bien rouge, petit Pierre, dit-il; tu n'as pas toujours si bien étudié; je te rattraperai.

Il revint alors à son arbre. Au bout de quelques instants, on commença à causer tout bas; puis un sourd murmure de voix confuses alla toujours en croissant, jusqu'au moment où le tumulte arriva encore une fois à son comble.

La poule se mit à jeter des cris de détresse. Un des écoliers avait réussi à la saisir, et un autre la lui disputait. L'un la tenait par la tête et l'autre par une aile.

Quand maître Épiphane accourut, on lâcha promptement la poule, qui se sauva dehors, hérissée, un peu plumée et haletante; puis le silence se fit derechef.

Le maître changea de place pour mieux voir dans la classe et pouvoir entremêler sa conversation avec Onésime d'avertissements adressés à ses écoliers.

— Où en étions-nous? dit-il au jeune pêcheur.

— Je vous demandais, maître Épiphane, s'il était vrai qu'il *faille* savoir tant de choses pour être un cavalier accompli?

— Je vais te dire ce que je savais. J'étais de première force au billard; à une époque où j'étais à Paris, j'étais alors fabricant de colle forte, je jouais avec Eugène, un garçon de café le plus fort de Paris. Eh bien, il ne me rendait qu'un point et il ne me gagnait pas toujours. J'étais toujours très-bien mis : un col en baleine, une chaîne sur mon gilet, des bagues aux mains, des bottes à talon ; en un mot, tout ce qui constitue l'élégance... Eh! là-bas! Léon, Jacqueline va aller te caresser les côtes!... Je faisais des armes, la canne, le bâton, le chausson, tout. Après que j'ai eu quitté Paris, j'étais à Châlon-sur-Saône, sous-directeur d'assurances contre l'incendie. Je me rappelle, j'ai désarmé, avec un simple manche à balai, trois soldats avec lesquels je m'étais pris de querelle dans un cabaret. Je suis sûr qu'on en parle encore dans la ville. Je jouais du violon et du flageolet... Eh! là-bas! petit Pierre, je te vais allonger les cheveux!... J'ai une fois fait danser les dames de la ville, un dimanche, à Pithiviers, où j'étais élève en pharmacie. J'étais ensuite invité partout ; c'était à qui m'aurait. Après ça, il faut dire que je n'avais pas mon pareil pour dire des choses flatteuses aux dames. J'étais le bienvenu dans les meilleures maisons... Ah! tu montes sur la table, Jean-Louis ; ah bien, nous allons rire un moment. Viens ici... Vous ne voulez pas venir, Jean-Louis ? Je voudrais bien voir que vous ne vinssiez pas.

Jean-Louis arriva en rechignant, et il reçu trois coups de règle dans la main ; après quoi, il s'en retourna en pleurant à sa place.

— Écoute ici, Claude. Allons, n'aie pas peur ; ce n'est pas Jacqueline qui te demande. Apporte-moi la boîte au sel qui est accrochée dans la cheminée. La! prends-en une petite poignée. La! pas tant... Bien... Tu vas raccrocher la boîte à sa place, et tu mettras le sel dans la marmite qui est sur le poêle... Mais enfin, Onésime, est-ce que tu veux devenir un cavalier accompli? Qui est-ce qui t'a parlé de cavalier accompli? C'est un mot qui ne se prononce pas souvent à Dive, du moins je ne l'ai jamais entendu.

— Et faut-il aussi savoir lire et écrire? demanda Onésime.

— Certainement.

— Eh bien, maître Épiphane, je payerai ce qu'il faudra. Le merlan va bien et on a vu déjà des harengs par le Nord; mais il faut que, dans un an, je sois un cavalier accompli.

— Eh! là-bas! je vais vous faire rire. Jacqueline va achever de vous égayer.

Ce qui faisait rire les enfants, c'est que Claude, en mettant du sel dans la marmite, y avait mis également une poignée de poudre à faire sécher l'écriture. Le silence eut cette fois peine à se rétablir.

Les enfants riaient malgré eux. Un petit blond, appelé Émile, reçut quatre coups de règle sur le bout des doigts, poussa des cris affreux et retourna à sa place en tirant la langue à maître Épiphane, qui s'était détourné.

— Un an, mon pauvre Onésime, quand il y a tant de gens qui n'y réussissent pas dans toute leur vie? Mais quelle fantaisie te prend donc?

— J'ai des amis d'enfance qui sont en pension à Paris, et je ne veux pas leur faire honte quand ils reviendront.

— C'est bien. Les maîtres de Paris font payer plus cher; mais il n'y en a pas un que je craigne en rien... Eh! petit Pierre et Maurice, je vais aller vous aider à vous battre. Jacqueline va se mettre seule contre vous deux... C'est égal, je vas t'apprendre ce que je sais. Tu viendras dans tous les moments que tu ne passeras pas à la mer, et, les jours de mauvais temps, nous piocherons. Je ne te dis pas que tu deviendras en un an ce qu'on appelle un cavalier accompli; mais le plus fort des élèves de Paris aura encore à te demander des leçons.

La poule, qui s'était rassurée et était rentrée dans la classe, fut cette fois encore prise par petit Pierre. Petit Pierre, voyant le maître se retourner, s'assit sur la poule pour l'empêcher de crier.

Maître Épiphane convint avec Onésime que celui-ci viendrait dès le lendemain et qu'on commencerait à la fois les armes, la musique, la lecture et l'écriture.

Puis, comme c'était l'heure d'aller sonner à l'église, il déclara la classe finie. Petit Pierre alors voulut délivrer et chasser la poule ; mais la pauvre bête était morte. Il la poussa avec le pied sous la table du maître, et toute l'école joyeuse s'enfuit en courant par les chemins.

X

Chez les Malais, tout était bouleversé. Tout en s'y prenant un peu plus tard qu'Onésime, ils se trouvaient dans une situation analogue. Ils n'avaient songé, jusque-là, qu'à être riches ; il s'agissait d'être maintenant des gens *comme il faut*.

La vieillesse avait donné un assez bel aspect au château de Beuzeval. Ce n'était, à proprement parler, qu'une grande maison normande dans toute l'acception du mot. Sous un toit aigu, elle était rayée de gris et de noir.

Le parc était entouré de vieux murs couverts de lierre, qui les avait d'abord fatigués et écrasés, et maintenant les soutenait. Dans les fentes et sur la crête du mur fleurissaient des giroflées et s'étalaient des pariétaires et des espèces de fougères.

On blanchit le plâtre de la maison, on arracha les beaux vieux lierres, on reconstruisit certaines parties des murs et on reblanchit le reste, ce qui fut unanimement jugé *plus propre*.

On enleva quelques tapisseries un peu vieilles, il est vrai, mais d'un beau caractère, qui couvraient de temps immémorial les murs du salon ; on remplaça les tapisseries par un papier rouge *imitant* la moire ; on mit au grenier les vieux meubles en bois sculpté, pour faire place à ceux qui avaient été commandés à Paris et qui arrivèrent successivement.

On mit les escaliers en couleur rouge de sang, on les cira et les frotta de la manière la plus dangereuse. Il fallait descendre et monter très-lentement en tenant la rampe, si l'on ne voulait pas se rompre le cou.

Il y avait devant la maison un groupe de vieux châtaigniers ; ils furent jetés bas et remplacés par douze caisses d'orangers bien taillés en boule, une feuille ne dépassant pas l'autre.

M. Malais s'était fait faire des habits à Paris, et il avait rapporté de magnifiques étoffes pour Dorothée, qui avait fait couper et coudre six robes neuves par la meilleure couturière de Trouville, qu'elle avait fait venir à Beuzeval.

Les six robes, malgré quelques observations de la couturière, furent taillées sur la fameuse robe apportée de Paris une quinzaine d'années auparavant.

— Mademoiselle, dit avec un air superbe Dorothée Malais, c'est la mode de Paris. Je l'y ai fait faire moi-même et je l'en ai rapportée moi-même.

C'était, du reste, une robe à taille courte, descendant un peu au-dessous de la cheville, étroite comme un fourreau, comme on les faisait à cette époque, où il ne fallait pour une robe que cinq aunes de l'étoffe dont il faut aujourd'hui dix ou douze aunes, je crois ; de telle sorte que, les étoffes ayant été achetées à Paris par M. Malais à son dernier voyage, il se trouva que la moitié de chaque robe suffit pour en faire une semblable au modèle.

Madame Malais pensa alors qu'elle donnerait l'autre moitié à Pulchérie, qui recevrait ainsi un cadeau de six belles robes.

On fit faire une livrée pour les domestiques, ce que Pulchérie avait fort recommandé ; puis on s'occupa des chambres d'amis. Je crois que, si l'on avait eu le temps, on aurait fait abbattre et reconstruire la maison.

Faute de goût, M. et madame Malais se décidèrent dans leur choix pour ce qu'il y avait de plus cher. La vieille voiture fut vendue, ainsi que le vieux cheval gris, devenu blanc par l'âge.

Éloi Alain, le meunier, qui passait pour connaisseur en chevaux, fut chargé d'en trouver deux bien pareils pour une calèche que l'on faisait venir de Caen.

Le meunier gagna cinq cents francs sur les deux chevaux, plus cent francs que M. Malais lui donna pour la peine qu'il avait prise.

A la cabane de Risque-Tout, on faisait aussi des préparatifs. Bérénice et Pélagie tenaient la maison dans une minutieuse propreté. Onésime avait bouleversé le jardin de trente pas de long qui était derrière la maison.

Il avait arraché les jacinthes, les anémones et toutes les fleurs printanières, et il n'y avait admis que celles qui fleurissaient naturellement à l'époque où Pulchérie devait arriver à Dive.

Il était fort assidu à prendre ses leçons avec le clerc. Il apprenait sur le flageolet un quadrille, qui composait toute la science de maître Épiphane.

En fait d'armes, il faisait de notables progrès dans l'art du bâton et du chausson. Pour les personnes qui ne connaissent pas ces escrimes, il est facile de les faire assister à une leçon.

Le maître et l'élève tiennent chacun un baton de quatre pieds et demi.

ÉPIPHANE. Attention ! La douzième division du bâton est une des plus salutaires; elle s'exécute en trente temps. Mets-toi à la première position, *développe* en marchant deux coups de figure à droite, tourne sur les talons en trois temps par trois coups de bâton à gauche, deux autres coups de figure à droite, un coup de tête, coup de flanc à droite et à gauche, une enlevée de poignet, un coup de bout, un coup de figure double à droite et à gauche, enlevée ; finis par un coup de trousse-menton, et coup de figure à droite et à gauche.

» Cette division, comme je te l'ai dit, est des plus salutaires. Tous les maîtres ne la font pas faire ; je l'ai apprise à Rouen, où j'étais filateur d'indiennes.

» Passons maintenant à la leçon de chausson.

» Coup de pied droit doublé pour l'attaque ; je riposte par un coup de poing à la figure, parade du coup de poing, coups de pied voltés en dedans et en dehors, passement et contre-passement de jambes, feinte de coup de poing de poitrine, coup de poing sur l'oreille, ramassement de jambes en dedans et en dehors, coup de pied au flanc, parade croisée du coup de pied de flanc, coup de pied de gencives, ramassement de jambes.

» Bien ! pas de roideur.

» Si tu donnes le coup de pied de gencives en baissant à plat le pied qui reste à terre, tu tombes sur le dos à la moindre parade. Sur la pointe du pied, plus haut, aux gencives... C'est mieux.

Onésime, souple et vigoureux, réussissait parfaitement dans ce qu'il croyait les *armes* ; mais, dans la lecture et dans l'écriture, il était loin de faire d'aussi rapides progrès.

Cependant Marie avait quitté la maison de Saint-Denis après le concours auquel Pulchérie avait passé dans la classe des blanches unies, sous la férule d'une dame distinguée, madame de Ciony.

Une correspondance s'engagea entre elle et Marie, correspondance aussi active que le permettait la difficulté d'écrire pour Pulchérie. Tous les dimanches, une domestique de confiance venait, de la part de Marie, demander Pulchérie au parloir, où on échangeait bien vite les lettres.

Pulchérie Malais à Marie de Fondois.

« Tu vas maintenant rire de nos bals, toi qui es dans le monde ; cependant celui d'avant-hier a été on ne peut plus brillant : il a eu lieu dans les ateliers de dessin ; on avait mis à contribution pour l'éclairage tous les quinquets de la maison et tous les lustres de la chapelle.

» Le bal a commencé à six heures ! Madame la surintendante y assistait avec le grand cordon de la Légion d'honneur ; nous avons défilé devant elle, classe par classe ; toutes les dames étaient en toilette. Pour nous, on nous avait distribué les affreux gants de coton blanc d'ordonnance ; je les ai jetés sous une banquette, aussitôt que madame Charton a eu passé son inspection, et j'ai mis en évidence de beaux petits gants couleur paille, qui me gantaient on ne peut mieux.

» Je te dirai qu'il y a une petite de la classe nacarat liséré qui *court après moi*. Elle s'est déjà fait punir pour errer dans les couloirs auprès de la classe blanche ; elle m'offre des fleurs ; elle est venue m'inviter à danser dans le quadrille de sa classe, où elle a été mon cavalier.

» Je l'ai ensuite amenée dans le quadrille de la classe blanche, où j'ai été cavalier à mon tour ; mais, ces deux contredanses finies, je n'ai plus dansé avec elle : je n'ai guère dansé qu'avec des dames et des novices, pour lesquelles j'ai été un cavalier très-galant.

» On a, comme de coutume, jusqu'à neuf heures, offert de *l'abondance* entre les contredanses ; à neuf heures, on a servi la collation : gâteaux, glaces, punch ; puis on a encore dansé jusqu'à deux heures.

. . . .

. » Je viens de jouer avec un bruit affreux sur le piano l'air des chasseurs de *Robin des bois*, parce que madame Médard m'avait déjà demandé deux fois ce que j'écrivais : à quoi j'ai répondu que je copiais un air de Weber ; et je suis allée lui demander une prise de tabac, qu'elle m'a donnée avec sa grâce ordinaire.

. » Après avoir ainsi remis le calme dans l'esprit de la vénérable dame noire, j'ai pu reprendre ma lettre. Combien il me semble que les jours s'écoulent lentement ! Ce ne sont plus les vacances que nous attendons cette fois, c'est la liberté ! et quel charmant été nous allons passer à Beuzeval !

» Adieu ! je t'embrasse.

» Pulchérie MALAIS.

» Quel est donc ce jeune homme qui accompagnait ta mère quand vous êtes venue me voir ? J'ai à peine osé lever les yeux sur lui : il m'a paru très-bien mis. »

Marie de Fondois à Pulchérie Malais.

« Ce jeune homme est notre cousin ; mais, de plus, il est un de mes attentifs. C'est mon esclave, mon serf, et je te défends bien de jamais lever les yeux sur lui.

» S'il est bien mis ! Personne au monde ne s'habille comme lui. Sa cravate ne fait pas un seul pli, ses gants sont toujours d'une fraîcheur irréprochable, et il n'a étonné personne l'autre soir en avouant qu'il lui fallait trois paires de gants par jour. Il danse et valse à ravir.

» Il a une canne dont la pomme est un charmant bijou ; elle est en or, toute semée de petites turquoises ; il est toujours en bottes vernies. On se l'arrache dans toutes les maisons : c'est un homme charmant.

» J'ai dansé à propos d'une fête, car il n'y a plus de soirée en cette saison, justement le jour de votre fameux bal. Nous étions au bal toutes deux. J'ai dansé quatre fois avec lui.

» Je ne veux pas te parler de ce bal, à toi, pauvre petite, qui viens de t'amuser si bien au bal de l'atelier de dessin.

» Dis-moi seulement quelle différence il y a entre l'abondance qu'on vous prodigue et le punch qu'on nous distribue. L'un n'est-il pas de l'eau froide légèrement colorée en rouge, et l'autre de l'eau chaude plus légèrement colorée en jaune ?

» Rien n'est donc changé dans ces solennités.

» Les grandes coquettes, celles dont le luxe écrase leurs rivales, sont toujours celles qui ont une paire de gants nettoyée pendant huit jours avec de la gomme élastique, ou qui mettent leur ceinture un peu plus sur le bord des épaules, au risque de se faire gourmander par la dame inspectrice, si son œil inévitable découvre une si grave infraction aux lois, un si condamnable excès de coquetterie.

» Et moi aussi, j'avais des gants, des gants blancs demilongs, car j'avais les bras nus.

» J'avais deux bracelets : l'un était un gros serpent avec une belle émeraude sur la tête, l'autre une tresse de corail fermée par une tête de corail sculptée.

» J'avais une robe de tulle blanc ; j'étais (que dirait-on là-bas ?), j'étais décolletée. Je t'avoue que, moi-même, j'étais un peu embarrassée et un peu honteuse quand je me suis vue ainsi ; mais, quand j'ai examiné toutes les femmes (il y en avait plus de soixante), quand j'ai vu que j'étais beaucoup moins décolletée que celle qui l'était le moins, j'ai repris un peu courage. Je n'ai pas besoin de te dire avec quel empresesement j'ai renoncé aux bandeaux d'ordonnance de la maison de Saint-Denis.

» J'avais les cheveux frisés, avec une couronne de roses pâles ravissantes ; et puis nous avions pour danser de vrais cavaliers.

» Je ne doute pas que tu n'aies été le plus charmant cavalier de votre bal ; mais, vois-tu, pour danser, le moindre mauvais petit homme vaut mieux que la plus ravissante fille du monde. J'aurais bien voulu que tu me visses ainsi habillée, et je voudrais bien te voir aussi en costume humain.

» On m'a fait les plus jolis compliments et les mieux tournés, du moins à ce qu'il m'a paru. Prends patience ; encore trois mois, et tu quitteras pour n'y jamais rentrer les vieux murs de Saint-Denis.

» Je serai très-contente de passer avec toi l'été dans le château de ton père ; mais, si tu veux que je te parle franchement, ce n'est pas l'été qui me promet le plus de plaisir.

» Nous avons eu assez, il me semble, de plaisirs champêtres à Saint-Denis : c'est l'hiver que j'attends avec impatience, c'est l'hiver que j'espère bien passer avec toi à Paris ; c'est cet hiver que nous allons commencer à vivre.

» Marie de FONDOIS.

» Nous irons te voir, maman et moi, dimanche prochain. Si le cousin nous accompagne, tu voudras bien avoir toujours la même réserve et respecter mes conquêtes.

» Ceci est une alliance qu'il faudra nous jurer. Adieu. »

XI

Il faisait nuit. Tranquille Alain et Onésime, favorisés par le vent et la marée, revenaient à Dive après une pêche assez heureuse. Une brise légère tenait la voile gonflée.

Risque-Tout nettoyait le poisson en fumant sa petite pipe, tandis que Onésime, à demi couché sur le banc du canot, tenait la barre du gouvernail d'une main, et de l'autre l'écoute de la voile.

— Quelle heure peut-il être, mon père? demanda-t-il tout à coup à Tranquille Alain. Ce ne peut pas être le jour qui commencerait à poindre; d'ailleurs, c'est trop sur Beuzeval.

Tranquille leva la tête et vit ce qui excitait l'étonnement de son fils.

Une grande lueur se montrait au-dessus de Beuzeval.

— C'est le feu, dit-il.

Et, en même temps, soit qu'ils approchassent davantage, soit que le feu prît plus d'intensité, tous deux distinguèrent une épaisse fumée et des pointes de flammes qui dardaient au ciel.

— C'est le feu! répéta Tranquille Alain. Fais servir la voile. La brise prend de la force, et, si elle active le feu, elle nous fait aussi marcher plus vite.

— Est-ce au château?

— Il y a tant de fumée, que je suis tout désorienté.

Ils gardèrent un moment le silence; Onésime mettait toute son application à faire avancer le canot.

— Écoute, dit Alain, écoute : on sonne le tocsin à l'église de Beuzeval. Est-ce qu'ils ne font que de s'apercevoir du feu? Serre un peu l'écoute de misaine. Voici venir là-bas une petite rafale qui nous fera faire de la route.

Dix minutes plus tard, ils entraient dans la Dive et tiraient leur canot sur la grève. Quelques personnes, réveillées par le tocsin, étaient sorties de leurs maisons.

— Il y a le feu! dit Onésime aux premiers qu'il rencontra; il y a le feu à Beuzeval.

— Est-ce au château?

— Non, dit un pêcheur, c'est au moulin de ton cousin Éloi.

Le père et le fils, à ces mots, prirent leur course, gravirent la côte, et ne tardèrent pas à arriver près du moulin.

Trente personnes s'y étaient déjà rendues ; mais, quoique l'eau ne manquât pas, la confusion des travailleurs et la violence du feu rendaient jusque-là les secours peu efficaces.

— Où est donc le cousin ? demanda Tranquille.

— Il est... il est perdu, répondit un des assistants.

— Est-il dans le moulin ?

— Oui. L'entendez-vous crier et appeler à l'aide ?

Et, en effet, à ce moment, on entendit une voix horriblement déchirante crier du haut du moulin :

— Au secours ! à l'aide ! au secours !

— Mais comment ne se sauve-t-il pas ? Le feu est encore dans le bas ; il n'y en a pas où il est.

— L'escalier est embrasé.

— Il pourrait se jeter par la fenêtre ; ou, au moins, pourquoi n'y paraît-il pas ?

— On l'y a vu un moment, puis il a disparu tout à coup, et, depuis, on ne l'entend plus que crier. Il faut qu'il se soit blessé, ou peut-être le feu est-il plus avancé au dedans qu'au dehors.

Onésime, pendant ce temps, s'était à plusieurs reprises précipité sur l'escalier embrasé ; chaque fois, il avait été repoussé par la fumée. Puis l'escalier craqua et tomba.

La voix du meunier appela au secours avec une expression de désespoir encore plus effrayante.

— Des échelles ! des échelles ! demanda Onésime.

On en réunit deux qu'on attacha promptement ensemble avec ces nœuds que savent faire les marins. Elles n'arrivaient pas tout à fait jusqu'à la fenêtre.

Néanmoins, Onésime s'amarra une longue corde autour du corps, et, arrivé au haut de l'échelle, se cramponnant des pieds et des mains, il finit par atteindre la fenêtre, se hissa avec une force surhumaine et disparut dans la chambre. Le meunier cessa de crier. Il y eut quelques instants d'une effroyable anxiété. Avait-il cessé ses cris en voyant du secours ou était-il tombé dans la flamme?

Et, dans ce cas, quel était le sort d'Onésime? Quelques minutes se passèrent ainsi.

Un grand craquement se fit entendre; il sembla que tout s'abîmait. Onésime parut à la fenêtre, pâle, mais les yeux étincelants; il tenait dans ses bras le meunier, qu'il venait d'attacher à la corde qu'il avait emportée, et dont il avait fait une sorte de fauteuil.

— Un homme à l'échelle! criait-il.

Tranquille ne voulut permettre à aucun autre d'aller au secours de son fils. Pour Onésime, il fit avec sa corde un tour mort après une pièce de bois au dedans du moulin, de façon qu'elle ne pouvait lui échapper; puis il descendit tout doucement Éloi Alain jusqu'à l'échelle, où son père le reçut.

— Prenez garde! cria-t-il, il a une jambe de cassée.

On se passa de main en main le meunier; mais, au moment où Risque-Tout venait de le livrer à son plus proche voisin, et où celui-ci, également monté sur l'échelle, le passait à un troisième, l'échelle fit entendre un craquement et se brisa en plusieurs morceaux.

Les deux hommes qui se trouvaient dessus roulèrent par terre, sans se blesser grièvement.

— Mais Onésime, que va-t-il faire? s'écria Tranquille.

Onésime, aussitôt qu'il avait vu ce dernier accident, avait amarré solidement la corde, et, s'y suspendant des mains et des pieds, il arriva à terre sans encombre; seulement, ses cheveux étaient roussis, ainsi que ses vêtements.

L'émotion qu'avaient ressentie les spectateurs pendant le sauvetage du meunier avait suspendu les travaux; le feu avait fait de nouveaux progrès pendant qu'on transportait le meunier dans une de ses écuries, bâtiment non attenant au moulin.

On se remit à l'ouvrage, et, au bout de quelques heures, on se rendit maître du feu, qui avait détruit la plus grande partie du moulin. Éloi Alain ne s'était aperçu du feu que lorsqu'il s'était senti étouffé par la fumée : il s'était alors réveillé en sursaut, et, dans son trouble, était tombé dans un escalier où il s'était cassé une jambe.

Depuis ce moment, il était resté dans d'horribles angoisses; il n'avait pu que se traîner en rampant pour s'éloigner le plus possible du centre de l'incendie.

Pendant près d'une heure, malgré ses cris, personne n'avait pu venir à son secours.

Tout porte à croire que le feu n'avait pas été mis par hasard au moulin d'Éloi. L'habitation dans laquelle on faisait du feu pour la cuisine et les autres usages domestiques ne tenait pas au moulin. Un débiteur du meunier était venu le voir dans la matinée et lui avait demandé un peu de temps pour le payement d'une dette ; c'était un père de famille.

Il avait imploré la compassion d'Éloi sans pouvoir en tirer la moindre concession.

On devait, quelques jours après, vendre ses bestiaux et ses outils : sa femme et ses enfants allaient être réduits à la plus horrible misère, tandis que, si maître Éloi voulait, avec un intérêt raisonnable, bien entendu, lui accorder pour payer jusqu'à la récolte, tout irait bien, il serait payé, et il n'aurait pas jeté toute une famille dans la misère et le désespoir.

Le meunier avait été inflexible ; le débiteur l'avait quitté en le menaçant de la vengeance du ciel, et c'est dans la nuit qui suivit immédiatement cette journée que le feu s'était déclaré avec une si effroyable violence dans un bâtiment où on n'en faisait jamais.

On prétendit avoir vu, à la tombée de la nuit, un homme rôder autour du petit étang qui sert de réservoir et de retenue d'eau pour le moulin.

Éloi ne tarda pas à être guéri; il témoigna avec effusion sa reconnaissance pour Onésime.

— Certes, ce sont des gens à qui j'ai rendu de grands services, disait-il; mais je ne puis nier qu'ils ne se soient montrés reconnaissants, et je ne comptais plus guère que sur l'indulgence de Dieu, lorsque j'ai vu Onésime entrer par la fenêtre : il m'a semblé vraiment qu'il descendait du ciel. Déjà je ne pouvais plus, tant ma jambe me faisait souffrir, m'éloigner du feu, dont la chaleur faisait pétiller mes cheveux. C'est à lui que je dois la vie. Je perds beaucoup, le moulin est entièrement à reconstruire; mais enfin le pauvre garçon ne pouvait sauver le moulin, quoiqu'il y ait bien travaillé. Je ne suis pas marié, je n'ai pas d'enfant; je n'en dis pas davantage. D'ailleurs, personne ne pourra trouver à redire à rien : Onésime est mon petit-cousin.

Comme le cousin Éloi était riche, on eut bientôt reconstruit le moulin; mais, de ce moment, grâce à la pensée qu'il avait de nommer Onésime son héritier, il se croyait d'autant mieux fondé à se faire donner des poissons et à se servir de lui à tout propos, de sorte qu'il faisait porter intérêt à sa reconnaissance, et que ses dons mêmes lui étaient d'un bon rapport.

Onésime, qui, dans cette occasion, avait trouvé une force surhumaine, avait reçu un coup à la tête et une brûlure à la jambe.

Un mois après l'événement, comme, à l'issue de la messe,

le dimanche, tout le monde était rassemblé dans l'église, le curé monta en chaire et dit :

— Mes chers paroissiens, entre autres biens dont nous avons à remercier Dieu, nous lui devons des actions de grâce pour la façon presque miraculeuse dont il a sauvé le meunier de Beuzeval dans l'incendie qui a dévoré son moulin. Dieu, dans les plus grands effets de sa volonté, aime à employer les plus faibles de ses créatures, pour montrer aux hommes que toute force vient de lui. C'est un jeune homme, que nous n'osons plus appeler un enfant depuis qu'il a donné aux hommes un tel exemple de courage et de sang-froid, à qui Dieu a inspiré sa force et son dévouement. Le roi vient d'envoyer à M. le maire de Dive une récompense pour Onésime Alain ; cette récompense est une médaille en argent sur laquelle est gravé le fait qui a donné lieu à la récompense. La voici.

Et, en même temps, le curé fit voir une médaille attachée à un ruban tricolore.

— M. le maire, par un sentiment de piété éclairée, a pensé que c'était dans l'église que cette récompense devait être décernée à celui qui l'a si bien méritée. Nous devons tous honorer cette décoration que portera le généreux jeune homme. Entre les signes de distinction qu'il a plu aux hommes d'imaginer, Dieu, qui ne les distingue que par leurs vertus, doit voir avec plus de faveur celui qui témoigne qu'on a sauvé la vie d'un de ses semblables, tandis que presque toutes les autres décorations sont données en récompense du plus grand nombre d'hommes qu'ont tués ceux qui les obtiennent. Si nous honorons donc la décoration qui va être placée sur la poitrine de l'instrument que Dieu a choisi pour accomplir une œuvre de miséricorde, lui-même saura qu'il doit se montrer digne de la mission que Dieu a daigné lui confier ; il saura que cette marque, à ses yeux à lui, ne doit pas tant rappeler ce qu'il a fait que ce qu'il doit faire. Sa vie doit être consacrée aux bonnes œuvres et aux actes de dévouement.

Le curé descendit de la chaire, vint se placer à l'entrée du chœur, et, là :

— Onésime Alain, reprit-il à haute voix, venez vous agenouiller ici pour recevoir avec humilité une honorable et glorieuse récompense.

Onésime se leva le visage en feu, et, les yeux baissés, la démarche incertaine, il vint se mettre à genoux devant le curé, qui lui dit :

— La récompense vous intimide plus que le danger.

Puis il lui attacha la médaille sur la poitrine et l'embrassa.

A la sortie de l'église, tout le monde entourait Onésime et le félicitait; tous les hommes lui donnaient la main comme à un homme. Les filles étaient fières de lui dire bonjour familièrement.

Bérénice, qui lui donnait le bras pour s'en retourner à la maison, lui disait :

— Comme je suis fière! tu es mon frère, à moi. Et toi, Onésime, tu dois être bien heureux.

— Oui, dit-il ; mais pourquoi Pulchérie n'est-elle pas là?

Le lendemain, Onésime reprit ses travaux comme de coutume. Il mettait sa médaille le dimanche pour aller à la messe, comme le curé le lui avait recommandé en lui disant :

— Pas de fausse modestie, mon enfant ; ce n'est que la vanité avec l'hypocrisie de plus. Tu as le droit d'être fier de cette distinction. Tu la porteras le dimanche.

Un jour, une femme se présenta à Dive, demanda où demeurait maître Épiphane Garandin. Arrivée à la classe, elle eut avec lui une conversation de quelques minutes ; puis elle s'installa dans la maison, dont elle prit l'administration et la direction.

Au besoin même, elle tenait la classe pendant que maître Épiphane était obligé de s'absenter, et elle la tenait de façon à se faire redouter des plus mutins.

On apprit que cette femme n'était autre que madame Garandin, la propre et légitime femme de maître Épiphane Garandin, qu'il avait laissée et oubliée par mégarde, il y avait nombre d'années, dans la ville de Reims, où il avait formé un établissement.

Madame Garandin, dans l'origine, paraissait fort aise de l'abandon de son ingrat époux, car leur ménage avait toujours été rempli d'agitations; mais, après quelques années, le commerce tourna mal, et madame Garandin se rappela qu'elle avait des devoirs à remplir et des droits à exercer auprès de celui que l'Église et la loi avaient uni à son sort.

Comme les deux époux n'avaient pas eu une correspondance bien suivie, elle eut quelque peine d'abord à savoir où elle devait aller se livrer à la pratique de toutes les vertus conjugales. Enfin elle avait fini par découvrir celui dont elle avait à faire le bonheur.

Maître Épiphane, de même qu'il n'avait pas été fâché de quitter sa femme dans le temps, ne parut pas non plus très-désolé de la retrouver.

Le maître d'école était un esprit inconstant; tout changement était auprès de lui le bienvenu.

Il y avait longtemps qu'il était maître d'école, et il n'aurait peut-être pas tardé à consacrer ses talents à quelque autre industrie, si ce nouvel élément n'était venu mettre dans sa vie un peu de variété.

Les deux familles qui avaient passé l'été précédent à Dive et à Beuzeval étaient revenues cette année.

Elles en avaient fait venir deux autres : le hasard en amena une cinquième.

Jamais pareille affluence n'avait envahi la plage de Dive. Dive, de ce moment, était constituée en ville de bains.

Le meunier, qui ne laissait pas volontiers échapper une occasion de gagner de l'argent, s'en était fait une sorte de devoir depuis l'incendie de son moulin. Il loua à une de ces familles étrangères les deux chambres qui composaient son logis, et s'arrangea pour coucher dans l'écurie.

Il fit, de plus, construire deux cabanes à l'usage des baigneurs, et il fit placer un poteau auprès de ces cabanes.

Sur ce poteau était un écriteau, et, sur l'écriteau, cette inscription : *Bains de mer à la lame*. Si quelques habitants de Dive et de Beuzeval *possédaient*, comme ils le disaient eux-mêmes, le bienfait de l'écriture, il n'y avait que le maître d'école qui eût une belle écriture et qui sût à peu près l'orthographe.

C'était le seul qui possédât en réalité le talent de l'écriture au point où elle atteint son but, qui est de pouvoir être lue.

On avait donc dû s'adresser à lui pour l'écriteau qui annonçait l'établissement d'Éloi Alain.

Éloi, pour ne pas avoir à le payer, avait essayé de lui faire croire que ce serait pour lui un très-grand avantage que d'avoir ainsi en bon lieu un spécimen de sa plus belle écriture, ce qui donnerait incontestablement aux riches étrangers qui fréquenteraient le nouvel établissement l'idée de se perfectionner dans l'art de l'écriture sous la direction de maître Épiphane Garandin.

Le maître d'école ne répondit pas; mais il résolut de ne pas s'en tenir à cet avantage, qui ne lui apparaissait pas aussi brillant que le meunier voulait le lui faire voir.

Il s'occupa à l'instant même de créer un établissement

rival. Il fit installer également deux cabanes avec une inscription à peu près semblable : *Bains à la lame*.

Il n'avait pas cru devoir mentionner, comme son concurrent, qu'il s'agissait de bains de mer. La chose lui paraissait suffisamment éclaircie par la situation des établissements.

Le meunier, qui n'était pas accoutumé qu'on lui résistât ou qu'on s'opposât à lui en quelque chose, fut fort irrité de cette lutte qui s'engageait.

Maître Épiphane, auquel il n'avait jamais voulu prêter d'argent, ne se trouvait pas dans sa dépendance. Le meunier fit faire une troisième cabane, exemple qui fut suivi immédiatement par le maître d'école ; mais, quand Éloi Alain fit paraître une quatrième cabane, maître Épiphane reconnut que la chose dépassait ses ressources financières.

Il n'était pas probable qu'Éloi lui ouvrît un crédit qui aurait été un aide bien puissant aux destinées du nouvel établissement. Il pensa que ce n'était plus sur le terrain des dépenses qu'il fallait porter un combat dans lequel il se sentait vaincu dès les premiers coups.

A Éloi Alain l'influence des capitaux ; à Épiphane Garandin les succès dus à l'intelligence et à la supériorité de l'éducation. Il y avait, parmi les étrangers installés à Dive, un certain nombre d'Anglais.

On ne tarda pas à voir un second écriteau, formidable par ses dimensions, s'élever au-dessus des cabanes du maître d'école, et cet écriteau portait l'inscription suivante : *Garandin's Bath*.

C'était un coup habile. Les Anglais furent singulièrement flattés de cet hommage rendu à leur langue et à eux-mêmes. Ils se réunirent de préférence aux bains tenus par madame Garandin.

Le meunier déclara maître Épiphane un intrigant ; mais celui-ci parut s'en soucier fort médiocrement.

Bientôt survint un grand événement très-attendu. Les de Fondois arrivèrent au château de Beuzeval avec Pulchérie et Marie.

Le château s'était mis en quatre pour les recevoir. Ce pauvre vieux château, recrépi, rebadigonné maladroitement, était changé à ne plus le reconnaître.

Il avait, de bonne vieille simple et pittoresque maison qu'il était, reçu de ses maîtres un cachet de prétention ridicule. Il avait tout l'air du parvenu endimanché.

Dès le lendemain de son arrivée, Pulchérie se leva de bon matin pour voir si ses parents n'avaient pas fait quelque faute capitale. Elle fit réformer certaines choses, en fit ajouter certaines autres ; mais, au total, elle se montra satisfaite.

Elle se sentit assez embarrassée à cause de ses amis de Dive. Ils ne pouvaient pas ignorer son arrivée, et elle ne pouvait se dispenser d'aller les voir aussitôt ; d'ailleurs, elle avait gardé une réelle affection pour eux ; mais elle ne savait pas si Marie et les de Fondois se verraient avec plaisir compromis dans une intimité avec des paysans comme la famille Alain.

Elle prit le parti de se mettre en route clandestinement un matin pour aller seule faire la visite qu'elle devait et qu'elle voulait faire.

Elle avait bien un peu préparé la chose dans ses conversations avec Marie ; mais elle n'avait pas pris sur elle de dire qu'elle avait été jusqu'à onze ans un des enfants de Pélagie et de Tranquille, et que c'était par un coup du hasard qu'elle n'était pas *dentellière* comme Bérénice.

Elle s'était contentée de dire que Pélagie Alain avait été sa nourrice, et Bérénice sa sœur de lait.

Malgré ces préparations, elle pensait que la familiarité des enfants et l'affection mélangée d'un peu d'autorité des parents pourraient sembler bizarres à son amie de Saint-Denis ;

aussi, le matin, de très-bonne heure, elle entr'ouvrit sa porte sans faire de bruit et descendit au jardin; comme elle allait franchir la grille, elle ne fut pas médiocrement désappointée d'y rencontrer Marie, qui, réveillée depuis longtemps, grâce aux habitudes de Saint-Denis, qu'elle n'avait pas encore eu le temps de perdre tout à fait, se promenait dans les allées.

Pulchérie, préoccupée de son entreprise clandestine, ne vit pas Marie d'abord et fut assez effrayée quand celle-ci, la saisissant par le bras, lui dit :

— Eh ! où allez-vous si matin, belle châtelaine ? Quelque chevalier vous attend-il avec un palefroi tout sellé pour vous dérober à la tyrannie d'un tuteur barbare qui vous refuse ses feux ? Pourquoi quittez-vous aussi sournoisement le manoir ?

Pulchérie, d'abord un peu interdite, se décida à avouer qu'elle allait voir sa nourrice; que c'étaient des gens excellents, des *cœurs d'or*, mais de vrais paysans, des pêcheurs sans aucune éducation, sauf la petite Bérénice, qui, arrivée à lire à peu près couramment et à écrire sans orthographe, passait dans la famille pour une sorte de phénomène et en était l'oracle.

Elle pensait que les tendresses un peu familières et la joie bruyante de ces braves gens n'auraient aucun charme pour mademoiselle de Fondois, et elle se proposait de ne pas lui en faire prendre sa part.

Marie prétendit, au contraire, qu'elle voyageait pour observer et pour s'instruire, qu'elle voulait étudier les mœurs des naturels du pays, que plus elles seraient différentes de ce qu'elle voyait d'ordinaire, plus cette étude aurait pour elle d'intérêt et d'agrément; que, si elle désirait quelque chose au monde, c'était que la famille Alain fût exclusivement composée de sauvages, et qu'elle exigeait que Pulchérie l'emmenât dans la visite qu'elle voulait leur faire.

Pulchérie fut à la fois embarrassée et fâchée d'avoir parlé

de ses amis sur un ton à moitié léger qui autorisait le ton tout à fait léger de Marie.

Elle pensait bien que les Alain ne s'attendaient pas à des airs de protection de sa part ni de celle d'une personne qu'elle présentait comme son amie ; qu'Onésime et Bérénice croiraient devoir vivre avec elle dans la même familiarité qu'autrefois ; et elle était à peu près sûre que d'abord Marie accueillerait très-mal cette familiarité si elle s'adressait à elle, et qu'elle-même perdrait dans son esprit si elle ne savait pas se conduire d'une certaine façon.

Elle parla de remettre sa visite à un autre moment. Cependant Marie insista, et elle-même comprenait qu'elle avait déjà beaucoup trop tardé, et que le cœur de ses amis en avait dû souffrir.

Les deux jeunes filles prirent leurs chapeaux de paille, sortirent du château et descendirent la côte de Beuzeval.

On parlait d'elles dans la maison de Tranquille Alain lorsqu'elles frappèrent à la porte. Risque-Tout et son fils revenaient de la pêche et s'étaient attablés devant une bonne gamelle de soupe.

Ils n'avaient pris le temps d'ôter ni leur cotillon, ni leurs bottes, ni leurs patelots de pêche. La matinée, du reste, était bonne :

— Et, disait Alain quelques instants auparavant, Pulchérie n'est pas encore venue nous voir ?

— Il faut qu'elle soit malade, dit Pélagie. Je vais y envoyer Bérénice.

— Il faut prendre garde, la femme, dit Tranquille ; il ne faut pas se rendre importun. Pulchérie est devenue une demoiselle, et nous devons l'attendre. C'est nous qui sommes pauvres, c'est nous qui devons être fiers.

— Oh ! répondit Pélagie avec une grande douceur, Pulchérie ne peut s'empêcher d'être notre fille.

Onésime ne disait rien, mais son cœur était très-froissé. Il s'était attendu à ce que Pulchérie, lors de son arrivée, prendrait à peine le temps d'embrasser les Malais, et descendrait en courant comme une jeune biche, jusqu'à la cabane de Dive :

— Car, disait-il, les Malais ne sont que ses parents d'argent, et nous, nous sommes ses parents de cœur.

— Bérénice disait :

— Pulchérie va venir et elle nous expliquera cela.

A ce moment, Pulchérie et Marie entrèrent dans la cabane. Ce fut un cri de joie qui remplit toute la pauvre maison et la fit tressaillir d'aise. Pulchérie oublia Marie et tomba dans les bras de Pélagie et de Bérénice ; elle alla ensuite à Tranquille, qui l'embrassa sur les deux joues.

Onésime allait en faire autant ; mais il aperçut Marie, et, d'ailleurs, Pulchérie, qu'il n'avait pas revue depuis qu'elle avait quitté Dive, était tellement changée, qu'il s'intimida et fit gauchement une révérence maladroite, qu'il devait aux leçons de maître Épiphane, son professeur de belles manières.

— Eh bien, dit Risque-Tout, voilà que tu n'oses pas embrasser Pulchérie. Embrasse-le alors, toi, Pulchérie ; embrasse ton frère.

Pulchérie n'osa pas désobéir à l'ordre de Tranquille, et elle vint tendre ses joues à Onésime, qui, du pauvre baiser honteux qu'il y posa, ne dut pas seulement en froisser le rose duvet.

Pulchérie pensa alors à Marie et dit à Pélagie :

— Mademoiselle est mon amie, mademoiselle de Fondois.

— Est-ce Marie ? demanda Bérénice. Alors nous sommes amies aussi, et je puis bien t'embrasser.

Marie fut un peu suffoquée du tutoiement et de l'embrassade ; elle se tint roide et laissa voir un air étonné.

— Eh bien, vous ne vous asseyez pas ? dit Tranquille. Peut-être que Pulchérie se gêne ici ?

7

Cette question souleva un bon franc rire dans la famille, qui fut encore augmenté lorsque Tranquille, voyant le succès de sa plaisanterie, ajouta :

— Dame ! quand on est chez des étrangers, quand on n'est pas chez soi et qu'on ne connaît pas les êtres d'une maison...

Marie se remit un peu et s'habitua aux gens de la cabane, qui s'extasièrent sur son joli visage et la blancheur de ses mains...

— Et Pulchérie aussi a maintenant les mains bien blanches. Comme elles sont belles toutes les deux ! disait Pélagie.

Pour Bérénice, elle se rapprocha de Pulchérie et ne se permit plus aucune familiarité avec Marie.

Les deux jeunes filles dirent qu'elles s'étaient échappées sans rien dire, Pulchérie ne voulant pas attendre plus longtemps pour voir ses amis.

Elles devaient rentrer tout de suite pour ne pas donner d'inquiétude ; elles reviendraient ; d'ailleurs, elles devaient prendre des bains de mer, et elles prieraient bien Onésime de les promener quelquefois dans le canot.

— C'est ton filleul, le canot, dit Pélagie, et tout ce qui est ici est à toi comme aux autres.

Pulchérie embrassa encore Pélagie et Bérénice. Tranquille la prit par la tête et lui donna un gros baiser sur le front.

Onésime n'osait plus ; il allait essayer encore ses fameuses révérences, lorsqu'il vit que son père le regardait.

Alors il s'avança vers Pulchérie ; mais celle-ci lui donna la main à la façon des Anglaises. Il resta un peu interdit. Bérénice dit à Marie :

— Adieu, mademoiselle, au plaisir de vous revoir !

On leur demanda si elles ne voulaient pas boire un coup de cidre. Elles refusèrent et se mirent en route.

Les habitants de la cabane évitèrent de se communiquer

leurs impressions. Tranquille fut un peu brusque et bourru. Bérénice prit sa dentelle. Pélagie vaqua aux soins du ménage. Onésime prit le nettoyage du canot pour prétexte de rester seul.

XII

Nous allons quitter un peu le bord de la mer pour faire connaissance avec des acteurs de cette histoire qui n'ont pas encore paru dans notre récit.

Cependant il est nécessaire que je donne ici une sorte de portrait des jeunes filles que nous connaissons déjà.

Marie était petite, frêle, blonde ; sa beauté consistait surtout en jeunesse et en fraîcheur ; ses yeux, bien fendus en amande, comme on dit, n'avaient pas une expression bien marquée.

Pulchérie avait les cheveux châtain foncé ; elle était grande et admirablement bien faite ; sa taille était souple et riche, ses membres forts et fins. Sa voix, un peu basse, avait un charme sympathique indéfinissable, tandis que celle de Marie, qui avait laissé à Saint-Denis une réputation de chanteuse, était une voix de soprano un peu aiguë.

M. Ernest de Fondois à M. le comte Urbain de Morville.

« Vous êtes mon débiteur, mon cher Urbain. Vous vous rappelez notre gageure à propos de madame *** ; eh bien, il avait été convenu que celui qui perdrait serait à la discrétion complète de l'autre pendant huit jours, et serait obligé de se charger à ses frais du bonheur tout entier de son heureux vainqueur pendant toute une semaine, sans pouvoir faire la moindre objection à quoi que ce soit.

» Voici le moment arrivé de vous acquitter envers moi. Il me plaît de dépenser en ce moment mes huit jours de bonheur. Venez donc me les dispenser.

» Je veux partir demain en chaise de poste. Je vous dirai, au moment de partir, où je veux aller. Il me faut un ami gai, spirituel; arrangez-vous pour l'être.

» Prenez beaucoup d'argent, parce que je ne compte me priver ne rien. J'aurai un courrier pour faire préparer les relais. Je donne trois francs de guides aux postillons; j'aime à aller fort vite.

» Je pars à midi, demain. Vous commanderez un déjeuner pour six personnes au café de Paris. La chaise de poste viendra nous y chercher; elle aura été prendre mes bagages chez moi.

» Je veux du vin de Chypre frappé. Je n'emmène pas de domestique. Adieu.

» Ernest DE FONDOIS.

Ernest de Fondois n'était autre que le cousin de Marie. Il ne reçut aucune réponse de M. de Morville. Il ordonna à son domestique de préparer sa malle, qu'une chaise de poste viendrait prendre.

Pour lui, il se rendit au café de Paris en costume de voyage. Il y avait donné rendez-vous à quatre amis témoins de son pari avec Morville.

Quand il arriva à onze heures, on l'attendait pour se mettre à table. M. de Morville, également en costume de voyage, était avec les quatre autres convives.

Les petites bouteilles de vin de Chypre étaient dans la glace. On servit les huîtres. Morville ne fit aucune allusion au pari. Il se contentait d'une ponctualité entière.

A midi moins un quart, la chaise de poste était devant le

café ; à midi et demi, Morville et Ernest prirent congé de leurs amis.

Alors seulement, et quand le postillon fut à cheval, Ernest dit :

— Route de Normandie.

Le postillon fit claquer son fouet, et les chevaux partirent au galop.

— Je voudrais des cigares, dit Ernest.

Urbain, sans répondre, tira d'une poche de la voiture une boîte entière de panatellas ; il battit le briquet et présenta du feu à Ernest.

Tous deux sortirent de Paris sans avoir échangé une parole. En allumant un second cigare, Ernest daigna parler à son esclave.

— Nous allons dans un endroit où je ne suis jamais allé, et que je ne connais pas ; nous allons à Beuzeval ; ce doit être quelque chose sur la route de Caen ; c'est positivement au bord de la mer, puisque j'y vais prendre des bains... Ah çà ! Urbain, combien donnez-vous donc de guides à ce drôle qui nous mène si mal.

— Vous m'avez dit de donner trois francs.

— Donnez-en quatre alors, je veux aller vite.

— Postillon, vous aurez quatre francs de guides, et marchez.

— C'est mieux. Je vous disais donc que nous allons prendre des bains de mer. J'ai dans cet endroit une respectable fraction de ma famille, y compris une adorable petite cousine de seize ans dont je suis très-épris ; il s'agit de passer deux mois auprès d'elle ; les parents, je crois, n'ont rien contre les résultats probables de la passion que leur fille m'a inspirée, et ne seront pas fâchés de me voir. Seulement, comme ils sont là dans je ne sais quel château, chez des quasi-amis à eux que je connais peu ou point, il faut que je fasse connaissance avec leurs hôtes, et j'ai besoin de votre société pendant les premiers jours de mon installation.

— Pensez-vous donc à vous marier, Ernest?

— Je ne pense à rien du tout ; je suis amoureux de ma petite cousine.

— Mais songez donc raisonnablement...

— Je vous défends bien de troubler par de pareils adverbes les huit jours de bonheur que vous me devez. Jusqu'ici, je vous ai trouvé fidèle à vos devoirs ; j'espère, à votre retour à Paris, avoir à rendre de votre conduite un compte honorable pour vous.

A ce moment, il était trois heures. Ernest regarda sur la route : elle était complétement déserte; on n'apercevait aucune maison jusqu'à la distance où le regard pouvait s'étendre.

Il sourit légèrement et dit :

— J'ai faim.

Urbain ordonna au postillon d'arrêter ; il chercha dans un coffre de la voiture, et en tira un perdreau et une bouteille de madère, plus, d'un très-beau nécessaire de voyage, tout ce qui était utile pour manger.

— Mangerai-je avec vous?

— Oui, certes ; je suis content de vous, je croyais vous embarrasser.

— Pas pour si peu de chose.

Quand on eut suffisamment bu et mangé, on se remit en route.

Le soir, on dîna. Urbain avait emporté de quoi suppléer à l'insuffisance de l'auberge.

Les deux amis passèrent leur temps, entre le dîner et l'heure du sommeil, à boire du punch et à fumer.

. . . .

La lutte était acharnée entre les bains de Dive et ceux de

Beuzeval. Si le meunier avait plus d'argent, le clerc avait plus d'imagination et plus d'audace.

Les deux femmes qui tenaient les bains rivaux, madame Épiphane et la servante du meunier, devinrent en peu de temps ennemies mortelles. Les Malais se baignaient chez madame Épiphane.

M. Malais redoutait le meunier et ses sarcasmes haineux. Le petit nombre des personnages étrangers à notre histoire qui s'étaient rendu au bord de la mer s'était partagé au hasard entre les deux établissements.

Un piquet séparait le domaine du clerc de celui du meunier. Cependant chacune des deux femmes prétendait que ses bains étaient infiniment supérieurs à ceux de sa concurrente.

— Il y a de la place au soleil pour tout le monde, disait Désirée, la servante du meunier, en rajustant son bonnet de coton, affreuse coiffure des femmes normandes les jours de travail. Les bains de *mame* Épiphane, c'est rien du tout ; d'abord c'est pas dans la mer, c'est dans la Dive. Le monde vient pour prendre des bains de mer, on le fait baigner dans l'eau douce.

— Je ne veux dire du mal de personne, disait madame Épiphane ; mais la plage de cette pauvre Désirée, c'est tout cailloux, galets et coquilles qui coupent les pieds du monde ; puis, une fois que le beau monde va quelque part, il ne va pas ailleurs ; ici, c'est tout Anglais, tout monde comme il faut.

— Par la grâce de Dieu, disait Désirée, il n'y a pas d'Anglais qui viennent chez nous ; on n'entend pas le baragouin qu'ils parlent devant le monde et qu'ils font semblant de comprendre entre eux, quoique je sache bien que, quand il n'y a personne et qu'ils ne sont qu'eux, quand ils veulent se comprendre, ils se remettent à parler français comme tout le monde. Des gens qu'on dirait qu'ils sont d'une autre espèce que les autres hommes, tant ils sont fiers et peu affables...

Il est vrai de dire que l'enthousiasme que madame Épiphane professait pour les Anglais avait été rapporté par elle de ses pérégrinations ; car, en Normandie, s'ils excitent encore l'avidité, et conséquemment les respects extérieurs de l'habitant des villes et des paysans, à cause de leur ancienne réputation de richesse et de libéralité, fort diminuée aujourd'hui, le pêcheur, le marin, les considère autrement.

Le pêcheur est bien plus pauvre que le cultivateur : mais il est courageux, désintéressé, fier de son pays, serviable et en même temps indépendant ; pour rien au monde il ne détournerait les yeux de la mer, lorsqu'il n'est pas dessus, tant qu'il a à manger pour vingt-quatre heures.

Le cultivateur devient tout doucement propriétaire ; il est conseiller municipal, il est maire, il est marguillier, il est surtout riche ; il mange bien, il boit mieux. Le pêcheur n'a jamais rien et n'est jamais rien ; mais, s'il sait moins lire que le paysan, il a cependant l'esprit plus élevé, plus vif, plus pittoresque.

C'est une éducation tout entière que de contempler l'Océan. Il ne voudrait pas changer de vie et de condition avec le paysan. Ce sont les pêcheurs qui font et imposent la langue.

A vingt lieues dans les terres, on dit *amarrer* pour attacher, avoir *vent de bout* pour avoir mauvaise chance, *mettre tout dehors* pour mettre toute sa puissance à quelque chose, *aller en dérive* pour ne pas réussir, *étaler* pour lutter sans désavantage, etc.

Si un pêcheur veut humilier un autre pêcheur, il l'appelle *berquer* (berger, paysan). Il se raconte une fois par semaine au moins une histoire qui fait toujours également rire ; si celui qui vient de la raconter l'entend redire par un autre une demi-heure après, il rira comme s'il l'entendait pour la première fois.

C'est l'histoire d'un paysan, d'un *berquer* qui va à la mer, qui se fait pêcheur. Il *met hors* ses aplets (filets) ; pour les retrouver, il prend des *amers*. Par exemple, on voit les arbres de la ferme à Paul Frémoni par-dessus la maison des signaux ; eh bien, pour revoir le lendemain les arbres à Paul Frémoni par-dessus les signaux, il faut que vous soyez précisément à la mer à la place où vous étiez hier.

Mais le *berquer*, il voit une *vaque* (vache) paissant sur la falaise ; il ne connaît que ça, c'est bien son affaire. Il prend la *vaque* pour *amer*, il *met hors* et s'en va ; mais, le lendemain, la *vaque* a changé de place, et il ne retrouve plus ses aplets.

Quand un pêcheur est triste, il n'a qu'à se raconter à lui-même cette histoire, il rira. Il n'y a dans un petit bourg que trois ou quatre plaisanteries que l'on refait tous les jours, et qui suffisent pour faire rire de génération en génération.

Donc, le marin, le pêcheur n'aime pas l'*Anglais*. Quand un navire anglais est en danger, il en est singulièrement heureux, surtout si c'est par une maladresse ou une mauvaise manœuvre.

— Oh ! les *feignants*, oh ! les *berquers* ; ils vont *masquer*.

— Dis donc rien.

— Il va manquer à virer.

— C'est vrai, il a manqué à virer. *Espère* un peu qu'il reprenne de l'*erre*. (*Espère* veut dire *attends*).

— Ah bien, ouiche, de l'*erre !* le v'là sur les roches, sur la pierre à Jean Beaufils.

— C'est pas là qu'il va se crever le ventre ; la pierre à Jean Beaufils lui a pardonné, mais la *moulière* ne lui pardonnera pas.

Puis, quand leurs vœux sont exaucés, quand l'Anglais échoue, quand le navire fait eau de toutes parts, quand la mer balaye le pont et le démolit planche à planche, ces mêmes hommes qui ne désiraient au monde que sa destruction vont se précipiter à l'envi dans de frêles embarcations pour aller se jeter dans le danger qu'ils ont souhaité à leurs ennemis, s'exposent aux périls les plus effroyables pour les sauver, et très-souvent périssent avec eux.

Revenons à Désirée et à madame Épiphane.

Elles ne se bornaient pas à mal parler de leurs établissements respectifs ; elles ne se ménageaient pas davantage elles-mêmes. Puis elles attaquaient et accablaient de leur mépris les pratiques l'une de l'autre.

— Le soleil luit pour tout le monde, disait Désirée ; mais on ne sait pas trop d'où vient *mame* Épiphane.

— Je ne veux dire du mal de personne, disait madame Épiphane ; mais on sait ce que c'est que Désirée, la servante pour tout faire du meunier.

— *Mame* Épiphane, la femme pour ne rien faire du clerc !

Le hasard fit que nos deux voyageurs se logèrent chez le meunier ; naturellement, ils se baignèrent à son établissement. Aussi madame Épiphane déclara que ce n'était pas grand'chose, que c'était du petit monde, des commis voyageurs tout au plus.

De leur côté, les deux amis firent des questions à Désirée. Ernest demanda quelques renseignements sur les Malais.

— C'est des marchands de bœufs, répondit Désirée.

— Il y en a donc plusieurs ? demanda Ernest. Ceux dont je vous parle sont des gens comme il faut, qui ont un château ; ils s'appellent Malais de Beuzeval.

— Les Malais sont marchands de bœufs de père en fils depuis deux cents ans, dit Désirée. Le soleil luit pour tout le monde ; mais, quant à ceux d'aujourd'hui, il luit beaucoup pour eux. Ça a de l'argent, ça a un château, ça fait les seigneurs, ça se fait appeler de Bouzeval! Et moi aussi, quand je vais à Dive, on m'appelle Désirée de Bouzeval, parce qu'il y a une Désirée à Dive que son amant s'est perdu (noyé) à la baleine il y a quatre ans; mais ça n'empêche pas que c'est des marchands de bœufs. Ça se baigne chez madame Épiphane.

Les deux amis sourirent. Ce dernier mot leur expliquait à un certain point les renseignements défavorables qu'ils recevaient sur les Malais.

— Ils doivent avoir des amis chez eux? continua Ernest.

— Oui, dit Désirée, un vieil homme et sa femme, si toutefois ils sont mariés; car, après tout, je n'ai pas vu leur contrat et je n'étais pas à leur noce. Ça doit être des marchands de bœufs aussi.

— N'y a-t-il pas une jeune personne?

— Oui, une jeunesse pas bien jolie; c'est hardi comme un page. Après ça, il n'y a que du monde drôle chez madame Épiphane. C'est comme la nièce aux Malais. Ça a d'abord couru ici sur la plage avec les enfants à Risque-Tout; c'était nu-pieds, c'était hâlé, et puis ça a été à Paris et ça en est revenu demoiselle, et ça fait sa duchesse. C'est tout de même une nièce de marchands de bœufs.

Le même jour, M. de Fondois dit à sa femme et à sa fille:

— Je vous assure que j'ai vu Ernest. Il est ici.

— Vraiment? dit Marie de son air le plus étonné.

— Il est avec un ami, le comte Urbain de Morville.

— Et es-tu bien sûr, demanda madame de Fondois, que ce soit Ernest?

On fit quelques questions à madame Épiphane. Était-il arrivé de nouveaux voyageurs, des étrangers?

— Oui, dit madame Épiphane. Il y a deux jeunes gens

chez le meunier. Je ne veux dire de mal de personne, mais c'est tout de même un drôle de monde. Ils ont des casquettes comme on n'en voit pas ; ça m'a l'air d'être des intrigants.

Quelques jours après, on se rencontra sur la limite des deux établissements. Les de Fondois ne voulaient pas paraître faire trop d'avances à leur neveu, qui ne s'était pas encore déclaré. Cependant Ernest dit en souriant que, les bains de mer lui ayant été ordonnés, il n'avait pas hésité à choisir un endroit où il savait devoir les rencontrer.

Il présenta son ami. M. de Beuzeval se montra fort gracieux ; c'étaient deux personnes de plus pour admirer les récentes magnificences du château. Il invita Ernest et son ami à dîner pour le lendemain, qui était un dimanche, en disant avec une politesse de bon cœur :

— Je vous invite pour le premier dîner ; pour les autres, vous viendrez quand cela vous fera plaisir. On mettra votre couvert. Monsieur votre ami reste-t-il longtemps ?

— Il reste encore trois jours, parce que je le veux ; ensuite il rentre dans ses droits d'homme libre.

On demanda quelques explications. Ernest raconta la gageure qu'il avait gagnée, et que payait si magnifiquement le jeune comte. Comme le soleil gênait un peu les dames, Ernest dit à son ami :

— Il faut qu'il y ait demain une tente ici.

On convint qu'on se réunirait le lendemain, et qu'après le bain, on rentrerait ensemble au château pour le dîner.

Cependant Bérénice se sentait mal à l'aise entre Pulchérie et mademoiselle de Fondois. Toutes deux parlaient devant la pauvre fille de choses et de gens qui lui étaient inconnus. On s'efforçait bien de temps en temps de paraître s'intéresser à la mer, à la pêche ou à la dentelle ; mais Bérénice sentait la complaisance et prenait un prétexte pour s'en aller.

Ce fut bien pis encore lorsqu'on se réunit pour prendre les bains ; elle évita d'aller sur la plage à ces heures-là. Pélagie lui dit :

— Est-ce que Pulchérie n'est pas bien pour toi, que tu ne vas pas la rejoindre?

— Au contraire, reprit Bérénice ; mais ma dentelle n'avance pas quand je suis avec ces demoiselles.

XIII

Onésime attendait le dimanche avec impatience, parce que, selon les conseils de Bérénice et de maître Épiphane, il s'était fait faire des habits bourgeois. Rien n'y manquait : il avait une longue redingote bleue touchant presque à terre, des bottes huilées à bout arrondi, un chapeau rond à très-longs poils qu'il n'ôtait jamais, et des gants verts.

A sa boutonnière était sa médaille, attachée avec le ruban tricolore ; il portait un parapluie à la main. Le parapluie est, chez les marins, le signe du plus grand luxe. Il alla à la messe avec Pélagie, Tranquille et Bérénice. La famille Malais y était dans son banc avec madame et mademoiselle de Fondois.

A la sortie de l'église, Onésime, malgré Bérénice, qui le tiraillait, attendit à la porte la sortie de la famille. Il exécuta alors ponctuellement sa révérence d'après les leçons de maître Épiphane ; puis il salua tout le monde, chacun par son nom.

— Je vous salue, monsieur Malais, dit-il. Bonjour, madame Malais. Bonjour, Pulchérie. Bonjour, madame... Comment s'appelle cette dame ? demanda-t-il à Bérénice.

Et, sur sa réponse :

— Bonjour, madame Fondois et mademoiselle Fondois. Voilà un bien beau temps aujourd'hui.

— Un très-beau temps, Onésime. Nous allons en profiter pour aller déjeuner, nous déshabiller et descendre au bord de la mer attendre l'heure du bain.

— Voulez-vous vous promener en canot tantôt, mesdemoiselles ?

— Ah ! certainement, ce sera bien aimable à vous.

— Le canot est tout *paré* (prêt).

— A tantôt.

— A tantôt.

Comme, en s'en retournant, Bérénice et Onésime étaient près l'un de l'autre, Bérénice dit à son frère :

— Tiens, vois-tu, Onésime, si tu étais raisonnable, tu ne penserais plus à Pulchérie.

— Et pourquoi cela ?

— Tu vois bien qu'elle est très-changée.

— Est-ce que tu la trouves moins jolie ?

— Non, certainement.

— Eh bien, puisqu'elle est changée en mieux, ça n'est pas une raison de ne plus penser à elle ; au contraire.

— Ce n'est pas ça que je veux dire... Par exemple, saurais-tu jaser avec elle ?

— Certainement que je saurais. J'ai été un peu empêché l'autre fois quand elle est venue, parce que je ne l'attendais pas, que ça m'a fait un effet ; et puis j'avais mes hardes de pêche : mais il me semble que je ne suis pas plus mal vêtu qu'un autre, et que je peux parler à tout le monde.

Bérénice n'ajouta rien ; elle croyait trouver son frère plus préparé à entendre la vérité. Pour Onésime, il alla se promener sur la plage. On commençait à se baigner ; mais ni les Fondois ni les Malais n'étaient encore arrivés.

Selon les ordres d'Ernest, la tente avait été dressée dès le matin. Elle était fort belle; le dedans était meublé avec une élégance suffisamment simple. Ernest et le comte fumaient en devisant. Onésime alla d'abord causer avec madame Épiphane, qui lui fit des remarques désobligeantes sur les personnes qui se baignaient chez Désirée.

Cette femme était trop maigre et celle-ci trop grasse; cette autre causait trop librement avec les hommes. Elle était bien heureuse de n'avoir pas affaire à du monde comme ça.

— Et qu'est-ce que c'est que cette tente, *mame* Épiphane?

— C'est des baigneurs de chez la Désirée qui l'ont fait dresser ce matin. C'est des acteurs, à ce qu'on dit; c'est pour y faire leurs tours.

Onésime alla regarder la tente. Son bizarre accoutrement excita l'attention des deux Parisiens.

— Monsieur est-il du pays? demanda Ernest.

— Oui, monsieur, répondit Onésime.

— Je demande pardon à monsieur. C'est que, le voyant mis à la mode de Paris, je le prenais pour un étranger.

— Monsieur, il faut bien être un peu propre le dimanche; les autres jours, on a ses habits de travail.

— C'est trop juste. Monsieur fume-t-il?

— Oui, monsieur.

— Voulez-vous me permettre de vous offrir un cigare?

— Vous êtes bien honnête, monsieur, ça n'est pas de refus.

Onésime accepta le cigare qui lui était offert, l'alluma par le bout qu'il faut mettre dans la bouche, et le fuma à grands efforts de poumons.

— Comment trouvez-vous cela, monsieur?

— C'est *une assez bonne cigare;* mais j'aime mieux ma bouffarde.

— Qu'est-ce que monsieur appelle sa bouffarde? demanda le comte.

— C'est ma pipe, que voilà.

Et Onésime tira de sa poche une petite pipe courte et noire, qu'il débourra en causant.

— Voici une jolie pipe!

— Jolie n'est pas le mot; mais elle fait son usage.

— Monsieur est-il le maire ou le garde champêtre? demanda le comte.

— Non, monsieur, je n'ai pas cet honneur; je suis pêcheur.

— Très-bien ; monsieur voudrait-il me donner l'adresse de son chapelier?

— Pourquoi faire?

— Parce que monsieur a un chapeau ravissant, et que je suis décidé à en avoir un pareil. Je ne regarderai pas au prix, mais j'en veux un.

— Ma foi, monsieur, je ne pourrais pas vous dire son nom. Tout ce que je sais, c'est que je l'ai acheté à Hennequeville, derrière Trouville, et je ne crois pas qu'il y ait deux chapeliers dans Hennequeville.

— Monsieur, je vous remercie infiniment.

— Il n'y a pas de quoi.

Onésime jeta le bout de son cigare, tira de sa poche une patte d'albatros pleine de tabac, bourra sa pipe et demanda du feu au comte. A ce moment parurent les deux familles du château.

— Comte, voici notre monde, dit Ernest.

— Ah! voilà Pulchérie, dit Onésime en donnant, comme toujours, à ce nom la prononciation de *chérie*.

— Vous dites..., monsieur?

— Je dis Pulchérie.

Après l'échange des civilités ordinaires, les Malais reçurent le beau salut d'Onésime avec une indulgence protectrice.

— Laquelle de vous, mesdemoiselles, dit le comte, appelle-t-on Pul*chérie?*

Et il prononçait comme Onésime.

— C'est moi que l'on appelle ainsi dans le pays, où j'ai été élevée, monsieur.

On entra dans la tente, où l'on causa quelques instants. Onésime y entra comme les autres, sans attendre qu'on l'y invitât. L'on se sépara pour se baigner. Onésime demanda à Pulchérie si elle voudrait se promener après le bain, et, sur sa réponse, il alla préparer le bateau en l'avertissant qu'elle eût à revenir avec *sa société* auprès de leur maison.

M. Malais seul accompagna les deux couples de jeunes gens.

Pulchérie entra dans la maison pour embrasser Pélagie, et elle demanda à Bérénice si elle ne viendrait pas avec eux. Bérénice hésita et cependant y consentit.

— Nous voilà sept, dit Onésime; *arrimons*-nous bien, et ensuite que chacun reste tranquille à sa place.

Ernest se trouva à côté de sa cousine, Pulchérie entre Bérénice et M. Malais.

Le comte s'assit sur la pointe de la proue du canot, derrière Onésime, qui ramait, et on descendit la Dive, le comte fixant sur Pulchérie des regards qui l'embarrassaient, sans lui être précisément désagréables.

Quand on fut sorti de la rivière, Onésime hissa la voile; et il fallut alors qu'il changeât de place, pour tenir l'écoute de la voile et gouverner le canot. Il pria M. Malais d'aller prendre sa place à l'avant.

Il soufflait une petite brise de sud-est qui faisait glisser le canot sans secousses. Ernest demanda plusieurs fois à Marie si elle n'était pas malade.

Le comte fit la même question à Pulchérie. Onésime répondit pour elle :

— Pulchérie, malade à la mer ! ça serait drôle. Est-ce que

les poissons et les mouettes ont le mal de mer? Dites donc, monsieur, là-bas, à l'avant, comment vous appelle-t-on, vous qui avez un petit ruban blanc et bleu à votre habit? Il vous faut déranger un brin, parce que nous allons *hisser le foc* pour pouvoir serrer un peu plus le vent; sans cela, nous irions souper à Caen. Serrez la drisse de foc.

— Mon cher monsieur, dit le comte, je ne sais pas, je dois l'avouer, ce que c'est qu'un foc ni ce que c'est qu'une drisse. Je ne pourrai exécuter que la première partie de votre commandement, qui est de me déranger autant de *brins* qu'il vous plaira.

— Pulchérie, montre donc à monsieur ce que c'est que le foc et la drisse. Vous ne saviez pas, quand vous *crochiez* Pulchérie en venant au bateau, qu'elle était capable de le conduire aussi bien que moi.

Pulchérie devint très-rouge, et néanmoins fit la petite manœuvre commandée par Onésime.

— Bravo! dit le comte. Mais, monsieur, demanda-t-il à Onésime, qu'appelez-vous *crocher*?

— J'appelle crocher quand on se croche pour se promener ensemble; quand une femme fait une manière de demi-clef au bras d'un homme pour deviser avec lui en marchant. Dis donc, Pulchérie, te rappelles-tu la nuit que nous avons passée sur la mer, nous deux, le jour du baptême de notre filleul?

— Vous êtes parrain avec mademoiselle? dit le comte, qui s'expliquait difficilement la familiarité d'Onésime.

— Oui, et à preuve que c'est notre filleul qui a l'honneur de nous porter en ce moment.

Bérénice, qui s'apercevait du langage ironique du comte envers Onésime, surmonta sa timidité pour dire :

— Le parrain et la marraine avaient douze ans. Mademoiselle Pulchérie voulut essayer le canot auquel ils venaient de donner un nom. Onésime ne demandait pas mieux. Ils partirent, et firent si bien, qu'on ne les retrouva que le lendemain assez tard, à moitié morts de faim et de froid, surtout Onésime, qui avait ôté ses hardes pour en couvrir Pulchérie.

M. Malais sentit qu'il fallait expliquer cette vie commune avec les pêcheurs qu'avait menée Pulchérie. Il conta que son frère, veuf, l'avait mise en nourrice chez Pélagie Alain, et que, la petite fille ayant une santé délicate et à cause de la sollicitude qu'inspirait pour elle la mort si prématurée de sa mère, on l'avait laissée vivre chez son père nourricier jusqu'au moment où, toute sécurité étant acquise, on avait pensé pouvoir lui faire commencer son éducation.

Pulchérie fut enchantée de cette explication ; le tutoiement obstiné d'Onésime l'embarrassait, et elle craignait que le comte n'y donnât quelque interprétation défavorable à son origine.

Celui-ci, de son côté, sentait contre Onésime une sorte d'impatience, et, d'ailleurs, il n'était pas fâché de montrer l'esprit qu'il pensait avoir de la façon la plus facile, en mystifiant le pauvre pêcheur :

— Monsieur Onésime n'a plus son beau chapeau de tantôt? dit-il.

— Non, monsieur, pas plus que ma redingote et mon pantalon des dimanches ; les hardes ne dureraient guère à la mer.

— Vous avez donc remis votre argent dans votre poche?

— Quel argent, monsieur?

— Mais cette pièce de cent sous que vous aviez à la boutonnière.

— Ce n'est pas une pièce de cent sous, répondit Onésime, toujours trompé par l'air sérieux du comte.

Mais Bérénice, avec son tact féminin, prit encore la parole et raconta la belle action de son frère et la cérémonie qui avait eu lieu pour lui donner la médaille de sauvetage ; puis elle dit bas à Pulchérie :

—Vous voyez bien, mademoiselle Pulchérie, qu'on se moque d'Onésime, et ce n'est pas bien à vous de le souffrir.

Comme Pulchérie allait répondre, Onésime, sans la moindre intention épigrammatique, dit au comte :

— Et vous, qu'est-ce que c'est que ce ruban que vous avez?

— C'est une croix d'Espagne, dit-il en rougissant un peu.

— Est-ce que vous avez servi dans ce pays-là ?

— Non.

— Ah !... Et pourquoi est-ce qu'on vous a donné ça?

— Parce qu'il est cousin d'un *attaché* à l'ambassade d'Espagne, dit Ernest.

Le comte répondit par un sourire contraint, et se hâta de changer la conversation, qui devenait embarrassante. Marie était un peu pâle. Pulchérie lui demanda si elle était souffrante ; elle répondit qu'elle avait des vertiges ; alors on vira de bord, et on ne tarda pas à rentrer dans la Dive et à mettre pied à terre. Ernest voulut donner de l'argent à Onésime, qui lui dit :

— Merci, monsieur. Le canot est à Pulchérie comme à moi. Si vous étiez seul avec votre ami, je ne dis pas ; mais la société de Pulchérie ne me doit rien.

— Maintenant, dit M. Malais, remontons au château ; vous devez avoir bon appétit, et cette promenade aidera bien notre cuisinière à vous faire un bon dîner.

— Merci, Onésime, dit Pulchérie en lui donnant la main. Adieu, Bérénice ; tu embrasseras Pélagie pour moi.

Le comte offrit son bras à Pulchérie. Ernest n'avait presque pas quitté celui de Marie, même dans le canot.

Chemin faisant, le comte dit à Pulchérie :

— Vous avez beaucoup de douceur et de patience, mademoiselle, de permettre à ce garçon une pareille familiarité avec vous.

— J'aimerais mieux qu'il ne me tutoyât pas, certainement, dit Pulchérie ; mais c'est un cœur si noble et si excellent, que je ne puis me décider à le chagriner.

—Ne pensez-vous pas, mademoiselle, qu'il y aura un jour quelqu'un qui aura le bonheur d'avoir le droit de trouver ces familiarités peu convenables ?

Pulchérie rougit et ne répondit pas. Le lendemain, elle alla voir Pélagie avec Marie, et, prenant Bérénice à part, elle lui dit :

— J'aime bien Onésime, je n'oublie pas notre enfance passée ensemble, ni la tendresse que vous m'avez montrée toute ma vie ; mais il y a des convenances qu'il faut respecter. Nous ne sommes plus des enfants... et puis... tu devrais bien dire à Onésime de ne plus me tutoyer ; toi, c'est différent, tu es une fille... Mais je voudrais que cela vînt de toi.

Bérénice promit à Pulchérie de faire sa commission. Pulchérie avait cru devoir établir une nuance en permettant à Bérénice de la tutoyer ; mais elle ne fut pas fâchée qu'elle n'en usât pas. Elle et Marie remontèrent par le moulin de Beuzeval et suivirent la petite rivière. Marie sentit pour le petit étang du moulin une admiration inusitée ; elle s'arrêtait à admirer les petites anémones blanches épanouies sur l'eau, sur lesquelles venaient se poser des libellules aux ailes de gaze et au long corps d'émeraude.

La même cause produisait sur les deux jeunes filles un effet contraire. Pulchérie hâtait le pas, parce qu'elles se trouvaient auprès du logement de *ces deux messieurs*, tandis que cette proximité entrait pour beaucoup dans l'attention que Marie accordait, ce matin-là, aux magnificences de la nature jusque dans leurs plus petits détails. Elles continuèrent leur route, et, passant sur un aune abattu qui servait de pont, elles s'assirent au pied d'un saule sur une petite pelouse émaillée de myosotis aux fleurs bleues, dont Pulchérie cueillit nonchalamment un bouquet, pour avoir l'air de ne pas s'occuper exclusivement de la conversation.

— Le comte est amoureux de toi, dit Marie voulant s'y prendre de loin pour amener la confidence qu'elle avait à faire, et n'étant pas fachée de s'en faire faire d'abord une, façon de prendre les otages.

— Folle ! répondit Pulchérie, qui se sentit le cœur serré.

— C'est aussi l'opinion d'Ernest, dit Marie.

Pulchérie cueillit avec plus d'attention les myosotis.

— Te plairait-il ? demanda Marie.

— C'est un homme très-distingué, reprit Pulchérie ; mais parle-moi de tes affaires, ajouta-t-elle pour reporter la guerre sur le territoire de l'ennemi.

— Eh bien, Ernest m'a dit qu'il *m'adorait*, et toute sorte d'autres choses ravissantes, et, à l'heure qu'il est, il n'est pas impossible qu'il demande à mon père *la main* de sa fille, lequel père va la lui accorder avec empressement.

— Tu es heureuse, n'est-ce pas? dit Pulchérie à Marie en l'embrassant.

— Oui ; j'aime Ernest, mais nos amours n'ont pas été comme j'aurais voulu. Mes parents s'attendaient à ce mariage et le désiraient ; ils nous donnaient avec soin des occasions d'être ensemble, et ils nous aidaient de leur mieux à tromper leur vigilance : nous n'avons pas eu le plus petit obstacle à vaincre. Enfin je vais, à notre retour à Paris, épouser Ernest, et je n'aurai pas reçu une seule lettre d'amour ; je ne saurai pas ce que c'est qu'une de ces lettres dont nous avons si souvent parlé. Mais est-ce que le comte ne t'a rien dit?

— Des galanteries banales qu'on adresse à toutes les femmes.

— Ton roman sera plus intéressant que le mien. Tiens ! il paraît que nous ne sommes pas les premiers qui aient parlé d'amour sous cet arbre ; voici des chiffres tracés sur son écorce.

— Ce ne sont pas des chiffres d'amour, dit Pulchérie en riant et reconnaissant l'arbre.

— Quel est le nom qui peut commencer ainsi? dit Marie, car ce ne peut être un nom entier que P. O. B.

— Ce sont les premières lettres des trois noms : Pulchérie, Onésime, Bérénice. C'est Bérénice qui les a inscrits la veille de mon départ pour Saint-Denis. As-tu un canif, quelque chose qui coupe ?

— J'ai des ciseaux.

— Donne-les-moi.

Et Pulchérie enleva avec peine les trois lettres tracées sur l'arbre, et avec tant de peine, qu'elle se fit une coupure à un doigt qui saigna assez pour qu'elle dût l'envelopper de son mouchoir. La pauvre enfant sentait avec plaisir la petite douleur de la blessure. C'était pour l'homme qu'elle commençait à aimer qu'elle souffrait ; car les paroles qu'il lui avait dites et la désapprobation de la familiarité d'Onésime résonnaient toujours dans son cœur.

Elles entendirent du bruit en bas, et, quoique toutes deux désirassent rencontrer ceux qui les préoccupaient, elles voulaient, Pulchérie surtout, être rencontrées malgré elles. Elles se levèrent et reprirent en pressant le pas le sentier qui longe la petite rivière. Les pas qu'elles avaient entendus étaient, en effet, ceux du comte, qui les avaient vues de chez le meunier quand elles s'étaient arrêtées auprès du moulin, et qui, après quelques moments donnés à sa toilette, s'était mis en route pour les rencontrer *par hasard*.

Ernest était, comme le pensait Marie, allé faire une visite à M. de Fondois au château de Beuzeval. Le matin, avant de partir, il avait dit à M. de Morville :

— Aujourd'hui est le dernier jour de ma puissance et de votre esclavage. Vous êtes libre à minuit; vous pouvez partir si vous voulez à minuit, après avoir payé toutes mes dépenses jusqu'à ce moment. Je veux qu'elles soient soldées avec une grande libéralité.

— Je me suis occupé de votre bonheur, dont j'avais l'entreprise pendant une semaine, dit Morville; mais je vais maintenant m'occuper du mien, et, pour cela, je ne m'en vais pas.

— Je m'en doutais; sans cela, je ne vous aurais pas fait penser à votre départ. Vous êtes amoureux de mademoiselle Malais.

— Oui, elle est ravissante. Les parents sont bien un peu ridicules, mais ce ne sont qu'un oncle et une tante. Le père était officier. Pour l'oncle et la tante, nous ne les verrons pas, si ce n'est un peu l'été et chez eux.

— Leur nièce est leur héritière.

— C'est bien ainsi que je l'entends.

— Eh quoi ! serait-ce de la dot que vous seriez amoureux?

— Non pas seulement de la dot, mais elle a ses charmes aussi. Ma fortune est fort hypothéquée, et je n'aurais pu épouser Vénus elle-même sans dot. Il faut seulement que j'aie le consentement de mon père, auquel il est inutile de dire que le grand-père était marchand de bœufs.

Ce même matin, Onésime était allé trouver maître Épiphane pour prendre ses leçons, et lui avait dit :

— Comment ça va-t-il finir avec Pulchérie? Elle est belle, belle, que j'en perds la tête. Elle a l'air de bien m'aimer tout de même; mais enfin ce n'est pas une amitié comme en ont les filles avec les garçons quand ils doivent s'épouser.

Ils vont se promener en se tenant par la main, le dimanche soir, et puis les parents conviennent de la chose. Je ne vois jamais Pulchérie seule. Il y a au château tout plein de monde qui ne la quitte pas.

— Il faut lui écrire; tu trouveras bien moyen de lui donner ta lettre.

— Ah! ça, c'est pas difficile; mais je ne saurai jamais faire une lettre d'amour dans le bon style.

— Je te la ferai, et tu la recopieras.

— Ça me va.

Le clerc fit alors une lettre où Pulchérie était comparée à *Vénus*, où l'Amour était appelé *le petit dieu malin*. Onésime s'expliquait en langage *précieux* : *il aimait le mal dont il mourait; il ne voulait pas être guéri de sa blessure*. Pulchérie était *sa belle ennemie; il était destiné à mourir, car il mourrait nécessairement de douleur de ne pas la posséder ou de joie de la voir répondre à ses vœux*, etc.

Onésime ne reconnut là dedans aucun symptôme de ce que lui faisait éprouver son amour très-réel et très-violent; mais il pensa que c'était mieux ainsi que de dire des choses naturelles, et il recopia la lettre sur du papier réglé, avec la confiance qu'il avait mise à apprendre sa belle révérence.

Comme il finissait de la copier, madame Épiphane rentra, qui dit, sans autre intention que de parler, qu'elle venait de rencontrer les deux demoiselles du château, qui y remontaient en suivant la rivière. Onésime cacheta la lettre avec de la mie de pain, et s'élança du côté de la rivière de Beuzeval, à la poursuite de Marie et de Pulchérie.

Il déboucha d'un fourré d'arbres en franchissant une haie, et se trouva sur l'autre bord de la rivière, précisément en face du jeune comte, et en même temps que lui.

— Elles sont parties! pensa en voyant le gazon encore froissé Onésime, qui avait entendu leur voix.

Tous deux aperçurent au même instant le bouquet de myosotis que Pulchérie avait oublié sur le gazon : tous deux en même temps devinèrent, par un instinct mystérieux, que ce bouquet appartenait à Pulchérie.

— Hé ! l'ami, dit à Onésime Morville en lui désignant le bouquet, jetez-moi ce bouquet, qui est dans l'herbe.

Et, en même temps, par-dessus la rivière, il lança à Onésime une pièce de cinq francs. Onésime se précipita sur le bouquet, et, renvoyant la pièce de cinq francs par le même chemin :

— Merci, monsieur ; le bouquet vaut mieux que cela.

— Mieux que cinq francs ?... Qu'à cela ne tienne, l'ami, je vous en donnerai bien dix.

— Oh ! vous n'avez pas assez d'argent pour ce bouquet-là ; il ira en retrouver un autre plus ancien, bien fané, mais qui vaut encore mieux.

— Je n'ai pas le temps de plaisanter avec vous, dit Morville d'un air dédaigneux ; jetez-moi ce bouquet, et ne m'obligez pas à aller le chercher.

— Il y a un pont à dix pas d'ici, dit Onésime.

Le comte hésita un moment, puis se mit à la poursuite des deux jeunes filles. Onésime allait en faire autant de son côté, lorsque ses yeux tombèrent sur l'arbre et sur la blessure récente qu'il avait reçue.

— Je ne me trompe pas, dit-il, c'est bien le saule sur lequel Bérénice avait écrit nos trois noms. Est-ce que ce serait ce godelureau qui les aurait effacés ? Si je le croyais, c'est moi qui l'aurais bientôt rejoint ! Mais c'est impossible ; il arrivait en même temps que moi. Serait-ce donc Pulchérie ? Elle était là il n'y a qu'un instant... mais pourquoi ?... Ce serait de la haine... Pulchérie ne peut pas me haïr.

Il tomba assis sur le gazon. Certes, s'il avait pu écrire ce qui se passa pendant une heure dans son cœur et dans sa tête, il aurait fait une lettre bien plus touchante que la rapsodie que lui avait faite le clerc. Il aurait dit que Pulchérie était pour lui le monde entier, qu'il n'aimait plus qu'elle, et que personne ne l'aimait plus guère; que tout semblait comprendre autour de lui qu'il était tout entier à Pulchérie; son chien lui-même s'était tout doucement donné à Pacôme; il n'aimait même plus la mer.

Il était heureux quand il faisait mauvais temps, parce qu'il restait à terre, où était Pulchérie, quoiqu'il ne la vît pas. Quelques jours se passèrent; le pauvre Onésime ne faisait qu'entrevoir Pulchérie, et elle était toujours entourée.

Marie était revenue de la promenade sur la mer un peu indisposée; on ne parla pas d'en faire d'autres : d'ailleurs, Onésime était presque toujours à la mer, et l'on sait que le père Risque-Tout n'observait pas bien régulièrement le dimanche.

Pulchérie venait quelquefois à la maison voir Pélagie et Bérénice; mais le dédain qu'exprimait la physionomie de Morville, quand Onésime lui parlait un peu familièrement, faisait qu'elle choisissait pour ses visites les heures où Onésime était à la pêche.

Un jour, Bérénice parla de son frère. Ernest avait accompagné Marie et Pulchérie à Dive.

— Onésime, dit-elle, n'est plus ignorant comme à votre départ. Quand il a vu que vous alliez devenir savante, il a voulu devenir savant aussi, pour pouvoir deviser avec vous comme par le passé.

— Et qu'a donc appris M. Onésime, qu'il est devenu si savant? demanda Ernest.

— Mais, monsieur, il sait lire, écrire et compter; il connaît la musique et les armes. Pour ce qui est des armes, je ne m'y connais pas, et je ne puis vous en rien dire; mais, pour ce qui est du flageolet, les filles de Dive disent toutes qu'elles ont moitié plus de plaisir quand c'est lui qui fait danser.

— Ah! dit Marie, il devrait bien venir nous faire danser quelquefois à Beuzeval. Il faut toujours qu'une de nous deux joue du piano, et, comme nous ne sommes que quatre couples, encore quand les parents veulent bien figurer pour nous compléter, il n'y a pas moyen, nous sommes obligés de faire une figure en double. Puis on ne peut pas transporter toujours le piano dans le parc. Ma petite Bérénice, venez avec lui dimanche.

Bérénice regarda Pulchérie, qui semblait indécise, mais qui finit par lui dire :

— Oui, venez tous les deux vous goûterez avec nous.

XIV

Bérénice ne voyait pas avec grand plaisir cette partie projetée, et elle n'en avait encore rien dit à Onésime; le surlendemain, lorsque les deux jeunes filles revinrent pour savoir la réponse du pêcheur, Onésime accepta avec empressement, et, le dimanche, vêtu comme nous l'avons déjà vu, il conduisit Bérénice au château. Les deux jeunes gens continuaient à se moquer de lui, quoique avec plus de modération ; leur savoir-vivre leur apprenait qu'Onésime était comme eux, en ce moment, l'hôte de M. Malais, et qu'ils devaient à M. Malais de traiter son hôte avec quelques égards.

On se rendit sous un dôme de hauts marronniers qui entrelaçaient leurs branches et formaient une tente verte. M. et madame de Fondois n'étaient pas très-fâchés de voir simplifier un peu les rôles de comparses et d'utilités qu'on leur faisait jouer dans les contredanses; quant à madame Dorothée

Malais, vêtue successivement de toutes les belles robes à la mode de Paris, comme on sait, elle était enchantée de danser.

On se mit en place pour la contredanse ; le comte prit la main de madame Dorothée Malais, Ernest s'empara de sa cousine, M. Malais fit danser Pulchérie, et M. de Fondois prit Bérénice, qui, sans lui, aurait couru grand risque d'être oubliée, quoique en réalité ce fût une jeune fille jolie et bien faite, et habillée avec tout le goût que pouvait comporter la simplicité de ses vêtements.

Onésime joua la seule contredanse que maître Épiphane lui eût apprise ; après quoi, il demanda qu'on lui mît un pot de cidre à côté de lui, ce qui fut exécuté. On ne tarda pas à se mettre en place pour une autre contredanse. Le comte, qui croyait en avoir acheté le droit en dansant avec madame Dorothée Malais, prit cette fois Pulchérie. Onésime joua encore les mêmes airs, puis les mêmes à une troisième et à une quatrième contredanse.

— Vous n'en savez donc pas d'autres? demanda Marie.

— Non, mademoiselle ; il n'y a pas longtemps que j'apprends, et puis on aime beaucoup ces airs-là à Dive, et, quand on joue des airs *à qui* on n'est pas accoutumé, on ne danse pas si bien.

Ernest, qui avait eu avec M. de Fondois la conversation dont le résultat avait été prévu par Marie, et qui avait été, la veille même, déclaré son fiancé, alla parler bas à madame de Fondois, qui eut l'air de refuser ; mais M. de Fondois appuya la demande d'Ernest, et il fut décidé que Marie pouvait faire un tour de valse avec son fiancé.

La chose convenue, on pria Onésime de jouer une valse, et grand fut le désappointement quand il dit qu'il n'en savait pas ; on essaya de valser sur les airs de contredanse, mais il fallut y renoncer.

Marie dit à Pulchérie :

8.

— Il faudra que nous lui apprenions au moins une valse... Monsieur Onésime, ajouta-t-elle, Pulchérie et moi, nous vous apprendrons une valse; vous viendrez aux heures où vous n'êtes pas à la mer, et, à force de vous jouer une valse au piano, nous vous la mettrons dans la tête, et vous pourrez nous faire valser avec votre flageolet; maman valse très-bien.

— Je te remercie bien de ta sollicitude, petite sournoise, dit madame de Fondois, mais je ne valse plus.

— Il y a Pulchérie qui valse à ravir.

— C'est déjà beaucoup, dit à demi-voix madame de Fondois à sa fille, que nous te laissions valser avec ton futur mari; mais avec qui et à quel titre valserait mademoiselle Malais?

— Ah! maman, c'est bien arriéré, ces idées-là; on laisse faire à Pulchérie ce qu'elle veut; on a confiance dans sa modestie et sa retenue, et on ne croit pas qu'elle sera perdue pour danser en tournant, au lieu de danser en allant à droite et à gauche.

On dansa encore deux ou trois fois la contredanse d'Onésime, puis on fit une collation et on se disposa à se séparer; il fut convenu que, dès le surlendemain, Onésime viendrait prendre sa leçon avec les deux jeunes filles. Ernest proposa de reconduire Bérénice et son frère; la lune se levait, on verrait la mer argentée par la lune.

Madame Malais et madame de Fondois dirent qu'elles étaient fatiguées. M. de Fondois et M. Malais se mirent de la partie; sans quoi on n'aurait pu la faire convenablement. M. de Fondois, en homme bien élevé, pensa que Bérénice, ayant été admise dans leur société, devait être traitée comme les autres femmes, et lui offrit son bras.

Onésime prit celui de Pulchérie au moment où le comte s'avançait; mais il ne put lui parler que de choses indifférentes, parce que le comte marchait obstinément à côté de

Pulchérie. Marie et Ernest étaient toujours en avant ou en arrière. M. Malais fit route à côté de M. de Fondois.

Quand on fut au bord de la mer, Bérénice rappela à son frère qu'il devait se mettre en route pendant la nuit, et qu'il fallait qu'il dormît au moins quelques heures. Les deux jeunes gens s'amusèrent à presser Onésime de s'aller coucher.

Pulchérie elle-même lui dit :

— Il faut vous reposer, Onésime ; vous n'oublierez pas que nous vous attendons après-demain pour votre leçon.

Dans le peu de chemin que le frère et la sœur firent après avoir quitté les habitants du château, Onésime se montra si heureux de se voir admis au château, de ne plus être étranger aux habitudes et aux plaisirs de Pulchérie, que Bérénice n'eut pas le courage de le désabuser et de lui dire ce qu'elle pensait de leurs nouvelles relations avec elle.

Pendant ce temps, Pulchérie avait accepté le bras du comte de Morville. Elle n'était pas sans inquiétude de ce qu'il allait sans doute lui dire sur les familiarités d'Onésime ; mais il eut le bon goût de n'en pas parler, et elle lui en sut gré.

La lune éclairait doucement le calme immense de la mer. Ils restèrent quelque temps à la contempler, puis les grands parents donnèrent le signal du retour. On se mit en devoir de gravir la côte qui va de Dive à Beuzeval.

On se retourna plusieurs fois pour revoir la mer, puis on marcha dans des *cavées,* chemins creux de six à huit pieds entre des haies et des arbres, au pied desquels fleurissent tant de fleurs sauvages et bourdonnent tant d'insectes éclatants. Ernest et Marie marchaient fort en avant, Pulchérie et Morville fort en arrière.

M. de Fondois et M. Malais causaient de choses et d'autres. Morville fit à Pulchérie une déclaration d'amour qui n'était pas moins ampoulée et ne valait pas beaucoup mieux que celle que le clerc avait rédigée pour Onésime ; mais le langage de l'amour a une si douce musique, que l'on se préoccupe peu des paroles.

Pulchérie voulut d'abord presser le pas et rejoindre M. Malais; Morville pria et pressa tant, qu'on consentit à rester à la distance où on était, à la condition qu'on causerait d'autre chose. La convention faite, celle qui l'avait imposée ne fit rien pour empêcher d'y manquer. Elle permit que Morville lui parlât encore de son amour.

Le lendemain, il se fit, au clair de la lune, une nouvelle promenade, dans laquelle Morville fit de nouvelles variations sur le même thème. Pulchérie se rejeta sur l'obéissance qu'elle devait à ses parents, et refusa la moindre réponse, si elle ne lui était dictée par eux.

— Je ne puis encore parler à vos parents, répondit Morville, d'abord parce que ce n'est pas de leur volonté, mais de la vôtre, que je veux tenir tout mon bonheur ; ensuite il faut que j'aille, pour la forme, demander une sorte de consentement à mon père. Je ne pourrais me permettre une démarche officielle sans l'en avoir prévenu. Au nom du ciel, mademoiselle, laissez-moi lire dans votre cœur que ce n'est pas mon bonheur seul que je cherche dans l'union que je brûle de contracter, etc.

Et autres phrases creuses; et ainsi de suite pendant le temps nécessaire pour que Pulchérie crût, à ses propres yeux, avoir opposé une résistance suffisante.

Ils se rapprochèrent du reste de la société, et la jeune fille, qui tremblait fort et pouvait à peine parler quand elle était seule avec lui, fut plus hardie devant du monde, et, prenant le moment où elle pouvait encore n'être entendue que de lui, mais où la réponse qu'il lui ferait serait faite pour tout le monde, elle dit :

— Partez et revenez vite.

Le lendemain matin, Morville annonça qu'il était obligé

de s'absenter pour une douzaine de jours. Le soir, Pulchérie, retirée de bonne heure dans sa chambre, eut avec Morville, qui s'était glissé au bas de sa fenêtre, une conversation qui ne parut longue ni à l'un ni à l'autre.

Onésime, quand il arriva avec son flageolet pour apprendre la valse convenue, fut, sans trop bien savoir pourquoi, enchanté d'apprendre le départ du comte, d'autant qu'il trouva Pulchérie sereine et gaie. Marie et Ernest étaient d'une médiocre société pour les autres.

Pulchérie fit prier Bérénice de venir un peu la voir ; elle n'était plus gênée par la crainte de ce que penserait Morville de sa façon d'être avec ses anciens amis, et, d'ailleurs, elle était si heureuse ! elle trouvait tout bien et tout le monde charmant, ce qui était aux yeux d'Onésime une preuve qu'elle ne pensait pas au comte.

Pauvre Onésime ! Bérénice elle-même était ravie de voir Pulchérie redevenue pour eux à peu près ce qu'elle était dans leur enfance. Elle se moquait bien d'Onésime et de ses maladresses pendant les leçons ; mais c'était avec tant de gaieté et de bonté ! elle s'était si bien chargée toute seule de lui apprendre une certaine valse allemande ! elle y mettait tant de patience !

Onésime avait son costume de pêcheur, avec lequel il était un fort beau jeune homme, et ne portait ses ridicules habits que le dimanche. Bérénice, en voyant Pulchérie si bienveillante, en faisant le compte des bonnes qualités d'Onésime, en le voyant jeune, robuste et beau, en songeant à leur enfance, cessa de considérer les espérances d'Onésime comme un rêve absurde.

Quand Onésime sut la valse allemande, Ernest demanda à valser avec Marie ; mais Pulchérie prétendit qu'Onésime ne la savait pas assez bien encore, et elle lui en apprit une autre, sur laquelle seulement valsèrent Marie et son cousin,

Pulchérie répondant toujours qu'il fallait encore étudier l'autre, même à Onésime, qui prétendait le savoir.

Souvent elle s'enfermait des heures entières dans sa chambre, où elle chantait avec une expression nouvelle toutes ces romances qu'elle comprenait maintenant et qu'elle chantait si mal autrefois. Son jour de naissance approchait. M. Malais se proposait de faire une petite fête.

— Que penserait-on, si nous ne faisions pas une fête pour la naissance de Pulchérie?

On disait parfois : « Pourvu que le comte de Morville soit revenu pour ce jour-là ! » Pulchérie seule ne disait rien.

Onésime avait communiqué à Bérénice la lettre que le clerc lui avait faite pour *l'objet de sa flamme*. Bérénice l'avait trouvée très-mauvaise. Elle avait conseillé à son frère d'en faire une lui-même sans toutes ces grandes phrases. Onésime avait hésité longtemps, puis s'était décidé. Depuis quelques jours, il portait la nouvelle lettre dans sa poche. L'eau de mer la rendit illisible ; il en refit une autre.

Le jour de la fête était arrivée. Onésime apporta dès le matin un beau bouquet à Pulchérie et s'en retourna. Il devait y avoir le soir danse sous les marronniers, souper et feu d'artifice. Bérénice et son frère arrivèrent au château de bonne heure, on n'avait pas encore fini de dîner ; ils se promenèrent dans le jardin. Pulchérie ne tarda pas à appeler Bérénice pour l'aider dans quelques préparatifs.

Onésime, resté seul et se trouvant sous la fenêtre de Pulchérie, songea à sa lettre. Jusque-là, ou il n'osait pas la lui remettre, ou il se trouvait quelqu'un avec eux. Il jugea le moment favorable. Il grimpa après un treillage et sauta dans la chambre. Là, il plaça sa lettre dans un livre, sur une table, près du lit.

Quelle douce et religieuse émotion il sentit quand il se trouva seul dans cette petite chambre ! Il vit un foulard qui avait, la nuit, enveloppé la tête de Pulchérie ; il le couvrit de baisers et s'enivra de l'odeur qu'y avaient laissée ses cheveux ; puis il se jeta à genoux et adressa à Dieu une fervente prière.

Il allait sortir par où il était entré ; il était déjà sur la fenêtre, lorsqu'il entendit du bruit. Il se rejeta précipitamment en dedans de la chambre ; ce mouvement brusque fit tomber une tête de Socrate en plâtre qui *décorait* la cheminée. La tête creuse se brisa, et au milieu des morceaux de plâtre roulèrent cinq ou six lettres avec des bouquets flétris qui y avaient été cachés.

Onésime voulut ramasser le tout ; mais le nom de *Pulchérie* plusieurs fois écrit sur une des lettres le frappa tellement, que, sans se demander s'il avait le droit de lire des lettres adressées à Pulchérie, il n'écouta que la passion, mit les lettres dans sa poche, sauta lestement par la fenêtre, et s'enfuit dans le parc.

Comme il venait de déplier une des lettres et d'y voir encore les mots de *chère Pulchérie*, qui mettaient un nuage sur ses yeux, il s'entendit appeler par Bérénice et par Pulchérie. Il alla fort ému du côté d'où partaient les voix. On était rassemblé sous les marronniers. Pulchérie avait une toilette qui lui seyait à ravir : une couronne de reines-marguerites sur le front, et à la main un très-beau bouquet.

Onésime regarda si c'était le sien qu'elle avait reçu le matin avec tant de bienveillance ; mais ce bouquet était composé de fleurs étrangères au pays, et que, pour la plupart, il ne connaissait pas. Il ne tarda pas à deviner de qui venait le bouquet, lorsqu'il aperçut le comte de Morville, qui était arrivé pour le dîner, prévenu de ce qui se passait, dit-il, par un mot d'Ernest, et apportant un bouquet de Paris.

Pulchérie était rayonnante de beauté et de bonheur. On pria Onésime de jouer une contredanse ; la contredanse était à peine finie, que Pulchérie, s'approchant du pêcheur, lui dit :

— A présent, Onésime, une valse, la petite valse allemande que vous jouez si bien.

Puis, avec un doux sourire, elle dit quelques mots à Urbain, qui sembla la remercier avec ravissement. Deux couples seulement valsaient, Marie et Ernest, Pulchérie et Urbain.

Le comte pressait de son bras la taille souple de la jeune fille, qui s'appuyait sur lui avec abandon. Les regards de Morville la contemplaient avec ivresse.

Elle relevait parfois les yeux sur ceux du comte, et les deux regards se confondaient. Onésime était pâle et tremblant. Tout à coup il s'arrêta.

— Eh bien, dit Morville, continuez donc !
— Non, dit-il, c'est fini, je suis fatigué.
— Ah ! quel ennui ! dit Marie, cela allait si bien !
— M. Onésime va reprendre, dit le comte.
— Non, je suis fatigué... Je ne jouerai plus.
— Vous êtes fatigué, dit le comte, c'est facile à dire ; mais on vous paye, et...
— Je voudrais qu'on me payât pour vous jeter l'argent au visage.
— Comment, drôle !
— Les drôles... Il y a un drôle ici, et sa tête sort de votre cravate, entendez-vous ?

Bérénice vint prendre son frère par le bras et l'entraîna à quelques pas. M. Malais s'écria :

— Quel scandale ! De quoi cela a-t-il l'air ? Que dira-t-on de nous ?

Madame de Fondois dit qu'il faisait un peu froid et qu'on ferait bien de rentrer dans le salon. Elle prit le bras du comte, et tout le monde suivit son exemple. Le frère et la sœur restèrent seuls au jardin. Bérénice essayait d'entraîner doucement son frère.

Ils sortirent du parc. Onésime était frappé de stupeur ; mais bientôt ce fut lui qui, à son tour, entraîna Bérénice. Il venait de se rappeler les lettres qu'il avait trouvées. Il s'enferma dans sa chambre et les dévora. Tantôt il restait la tête dans les deux mains ; puis il se levait en sursaut, comme s'il sortait d'un sommeil fatigant et d'un songe pénible.

— Mais non, disait-il, c'est bien vrai, c'est bien à elle que s'adressent ces lettres si tendres et qui paraissent répondre à des lettres d'une tendresse pareille :

« Que je vous remercie, chère Pulchérie, de votre exactitude à me répondre ! Oui, vous avez raison, vous pouvez me laisser lire dans votre cœur ces sentiments qui me rendent si fier et si heureux ; vous le pouvez sans manquer à votre précieuse innocence. Nos serments ne nous ont-ils pas déjà liés devant Dieu ? »

» Et cette autre :

« Mille grâces, mille grâces encore, mon ange adoré, de n'avoir pas voulu valser même avec Ernest, de ne pas vouloir qu'on valse sur ce petit air allemand que nous aimons tous les deux et de le conserver pour nous deux. Combien je suis reconnaissant de toutes les peines que vous prenez pour enseigner *notre* air favori à ce butor que vous prétendez n'être qu'un sauvage ! Vous avez beau faire, il nous le gâtera toujours. »

Onésime froissa les lettres avec fureur, puis il sortit sans bruit par la fenêtre de sa chambre.

On ne le revit ni le lendemain ni les jours suivants. Ce fut un grand chagrin dans la maison des pêcheurs. Quelquefois on pensait qu'il s'était donné la mort ; mais on se disait qu'il avait des sentiments trop religieux pour cela. Celui qui parlait ainsi espérait rassurer les autres, mais n'était guère rassuré lui-même.

Éloi Alain, le meunier, qui l'avait pris en grande affection depuis l'incendie de son moulin, ne le regrettait pas moins que les autres, et disait : « Si c'est faute d'argent qu'il s'est désespéré, je lui en aurais donné ; » ce qu'on n'avait jamais entendu dire, ni rien d'équivalent, à Éloi Alain.

Cependant, deux mois après, on reçut à Dive une petite somme d'argent de la part d'Onésime, puis on n'entendit plus parler de lui. On pensa qu'il s'était embarqué pour la grande pêche, et qu'en partant il envoyait une partie de ses *avances* à sa famille.

Les *avances* sont une somme d'argent que l'on donne au marin qui va s'embarquer pour la pêche de la baleine. Cette somme, spécialement destinée à l'équiper de vêtements et d'effets indispensables pour des voyages longs et pénibles, est presque toujours mangée et bue avant le départ, et le pêcheur arrive à bord la *pouche* vide.

Il s'est, en réalité, acheté d'abord des vêtements avec une partie de son argent ; mais, après avoir dépensé le reste, il a revendu les vêtements à peu près la sixième partie de leur valeur. On part. Au bout de quelques jours de houle, il est mouillé, il a froid. Il s'adresse au capitaine, qui, le cas étant prévu, a toujours à bord des hardes qu'il lui vend ce qu'il lui plaît de les lui vendre.

Comme on ne peut s'en passer, et comme le prix ne sera payé que sur le résultat de la pêche au retour, le marin ne s'en préoccupe pas autrement et prend à peine le soin de s'informer de ce prix.

Ainsi il a acheté d'abord une chemise de laine rouge : il l'a payée douze francs, il l'a revendue une quarantaine de sous à un cabaretier ; à bord, on lui revend une chemise pareille seize francs ; de sorte que cette chemise de douze francs a été payé vingt-six francs. Il n'y a que les pauvres qui payent tout si cher. Il n'y a pas beaucoup de riches qui auraient le moyen d'être pauvres.

Quoique Bérénice, par moments, comprit bien qu'Onésime n'aurait pu épouser Pulchérie, non pas seulement parce que Pulchérie était riche, mais à cause surtout de leur différence d'éducation et d'habitudes, et qu'elle n'eût pas de ressentiment contre mademoiselle Malais de la disparition de son frère, elle évitait de la rencontrer et ne retournait plus au château.

C'était néanmoins pour l'amour d'elle qu'Onésime s'était désespéré et avait emporté toute la vie et toute la joie de la maison, et elle ne la voyait qu'avec peine. On ne tarda pas à apprendre dans le pays que le mariage de Pulchérie avec le comte était décidé, et qu'il se ferait au printemps prochain.

M. et madame de Fondois partirent avec leur fille, dont le mariage devait se faire l'hiver. Les Malais résolurent de passer une partie de l'hiver à Paris, et ils quittèrent Beuzeval au mois de novembre.

XV

Au mois de mai, les Malais revinrent avec les de Fondois. Marie n'avait pas changé de nom, mais elle s'appelait madame. Madame Dorothée Malais était triste et changée. Le comte de Morville avait confié le soin des arrangements du mariage à son frère aîné, qui avait été d'une exigence révoltante, et qui avait fait valoir sans ménagements le prix d'une alliance comme la leur avec une famille de marchands de bœufs.

Le contrat dépouillait entièrement les Malais ; on ne leur laissait que le château et une pension sur le reste : c'était à peine huit mille livres de revenu. Madame Malais, irritée à la fois de ces exigences et de la hauteur du père, pressa à plusieurs reprises son mari de tout rompre ; mais M. Malais était si fier de cette alliance, qui ne servait qu'à l'abreuver d'humiliations, qu'il tint bon jusqu'au bout.

D'ailleurs, un mariage si avancé ne pouvait se rompre sans faire beaucoup de tort à Pulchérie; et elle paraissait si heureuse, elle les câlinait si bien, elle les remerciait par tant de caresses, que le contrat fut signé avant de quitter Paris.

Le retour à Beuzeval acheva de désoler Dorothée; elle revoyait tout ce qui n'était plus à eux.

— Nous ne sommes plus chez nous, dit-elle en rentrant au château de Beuzeval.

Elle refusait de donner des ordres aux domestiques. Quand son mari disait : « Ma ferme, ma maison, » ou : « Mon jardin, » elle le reprenait en lui disant :

— Rien de cela n'est plus à toi.

M. Ernest de Fondois et sa femme demeurèrent naturellement au château; mais, quand le comte arriva, il retourna chez le meunier, son ancien hôte. Il avait appris dans le pays qu'Éloi *faisait la banque*, et il avait besoin de lui. En effet, la famille du comte, qui n'était pas fort riche, avait plusieurs fois déjà payé d'énormes dettes de jeu et ne pouvait ni ne voulait plus lui ouvrir sa bourse.

Cependant elle lui avait prêté la somme nécessaire à l'achat de la corbeille et aux autres dépenses indispensables. Malheureusement, dans un dîner de garçons qui avait duré toute la nuit, la veille du départ du comte pour Beuzeval, il avait joué et perdu toute la somme, et au delà. Il avait payé et se trouvait sans un sou. Emprunter à Paris n'était pas chose facile.

Il avisa que le meunier, qui connaissait la fortune des Malais, et qui ne le connaissait lui-même que par son titre et l'opulence qui l'entourait, lui prêterait volontiers de l'argent sur la dot. Il lui montra une copie du contrat.

Éloi fut si heureux de voir les Malais dépouillés, qu'il prêta volontiers la somme nécessaire pour terminer la chose, non sans avoir pris parfaitement ses mesures et un intérêt exorbitant. On a quelquefois parlé de l'usurier des villes ; il aurait peur de l'usurier de la campagne.

L'usurier des villes prend toujours tant pour cent ; il compte, on compte avec lui : il faut qu'il adopte une espèce de règle. L'usurier des pauvres et des paysans ne prête pas à tant pour cent, il n'entre pas dans ces mesquins détails.

— Tu veux cent francs, tu m'en donneras deux cents ; si ça ne te va pas, va-t'en et n'en parlons plus.

Le comte fit si magnifiquement les choses, que Marie de Fondois en fut un peu humiliée. Ses châles, ses dentelles et ses diamants étaient bien inférieurs à ceux que recevait Pulchérie. Elle fut de mauvaise humeur pendant quelques jours, et s'efforça de trouver quelques ridicules au comte.

Madame Dorothée ayant laissé devant elle échapper quelques plaintes sur les exigences de la famille, elle trouva que c'était une folie de les avoir subies, parla du désintéressement de son cousin, et affirma que, s'il s'était ainsi conduit envers ses parents, elle ne l'aurait pas accepté.

— Il faut donc bien de l'argent à ce monsieur, dit-elle, pour qu'il consente à posséder une fille aussi ravissante de tous points que Pulchérie? Certes, Pulchérie n'avait guère d'orgueil et ne s'estimait pas à sa valeur. Je ne suis ni aussi jolie ni aussi charmante qu'elle, mais je me serais cependant mise à plus haut prix.

Madame Malais fit encore quelques tentatives auprès de son mari ; mais tout fut inutile, et la pauvre femme voyait tout le monde heureux de ce qui la mettait au désespoir. Il y eut de grandes difficultés quand il fut question des invitations. Pulchérie alla inviter elle-même Pélagie, Tranquille et Bérénice.

Elle craignait que cela ne déplût à Urbain ; au contraire,

il l'en loua, parce qu'il avait promis au meunier de l'engager à sa noce, et il passerait facilement dans le nombre.

Cependant M. Malais fut contrarié de voir son nom sur la liste et dit :

— Je n'aime pas cet homme-là ; il est envieux et insolent. D'ailleurs, il a une mauvaise réputation dans le pays ; il prête à usure, et que dirait-on ?

— A usure ! lui dit le comte ; mais c'est une extravagance. Le pauvre diable aurait plus besoin d'emprunter que de prêter. Il faut voir avec quelle impatience il attend les quelques louis que j'ai à lui donner toutes les semaines.

— Ce n'est pas ce qu'on dit, reprit M. Malais.

— Je regrette bien, mon cher Malais, que vous ne m'ayez pas prévenu de votre répulsion pour ce pauvre diable. Je suis si heureux, ajouta-t-il en baisant la main de Pulchérie, que je voudrais faire partager ma joie à tout le monde, et voir tout le monde heureux autour de moi. J'ai invité le meunier, et vous êtes bien heureux, dit-il en riant, que je n'aie pas invité pis. J'aurais invité tous mes ennemis et tous les vôtres, si vous en avez toutefois, sans y faire attention. J'aime tout le monde maintenant, et je trouve qu'il n'y a pas assez de gens à aimer.

Le meunier fut maintenu sur la liste. Le soir, M. Malais dit à sa femme :

— Enfin, voilà le grand jour qui approche. Je suis seulement fâché de l'invitation du meunier. Je n'aime pas à voir cet homme-là chez moi.

— Il faut se soumettre à son sort, dit ironiquement Dorothée ; et, d'ailleurs, si c'est de voir Éloi Alain chez toi qui te chagrine, tu peux te consoler tout de suite, car il lui serait bien difficile de venir chez toi. Il faudrait pour cela que tu eusses un *chez toi*, et tu sais bien que tu n'en as plus. On nous permet de vivre ici, mais nous n'y sommes plus rien.

Tu n'as pas demandé à *ton gendre* s'il faudra que je donne la place d'honneur au meunier, à ma droite ; il faudra le lui demander demain.

— Allons, tais-toi, Dorothée ; tu veux absolument troubler mon bonheur.

— Il est joli, ton bonheur ! J'aimerais mieux pour Pulchérie un mari qui serait très-honoré de la prendre et d'entrer dans notre famille, au lieu d'un beau monsieur qui croit nous faire bien de l'honneur et nous fait payer cet honneur de toute notre fortune. Je t'assure qu'il n'épouserait pas Pulchérie s'il nous avait trouvés dans la situation où il nous met.

— Tâche donc de ne pas tout exagérer. Est-ce que nous dépensions jamais ce que nous allons avoir à dépenser ? Maintenant, au contraire, Pulchérie mariée, nous dépenserons tranquillement notre argent, et nous ne nous refuserons plus rien. Qu'est-ce que nous aurons de moins ? Ce que nous ne dépensions pas. Efforce-toi de ne pas prendre des airs tristes et lamentables. Qu'est-ce qu'on penserait de toi ?

— On ne pensera rien de pire que ce qui est, et surtout rien qui nous fasse autant de tort dans l'estime des gens.

— Notre nièce s'appellera demain madame la comtesse de Morville. Est-ce si déshonorant ?

— Oui ; mais le prix que nous y mettons montre assez combien cette alliance est au-dessus de nous. Cela ne sert qu'à nous humilier ; et puis, ce qui nous fera mépriser de tout le monde, c'est de ne plus être riches. Ta nièce sera comtesse !... Tu pourras bien appeler le comte ton neveu tant que tu voudras, il t'appellera M. Malais ou Malais tout court, comme il fait déjà, tandis que tu l'appelles *M. le comte* gros comme le bras.

— Ça n'empêche pas que le frère aîné arrive demain, et

que ça fera un fameux effet de voir un pair de France à la noce de Pulchérie !

— On va mettre la maison sens dessus dessous pour celui-là, et je suis sûr qu'il haussera les épaules.

— Il faudra lui donner notre chambre, Dorothée.

— Comment! notre chambre ?

— Il ne reste que deux jours et ne couche que deux fois ici ; nous nous gênerons un peu pour deux jours. Pense à ce qu'on dirait si un pareil personnage n'était pas logé convenablement chez nous?

— Après ça... je n'ai rien à dire... Quand on est chez les autres... nous devons nous trouver encore bien heureux qu'ils veuillent nous garder ici.

Quand Pulchérie était allée *prier* Bérénice, celle-ci avait accepté, mais après un moment de silence, comme si elle eût cherché un prétexte pour refuser, et n'accepta que faute de le trouver.

— Qu'as-tu, Bérénice? dit-elle. Tu reçois bien froidement la nouvelle d'un mariage qui me rend heureuse.

— Ah! dit Bérénice, c'est que je pense en même temps au malheur de mon pauvre Onésime. Je sais bien que vous n'étiez pas pour lui ; mais enfin il s'était trop rappelé nos projets d'enfants.

— Eh quoi! Bérénice, Onésime songeait-il réellement?...

— Je vous dis encore que vous n'étiez pas pour Onésime ; je le lui disais souvent, parce que je voyais bien que cela finirait mal. Vous êtes riche, élevée dans le monde : c'était une folie d'y penser ; mais Onésime ne voyait que la petite Pulchérie, pauvre à peu près comme nous, Pulchérie courant avec nous nu-pieds sur la plage, Pulchérie mangeant avec nous notre pain noir et le trouvant bien bon. Certes, si les choses étaient restées comme cela, c'est-à-dire si le fils Malais n'était pas mort, il n'y aurait rien eu d'étonnant à ce que Pulchérie devînt un jour madame Alain. Eh bien, Onésime vous voyait toujours comme cela. Aussi, quand il a été sûr que vous alliez en épouser un autre, le désespoir l'a pris et il s'en est allé. Il nous faut encore bien remercier Dieu de ce qu'il ne s'est pas tué ; au commencement, je le croyais.

— Je ne voulais pas le croire, malgré cette lettre trouvée dans ma chambre, cette tête de Socrate brisée, et ces autres lettres enlevées...

— Je n'en sais rien ; mais, le jour qu'il avait si bien envie d'étrangler le comte, il était comme un fou, et c'est cette nuit-là qu'il est parti.

— Ce pauvre Onésime ! Je suis bien fâchée d'avoir été pour lui une cause de chagrin... Cependant je l'ai toujours bien accueilli, avec l'amitié que je n'ai pas cessé et que je ne cesserai jamais d'avoir pour vous deux et pour le père Alain et la mère Pélagie.

— C'est justement cet air d'amitié qui a achevé de le tromper. Cependant, Pulchérie, je ne peux pas vous en vouloir ; ça n'est pas votre faute ; vous ne pouviez pas plus aimer Onésime que vous ne pourriez aujourd'hui manger notre pain noir et courir pieds nus sur les galets. Ça n'est pas votre faute ; j'irai à votre noce, je prierai Dieu pour votre bonheur : Onésime en ferait autant s'il était ici. Si vous ne me voyez pas bien gaie par moments, vous ne m'en voudrez pas. Ayez soin seulement que vos beaux messieurs soient plus polis pour moi qu'ils ne l'étaient avec Onésime.

— Oh ! il n'y a pas de danger... Cet amour que je ne devinais pas, je pense que le comte de Morville s'en était aperçu, et qu'il y avait un peu de jalousie dans sa manière d'être avec Onésime. Je te promets, pendant la messe de mon mariage, de prier pour lui dans la vie de dangers qu'il court sur la mer.

Les deux jeunes filles tombèrent dans les bras l'une de l'autre et s'embrassèrent tendrement.

— Je veux, Bérénice, que tu sois ma demoiselle d'honneur.

— Ne me le demandez pas, Pulchérie; ne me demandez pas d'être pour autre chose dans ce mariage que par mes vœux pour votre bonheur.

Le jour du mariage arriva; il était quelque peu embarrassant de réunir à la même table le meunier et le pair de France. Bérénice était jeune, jolie, et, d'ailleurs, avait un tact délicat et une timidité qui la sauvaient facilement; le meunier, au contraire, était un paysan envieux et haineux, rusé et adroit, qui, avec un faux air de naïveté, savait dire tout ce qu'il pensait devoir être désagréable aux gens.

A la messe de mariage, le frère du comte fit la petite et imperceptible impertinence d'offrir la main à Bérénice, voulant montrer, par cette excessive politesse envers une fille de campagne, que, du point où il était placé, tous ces gens-là, Malais et Alain, seigneurs et meuniers, riches et pauvres, pouvaient bien avoir entre eux et pour eux-mêmes quelque différence, mais que, pour lui, ils étaient confondus dans une commune et profonde obscurité, ainsi que, du haut d'une montagne, le chêne altier et l'aubépine fleurie paraissent avoir la même hauteur.

Il faisait grand vent ce jour-là; la mer était grosse, les pêcheurs n'avaient pu sortir; de temps à autre, de violentes rafales faisaient trembler les vitraux de l'église. Il vint un coup de vent si furieux, que l'église elle-même en oscilla. Le célébrant s'arrêta. Bérénice, dont les yeux se rencontrèrent avec ceux de la mariée, lui montra d'un regard le côté de la mer, pour lui rappeler qu'elle avait promis de prier pour celui qui, en ce moment sans doute, était au milieu du danger, et peut-être périssait en prononçant le nom de Pulchérie.

La jeune mariée fit signe qu'elle avait compris, et toutes deux prièrent en même temps. Un des anges qui cueillent sur les lèvres des mortels les bonnes prières, et qui les portent au pied du trône de Dieu comme un bouquet éclos des cœurs, n'eut garde d'oublier celle-ci.

A ce moment même, dans une autre partie du monde, les vagues furieuses assiégeaient le navire que montait Onésime. Une lame balayait le pont et emportait trois hommes sur arrière du bâtiment. Deux étaient engloutis et ne reparurent jamais; Onésime, qui était le troisième, était arrêté par des cordages et restait sur le navire.

Au dîner, on commença par parler du temps.

—Voilà un vent à décorner les bœufs, sauf votre respect, monsieur Malais, dit le meunier, et vous savez s'ils ont les cornes solidement amarrées sur la tête. Vous rappelez-vous qu'étant enfant, dans un des pâturages de Malais de Dive, votre père, vous avez été envoyé par-dessus une barrière par un grand bœuf blanc, qui fut choisi à Paris pour le bœuf gras de cette année? C'est un honneur que votre père eut quatre années de suite, monsieur Malais, et il en était fier; aussi eut-il grand chagrin quand, la cinquième année, il fut *dégoté* par un gros bœuf roux élevé par Cornet de Caen, et qui était une bête monstrueuse. La sixième année, il prit sa revanche, mais ce fut son dernier triomphe. Il ne tarda pas à mourir pour avoir voulu recommencer, à cinquante-huit ans, son fameux voyage du Poitou, qu'il avait fait étant plus jeune : quatre-vingt-quatre lieues sans débrider! mais il n'était plus jeune, et son bidet non plus, le plus fameux bidet de toute la Normandie. Le bidet creva en route, et Malais ne lui survécut que de quelques mois. C'était tout de même un fameux homme, et le bidet était un fameux bidet.

On voulut en vain couper la parole au meunier; il alla jusqu'au bout sans se soucier des interruptions. Puis il attendit une autre occasion pour recommencer les attaques, comme un chasseur à l'affût. On parla du château ; le frère aîné du marié fit remarquer qu'avec un étage de plus, on aurait une magnifique vue de la mer. Dorothée répondit avec un peu d'aigreur que les maîtres du château pouvaient bien faire ce qu'ils voudraient, que cela ne la regardait plus.

— La mariée est tout de même bien belle, dit le meunier, quand il crut le moment favorable ; qui est-ce qui aurait dit que nous l'appellerions un jour madame la comtesse, quand nous la voyions mêlée avec les enfants de ma cousine Pélagie, Bérénice, qui est là au bout de la table, et qui est aussi un assez beau brin de fille, et Onésime, un beau et brave jeune homme, qui m'a sauvé la vie là où bien des braves me laissaient tranquillement rôtir, et qui est parti par chagrin, à ce qu'on dit, de ce qu'une fille d'ici, qui lui avait promis le mariage, en allait épouser un autre? S'il ne lui avait manqué que de l'argent, il y a un cousin, que je n'ai pas besoin de nommer, mais qui n'est pas loin d'ici, qui passe pour avoir quelques vieux écus, et qui ne l'aurait pas laissé partir ; mais il a disparu sans rien dire. Où est-il allé? Dieu le sait. Toujours est-il qu'il a encore envoyé un peu d'argent à sa famille. Eh bien, quand je voyais cette petite Pulchérie courir nu-pieds sur le galet avec les autres enfants de Pélagie, qu'elle m'appelait son cousin, et Onésime et Bérénice son frère et sa sœur, je ne pensais pas qu'il faudrait lui dire un jour : « Madame la comtesse. »

Après le dîner, on dansa dans le parc ; on avait invité tout le voisinage, et fait venir des musiciens de Caen. Pendant le bal, on entendit rouler une chaise de poste : c'était le comte de Morville, qui enlevait sa femme et partait avec elle pour Paris.

XVI

A trois ans de là, un navire chargé de morues rentrait dans le port de Fécamp. La pêche avait été favorable. Les matelots avaient à peu près *huit cents francs à l'homme*. On cargua les voiles et on mit tout en état à bord ; puis on descendit à terre.

Onésime, qui, cette année-là, était parti comme second, avait à recevoir près de douze cents francs. Il se croyait à peu près guéri de son amour, ou du moins il pensait que le plaisir de revoir sa famille compenserait le chagrin poignant qui l'attendait aux lieux où il avait connu Pulchérie.

Il fallait quelques jours pour décharger le navire et faire le compte de l'équipage. Quand les matelots arrivent et qu'ils ont fait bonne pêche, les aubergistes leur permettent de faire tout ce qui leur convient. Ils cassent, ils brisent sans qu'on leur fasse la moindre observation. On leur met le dégât sur la carte de leur dîner, et ils payent sans faire de réclamations.

Le grand art des aubergistes est de deviner quand le matelot est à ses dernières pièces, pour arrêter à temps les égards et le crédit. Quand il n'a plus d'argent, on ne lui permet même plus de faire du bruit.

Un aubergiste de Fécamp avait poussé trop loin cette prudence, au moment du départ du *Marsouin*, relativement à un homme de son équipage. Dépositaire des *avances* du matelot, à peine l'argent était-il à moitié dépensé, qu'il lui annonça qu'il n'y en avait plus, et qu'on ne lui donnerait plus rien sans un nouveau dépôt. Le matelot comprit qu'il était volé et s'emporta ; mais son hôte le fit arrêter et mettre en prison jusqu'au jour de l'embarquement.

L'équipage du *Marsouin* fit le serment de punir la mauvaise foi de l'aubergiste d'une manière éclatante.

Quatre marins, au nombre desquels avait eu soin de ne pas se trouver la victime de la friponnerie, prirent un fiacre et s'en allèrent par la ville, comme ils font d'ordinaire. Trois étaient dans le fiacre, le quatrième était sur la voiture derrière le cocher.

On s'arrêta à tous les marchands de vin et à tous les *bouchons*. Au troisième marchand de vin, le cocher passa à la condition d'ami, et descendit boire avec les matelots. Quand on arriva à la boutique du coupable, un des matelots, qui était dans le fiacre, fit à haute voix le commandement usité à la mer pour jeter l'ancre :

— Ohé ! Valin, mouille !

Et Valin, docile à la discipline, envoya l'ancre à travers les vitres du cabaretier. Les chevaux du fiacre firent encore deux pas ; mais le câble de l'ancre amarré à l'arrière du fiacre ne leur permit bientôt plus d'avancer. Le cocher comprit et les arrêta tout à fait. Le cabaretier ne se fâcha pas et ne rit pas non plus ; c'était une chose toute simple.

Les matelots viennent boire ; il leur plaît de casser les vitres, cela ne regarde personne : *c'est leur manière, à ces hommes; pourquoi ne prendraient-ils pas leur plaisir ?*

Les matelots descendirent du fiacre et demandèrent à boire. Quelques-uns, qui connaissaient de longue main l'aubergiste Jérôme et sa femme, invitèrent le premier à boire avec eux. Ils promettaient de revenir souper le soir chez lui, mais il fallait qu'il vînt achever leur tournée.

L'hôte hésita, mais seulement à cause de sa femme ; car il savait que c'étaient de bons diables, qui avaient de l'argent et qui le régaleraient toute la journée sans qu'il eût besoin de dépenser un sou. On commande le souper d'avance ; la femme donne son consentement ; on part, on fait entrer l'hôte dans la *chambre*, c'est-à-dire dans l'intérieur du fiacre.

Le cocher reprend sa place *à la barre*. Valin reste sur la voiture avec l'ancre qu'il vient de lever. On se met en route; on s'arrête et on boit dans tous les endroits où on vend à boire, sans en excepter un seul. L'aubergiste est plus d'à moitié ivre quand il s'aperçoit qu'on n'est plus dans Fécamp.

Il demande où on va; on lui répond que cela ne le regarde pas, puisqu'on le ramènera. On s'arrête, on boit encore un peu; enfin on arrive à Yport. On va souper chez le père Huet.

— Ma foi, le souper que ta femme nous a préparé nous servira à déjeuner pour demain; soupons ici.

On soupe, on boit pendant une partie de la nuit, on achève d'enivrer l'aubergiste. Quand il est bien ivre, on le couche, et les quatre amis s'en vont sans lui et retournent à Fécamp dans leur fiacre.

Pendant ce temps, les autres matelots du *Marsouin* s'étaient adjoint un certain nombre d'autres marins. Ils avaient fait sortir madame Jérôme de la maison en lui disant que son mari était tombé malade à Yport. On l'avait emmenée, puis on s'était mis avec le plus grand ordre et l'adresse la plus incroyable à démolir la maison de Jérôme.

En cinq heures, la maison fut démolie; il n'en restait pas pierre sur pierre. Quand, au point du jour, Jérôme revint avec sa femme, ils ne trouvèrent plus de maison. Les quatre marins qui avaient emmené l'aubergiste pouvaient seuls être inquiétés; mais ils étaient partis.

Où étaient-ils allés? Personne n'en savait rien. Les autres, ceux qui avaient démoli l'établissement, étaient trop nombreux et n'avaient pu être reconnus. La maison resta démolie.

Onésime, aussitôt son décompte fait, se mit en route pour le Havre; du Havre, il passa à Honfleur. A Honfleur, il trouva une grosse barque de pêcheurs de Dive qui partait pendant la nuit, et sur laquelle il monta. Il demanda bien vite des nouvelles de ses parents et de Bérénice, et du meunier, qu'il aimait assez depuis qu'il lui avait sauvé la vie.

Tous allaient bien, sauf Césaire, dont on avait eu de mauvaises nouvelles : il s'était perdu avec tout son équipage sur la côte d'Afrique. Onésime n'osa pas parler de Pulchérie. Comme ils arrivaient par le travers de Villerville, il vit dans l'ombre un canot monté par un homme seul.

— N'est-ce pas mon père? dit-il aux pêcheurs. Je me trompe fort, ou je reconnais *la Mouette*. Ohé ! Tranquille Alain !

— Qui me hèle? cria une voix du canot.

— Ni plus ni moins que votre fils Onésime, qui vient vous aider à *cueillir* vos cordes. Accostez la barque.

Le canot ne tarda pas à accoster, et Onésime sauta dans les bras de son père.

— Eh bien, ce pauvre Césaire?

— Hélas! perdu il y a deux ans, et je craignais bien qu'il ne t'en fût arrivé autant. C'est Bérénice et ta mère qu'il fallait voir prier quand il ventait fort; mais leurs prières n'ont pas pu sauver l'aîné. Dieu ait son âme ! Et toi, qu'as-tu fait?

— Je suis allé trois fois à la morue sur le banc de Terre-Neuve, et cette dernière fois comme second; ne chavirons pas, je rapporte plus de mille francs dans ma ceinture; ce pauvre Césaire ne partagera pas notre bonheur.

Ils levèrent les cordes, elles étaient chargées de poisson.

— Voilà que tu ramènes la bonne chance, dit Tranquille.

Le poisson embarqué, on mit le cap à la terre.

— Tourne le dos quand nous allons approcher de terre,

dit Tranquille. Bérénice et ta mère seront au bord quand nous arriverons ; il faut qu'elles m'aident quand je reviens, car voilà trois ans que je vais seul à la mer, et je vieillis ; maintenant ne tourne pas la tête du côté de la terre, elles nous ont vus ; masque-toi par la voile.

En effet, Bérénice et Pélagie s'inquiétaient à terre.

— Je t'assure, dit Bérénice, qu'il y a deux hommes sur le canot.

— Alors ce n'est pas ton père.

— Je reconnais bien *la Mouette,* cependant ; la voilà qui approche. Tiens, maintenant, je reconnais mon père.

— Oui... c'est lui ; mais il y a un autre homme avec lui...

— C'est un marin... au costume... Mais... mais... Ah !... mon Dieu ! ça n'est pas possible...

— Qu'as-tu, Bérénice ?

— Mais qu'as-tu toi-même, maman ? Tu es toute tremblante !

— C'est que je crois...

— Et moi aussi... je crois bien... mais n'ayons pas encore trop de joie...

A ce moment, le canot entrait dans la Dive, et Bérénice s'écria en tombant à genoux :

— Onésime !

Onésime n'y tint plus ; il sauta dans l'eau jusqu'à mi-jambe et se précipita dans les bras de sa mère et de sa sœur.

— O mon Dieu ! je vous remercie, dit Pélagie, vous m'en rendez un.

— Ma mère, reprit Bérénice, Dieu mesure le vent aux brebis tondues...

— Ma mère, dit Onésime, il faut aller tout de suite parler au curé pour qu'il dise ce matin même une grand'messe ; j'ai fait un vœu à Notre-Dame de la Garde pour quand je reviendrais à Dive, et je ne puis ni boire ni manger que je n'aie accompli mon vœu.

Pélagie s'en alla chez le curé pendant qu'Onésime aidait son père à tirer le poisson du canot, à le laver et à mettre les cordes au sec. Ceux des pêcheurs qui étaient à terre vinrent secouer la main d'Onésime, qui leur dit qu'il avait fait un vœu en mer.

— Est-ce pour aujourd'hui ?

— Oui, ma mère est allée parler au curé.

— On attendra sans doute que tout le monde soit revenu de la mer.

— Je le pense aussi. Quelqu'un veut-il aller prévenir mon cousin Éloi ?

— Le meunier de Beuzeval ?

— Oui.

— Je vais y aller en fumant ma pipe.

Pélagie ne tarda pas à revenir. On attendit le retour des pêcheurs, dont on voyait poindre les voiles à l'horizon. Le curé vint chez Alain pour savoir les circonstances du vœu ; puis, quand on vit les marins rentrés, on sonna les cloches, et tout le monde se rendit à l'église : les étrangers et les baigneurs qui se trouvaient à Dive se joignirent au cortége.

Onésime marchait, suivi de sa famille, la tête et les pieds nus, et portant un gros cierge à la main ; il s'avança jusqu'au chœur et se mit à genoux. Le curé monta en chaire et dit :

— Mes frères, mes enfants, un d'entre vous, Onésime Alain, s'est trouvé pris à la mer d'une tempête furieuse. Dans un moment où le navire craquait de toutes parts, dans un moment où les plus intrépides matelots pâlissaient en face de la mort, et où les plus vieux marins ne savaient plus que faire pour défendre leur vie, Onésimo Alain a fait un vœu à Notre-

Dame de la Garde : il a promis à la sainte mère de Dieu de faire dire une messe en son honneur et d'allumer un cierge de dix livres à son autel, où il viendrait tête et pieds nus avant de boire ni de manger à Dive, s'il obtenait par son secours de revoir son pays et sa famille. Comme il venait d'exprimer son vœu, une lame épouvantable couvrit le bâtiment et emporta trois hommes par-dessus le bord : un seul fut jeté contre les cordages, auxquels ils se rattrapa ; les deux autres, le capitaine et le second, furent noyés. Le calme ensuite se rétablit, et Onésime eut le bonheur de ramener le navire, quoiqu'il fût tellement battu par la mer, qu'il fallut un homme à la pompe sans relâche jusqu'à l'arrivée. Onésime Alain vient aujourd'hui accomplir loyalement son vœu. Unissons-nous pour rendre des actions de grâce à Notre-Dame de la Garde, la protectrice des marins.

Alors toutes les voix entonnèrent le fameux cantique de Notre-Dame de la Garde, que nous avons déjà entendu lors du baptême de *la Mouette :*

> Notre-Dame de la Garde,
> Très-digne mère de Dieu,
> Soyez notre sauvegarde
> Protégez-nous en tout lieu.

Puis le curé dit la messe, après laquelle on chanta encore le cantique. Toutes les voix étaient émues ; les femmes pleuraient.

A la sortie de l'église, les hommes vinrent secouer la main à Onésime, les femmes embrassèrent Pélagie et Bérénice ; puis, pendant que les deux femmes rentraient préparer un bon déjeuner, Onésime fit venir quelques pots de cidre à la porte du cabaret, et répondit à toutes les questions sur la pêche de la morue et sur les dangers qu'il avait courus.

A ce moment seulement, le meunier de Beuzeval descendait la côte, se rendant à Dive; il avait été retenu jusque-là par une discussion très-vive avec sa servante Désirée. Quand un pêcheur était venu l'avertir du retour d'Onésime, Éloi Alain était à déjeuner.

Il n'avait pas oublié qu'il devait la vie à Onésime, et il fut si ému, qu'il dit à Désirée :

— Désirée, je n'ai plus faim ; donne-moi ma redingote et mon chapeau, que j'aille à Dive embrasser Onésime.

— Ne pourriez-vous y aller après déjeuner? dit aigrement Désirée.

— Loin de là, je voudrais y être déjà ; ce cher enfant !

— Ce cher enfant ! vous n'avez des yeux que pour lui... Tout le reste du monde ne vous est plus rien.

— Je ne puis pas oublier qu'il m'a sauvé la vie.

— Il faut que vous ayez eu joliment peur, pour en parler toujours comme ça. Onésime a fait ce qu'aurait fait tout le monde à sa place. On ne laisse pas griller un chrétien sans essayer de le sauver.

— C'est-à-dire que j'étais mort, s'il ne s'était pas exposé à mourir avec moi pour me sauver.

— Après tout, ça m'est bien égal ; vous pouvez bien faire ce que vous voulez. On dit dans le pays que vous avez fait un testament pour lui, et que vous lui donnez tout en faisant tort à des gens que je ne nomme pas, mais qui ont passé leur vie à votre service, et à qui vous avez fait tant de belles promesses quand il s'est agi d'abuser de leur jeunesse...

— Ne te tourmente pas, Désirée. Si je meurs avant toi, tu pourras être sûre de ne manquer de rien jusqu'à la fin de tes jours.

— Oui ; oh ! je pense bien que vous me laisserez un morceau de pain, pour qu'on ne dise pas que Désirée, qui a passé sa vie chez le riche Éloi Alain, demande son pain de porte en porte... Ce n'est pas ce que vous me chantiez... Vous ne pouviez pas m'épouser, disiez-vous, mais ce serait *tout comme ;* et, par votre testament, vous me donneriez tout, comme si j'avais été votre femme.

— Tu es donc bien sûre que je mourrai avant toi, Désirée ?

— Écoutez donc, maître Éloi, j'étais une *toute jeunesse* quand je suis entrée chez vous, et vous étiez déjà un homme mûr ; mais vous n'êtes pas plus reconnaissant que rien du tout : je me serai *esclavée* toute ma vie auprès de vous pour un morceau de pain. Que diriez-vous si, au lieu de prendre vos intérêts dans tout, et de *m'esclaver* comme j'ai fait, j'avais imité bien d'autres, si je vous avais volé, et si je m'étais fait tout doucement un magot... hein, que diriez-vous ?

— Je serais peut-être assez bon pour ne rien dire, reprit le meunier, mais je te romprais les os à coups de trique. Je n'ai besoin des conseils de personne ; je suis assez vieux pour me conduire. C'est une vilaine action de parler comme ça de son testament à un homme, et de reporter sans cesse ses idées au cimetière. Si tu n'es pas contente, tu peux t'en aller ; si tu me parles encore de ces choses-là, sois sûre que je te mettrai à la porte.

— Oui-da ! ce serait commode ; mais pas de ça, je reste ici, moi : vous avez eu ma jeunesse, vous aurez *mon certain âge ;* vous n'oseriez pas me chasser. D'ailleurs, je me coucherais comme un chien à votre porte, et je m'y laisserais mourir de faim.

— Allons, Désirée, tâche de me laisser tranquille et calme-toi. Je te dis que tu es *bien* sur le testament et que tu n'auras pas à te plaindre ; mais je te jure, aussi vrai qu'Éloi est mon nom, que si tu me parles encore une seule fois de ce maudit testament, j'efface tout ; ça n'est pas bien long de biffer quatre lignes.

— Il y a donc quatre lignes? dit Désirée avec des yeux avides. Mais, voyez-vous, c'est pas pour votre argent, c'est que je suis jalouse quand je vois que vous aimez trop les autres.

— Allons, tais-toi! Ma redingote et mon chapeau.

C'est ce qui fit que maître Éloi ne passa que longtemps après la messe devant le cabaret où étaient attablés Onésime et les autres pêcheurs. On appela Éloi, qui embrassa Onésime avec effusion. Il s'en allèrent tous deux à la maison de Risque-Tout, où on attendait Onésime pour déjeuner.

Comme ils cheminaient ensemble en se donnant le bras, un des pêcheurs dit :

— Le vieux Éloi aime *tout de même bien* son petit cousin Onésime ; il n'y a guère que son argent qu'il aime encore plus que lui.

— Dame! c'est que le jour qu'Onésime l'est allé chercher dans le moulin en feu, tout son argent ne pouvait plus lui servir à rien.

Éloi, qui avait interrompu son déjeuner, mangea avec la famille. En mangeant, il fallut qu'Onésime racontât encore ses trois voyages, et ses dangers, et son vœu.

J'ai souvent, au bord de la mer, entendu raconter jusqu'à sept fois de suite la même histoire ; on recommençait à mesure qu'il arrivait un nouvel auditeur; les plus anciens assistants riaient à la septième fois comme à la première aux endroits réputés risibles, et ceux qui avaient coupé le récit du narrateur de quelques réflexions les répétaient au même endroit quand le récit recommençait.

— J'aurais bien dû penser qu'il arriverait quelque malheur à ce bateau-là, dit Onésime ; mais, à mon premier départ, j'étais si triste (et il regarda Bérénice), que je me serais embarqué sur un navire commandé par le diable en personne, si c'était son navire qui fût parti le premier. C'était un navire neuf qui allait à la mer pour la première fois.

— Ça n'était pas une si mauvaise condition, dit le meunier.

— Oui ; mais, quand on l'a lancé du chantier de Fécamp, au bout de son erre, au lieu de s'abattre et de virer du côté de la chapelle de Notre-Dame, comme doit faire un bateau baptisé, il avait viré de l'autre bord. Aussi le second et quatre matelots avaient refusé de partir. C'est bien ; on retrouve trois autres hommes et moi. Deux jours avant le départ, voilà qu'un marin, en mangeant sur le pont, laisse tomber son couteau, et le satané couteau se fiche sur la pointe et reste debout sur le pont. Cette fois, c'était trop fort. Quelques-uns, qui étaient restés après le premier signe, s'en allèrent au second, et ce n'est qu'à force de promesses qu'on réussit à former un autre équipage.

— Malheureux enfant ! dit Pélagie, tu voulais donc aller à ta perte ?

Onésime regarda encore Bérénice et ne répondit pas à sa mère. Il continua :

— Quand nous fûmes assaillis par une si terrible tempête, que les plus vieux marins ne se rappelaient pas en avoir vu une semblable, tous se reprochaient de ne pas avoir écouté les avertissements du ciel en s'embarquant sur ce navire maudit.

— Et à quelle époque cela est-il arrivé ? demanda Bérénice.

— Peu de jours après mon départ, nous étions encore dans la Manche ; je suis parti un dimanche : c'était huit jours après, le mardi suivant, un peu avant midi.

— Oh ! mon Dieu ! dit Bérénice, c'est bien cela.

— Que veux-tu dire ? demanda Onésime.

— Je te dirai cela plus tard.

Éloi Alain invita toute la famille à dîner ; mais le naturel reprit bientôt le dessus, et il choisit quelques poissons parmi ceux que Tranquille et son fils avaient rapportés de la mer. Il s'en retourna pour apaiser Désirée, qui avait un dîner à faire pour une famille dont un membre au moins lui inspirait de l'ombrage.

Le dîner se passa convenablement. Désirée mangea à table comme il est d'usage, tout en se dérangeant pour servir, ce qui n'empêchait pas Pélagie et Bérénice de l'aider de temps en temps.

Le dîner fini, Pélagie resta à jaser avec Désirée, tandis qu'Éloi et Tranquille fumaient devant un pot de cidre. Bérénice et Onésime sortirent de l'habitation du meunier et allèrent s'asseoir au bord du petit étang qui retient l'eau pour le moulin. Tous deux avaient bien des choses à se dire, mais aucun n'osait commencer. Cependant, après un assez long silence, la glace fut rompue par ces mots :

— Eh bien, Onésime?...

— Eh bien, Bérénice?...

— Mon pauvre Onésime! tu reviens : est-ce parce que tu es moins malheureux ou parce que tu as besoin de consolations?

— L'un et l'autre, ma sœur. J'aime toujours Pulchérie, mais de cet amour qu'on aurait pour une étoile qu'on sait bien qu'on ne peut atteindre. Depuis mon départ, j'ai réfléchi et j'ai vu un peu le monde. Élevé avec Pulchérie, j'étais comme un jeune coq qu'une poule aurait couvé en même temps qu'un œuf de faisan. D'abord le plumage du dernier prend de riches couleurs, puis il s'envole. J'ai compris ma folie. Pulchérie ne pouvait être à moi. Je reviens vivre avec vous comme nous vivions autrefois ; je retrouverai du plaisir à penser à elle et à revoir les lieux où nous avons vécu ensemble. Ainsi tu peux sans crainte me donner les détails sur ce qui s'est passé. Quand je suis parti, Pulchérie allait se marier... Elle est mariée ?

— Oui...

— Attends... Je le pensais, je le savais... mais cela cependant m'étourdit un peu... Il faut que je me le dise bien : « Pulchérie est mariée, Pulchérie est à un autre, elle l'a épousé parce qu'elle l'aimait, parce qu'elle était amoureuse de lui... » Maintenant, j'ai bien fait saigner la blessure ; parle, rien ne me fera autant de mal que ce que je me suis dit.

— Eh bien, tu as raison, mon frère... Je vais te dire tout à la fois. Pulchérie est mariée. Elle savait que tu l'aimais par une lettre que tu as laissée dans sa chambre et par une conversation qu'elle a eue avec moi le jour de son mariage. Pendant la messe du mariage même, il faisait un temps effroyable ; nous avons pensé toutes deux ensemble à un ami qui devait être sur la mer, et, nous comprenant d'un regard toutes deux, nous avons prié pour lui. Pense comme j'ai été émue ce matin pendant ton récit ; c'est au moment juste où tu allais périr que nous adressions pour toi au ciel une fervante prière.

Onésime embrassa sa sœur, et tous deux restèrent quelques instants silencieux. Bérénice continua :

— Quand Pulchérie a été partie avec son mari, beaucoup de bruits ont couru sur ce mariage. On a dit que M. Malais, étourdi par l'orgueil de voir sa nièce comtesse, s'était ruiné pour la dot, et qu'il ne lui restait presque plus rien. Madame Malais, malgré laquelle tout s'était fait, s'en plaignait à qui voulait l'entendre. Pour M. Malais, qui est si orgueilleux, il n'a jamais rien diminué de son train au dehors, à cause de ce qu'on en penserait ; mais on disait que cela se sentait au dedans. Le comte de Morville venait quelquefois à Beuzeval ; il n'allait pas chez les Malais, mais il venait la nuit, allait tout droit chez notre cousin Éloi, et se retirait à la pointe du jour sans parler à personne. Ces jours-là, le meunier, qui ne répondait à aucune question, se frottait les mains et avait l'air de sourire toute la journée.

» Puchérie écrivait quelquefois ; elle exprimait ses regrets de ne pas voir son oncle et sa tante ; les *affaires* de son mari ne lui permettaient pas de venir en Normandie, et il ne voulait pas qu'elle voyageât seule. Elle paraissait triste, quoiqu'elle parlât toujours de son bonheur, et madame Dorothée disait souvent : « On ne me trompe pas : nous avons tout
» perdu, et nous n'avons pas même la consolation d'avoir
» fait le bonheur de Pulchérie ! C'est notre plate vanité qui
» a monté la tête à cette malheureuse enfant. Nous avons
» été si fiers de voir un comte à notre table, nous avons si
» sottement loué tout ce qu'il faisait, que nous avons fini
» par monter la tête à cette pauvre fille, et, aujourd'hui, elle
» paye tout cela bien cher. »

» Sur ces entrefaites, madame Malais vint à mourir. Cette fois, Pulchérie vint à son enterrement avec son mari. Elle était triste à faire peine ; mais, comme elle avait un sujet de chagrin légitime dans la perte de sa bienfaitrice, on n'en put pas tirer tout à fait la conséquence qu'elle n'était pas heureuse dans son ménage. Ils restèrent quelques jours après l'inhumation ; le comte venait souvent voir le meunier ; il eut de longues discussions avec M. Malais ; il voulait, dit-on, lui faire signer des papiers ; M. Malais ne voulait pas, puis il finit par céder. Alors le meunier fut mandé au château, où il alla plusieurs jours de suite.

» Tout le monde voyait bien qu'il y avait des avaries, et que mon cousin Éloi y était pour quelque chose ; mais, quand on lui faisait des questions, il ne répondait pas, ou bien il vous faisait des questions sur des choses auxquelles il savait bien qu'on ne voulait pas répondre.

» Je ne vis Pulchérie qu'une fois ; elle vint m'embrasser

avant de partir pour Paris. Elle paraissait triste et était fort changée.

» Si mon cousin Éloi ne dit rien, il y a quelqu'un qui n'en sait pas tant, selon les apparences, mais qui dit tout ce qu'il sait, et peut-être même un peu davantage : c'est maître Épiphane, qui n'est plus clerc ; tout à coup il est devenu l'ami du meunier, il ne sortait plus du moulin. On prétend qu'Éloi l'a employé à des affaires avec le mari de Pulchérie. Toujours est-il qu'il a disparu quelques mois après avoir quitté son école, et, quand il est revenu, c'était un gros monsieur ; il s'est fait huissier ; on a dit cent choses sur cette fortune inouïe ; de maître d'école, devenir huissier ! Sa femme, à présent, met des chapeaux ; il n'y a plus de concurrence pour les bains de mer, c'est Désirée qui les dirige.

Maître Épiphane dit que le meunier tient aujourd'hui presque toute la fortune des Malais, et qu'il aura le reste quand il voudra. Il dit aussi qu'Éloi Alain a, depuis sa jeunesse, une vengeance à exercer contre les Malais, qu'il tient M. Malais au bout de sa ligne, et que, s'il ne les tire pas tout à fait hors de l'eau, c'est que ça l'amuse de le voir se débattre ; mais, ajoute maître Épiphane, M. Malais a l'hameçon dans le gosier, il ne s'échappera pas.

» Cependant j'ai peine à croire que mon cousin Éloi soit devenu si riche, et M. Malais si pauvre ; ils n'ont rien changé ni l'un ni l'autre dans leurs habitudes. M. Malais a toujours son cheval et sa voiture ; il a renvoyé quelques domestiques, à ce qu'on raconte ; mais il dit que c'est parce qu'il a peur d'être volé, que, depuis la mort de sa femme, il ne reçoit plus de monde ; et la peur d'être volé n'indique pas un homme ruiné.

» Il n'a plus qu'un seul domestique borgne qui n'est pas du pays, qu'on n'a pas vu arriver, qui ne sort jamais et qui ne cause avec personne. Les fournisseurs de la maison apportent au château moins qu'autrefois ; cela se comprend, puisqu'on ne reçoit plus personne depuis la mort de madame Dorothée.

» M. Malais est toujours bien mis ; on le voit dans la même voiture, avec son même cheval toujours bien harnaché ; il va de temps en temps se promener en voiture jusqu'à Caen ou jusqu'à Honfleur, et il donne toujours quelque chose aux pauvres qu'il rencontre.

» Pendant ce temps, mon cousin a toujours ses vieux habits d'il y a trois ans, auxquels il fait remettre des pièces qu'il prétend être de la même couleur, parce que ce sont des morceaux du même coupon de drap qu'il a gardés dans un tiroir, pendant que les habits s'usaient au soleil, à la poussière et à la pluie ; il n'a que son vieux bidet pour le service de son moulin ; il prise dans la tabatière d'autrui, et fume le tabac qu'on lui donne ; il se plaint toujours de la dureté des temps, et se refuse à chaque instant des choses dont on voit qu'il a envie.

» Quand on lui doit un peu d'argent, et, Dieu merci, nous ne lui en devons plus, on dirait toujours qu'il attend après ce remboursement pour avoir du pain ; il vient souvent par hasard au moment du retour de la pêche, et il tourne tout autour du poisson, il le trouve si beau, si rond, si épais, si frais ; il y goûte tant des yeux, qu'il est impossible de ne pas lui dire d'en emporter un ou deux.

» Quand il boit un pot de cidre avec quelqu'un, il est si long à chercher de la monnaie, que celui qu'il a invité est souvent forcé de payer ; jamais il ne donne rien à personne et on a remarqué beaucoup, lorsque tu as disparu, ce qui a semblé lui faire un vrai chagrin, qu'il a dit : « Si c'est pour de l'argent qu'il est parti, je lui en aurais donné. » Il est vrai qu'il a ajouté : « Un peu. » Et cela, c'était avant le temps où on prétend qu'il a gagné toute la fortune des Malais.

Le frère et la sœur s'aperçurent alors qu'il était tard ; ils retournèrent au moulin, mais il n'y avait plus de lumière.

Depuis longtemps déjà, Tranquille et Pélagie étaient repartis pour Dive, croyant leurs enfants couchés. Bérénice rentra. Onésime dit qu'il n'avait pas encore sommeil. Il alla errer autour du château.

Il aurait voulu voir de loin la chambre de Pulchérie, d'où il s'était échappé si malheureux il y avait trois ans ; mais tout était dans l'obscurité.

Il allait s'en retourner, lorsque dans une prairie il aperçut un homme et un cheval. Le cheval tondait l'herbe à belles dents ; l'homme paraissait inquiet et avait l'œil au guet ; il entendit marcher, et, prenant son cheval par la longe, il semblait prêt à l'emmener.

Onésime, voyant son trouble et saisi d'un vague soupçon, cessa de marcher et resta blotti derrière un buisson. Le maître du cheval reprit de l'assurance sans se relâcher de sa surveillance, et permit à l'animal de se remettre à paître. Onésime eut le temps de voir qu'il ne s'était pas trompé, et que ce personnage n'était autre que M. Malais de Beuzeval.

Il ne comprit pas très-bien pourquoi il était si tard dans la campagne, ni pourquoi il avait l'air si agité ; tout ce qu'il comprit pour le moment, c'est que le vieillard ne voulait pas être rencontré. Il voulut se retirer sans bruit, mais il ne put éviter d'agiter quelques branches, et, en quelques instants, le cheval et son maître disparurent et rentrèrent dans le château.

XVII

Dans ce récit, plus véridique qu'il n'en a peut-être l'air, je suis fort embarrassé lorsque je fais parler mes personnages. Si je ne les fais pas parler normand, je sacrifie la couleur locale ; si je les fais parler normand, vous n'y comprendrez rien. Après des méditations suffisamment longues, j'ai décidé que je conserverais dans le dialogue les expressions pittoresques et caractéristiques appartenant à l'idiome normand, mais que, pour tout le reste, je m'efforcerais d'être intelligible.

D'ailleurs, quand on écrit, m'est avis qu'il faut se décider pour une langue, sans prétendre faire parler chaque personnage qu'on met en scène dans le langage de son pays ; autrement, avant d'écrire et d'ouvrir un livre, il faudrait que le lecteur et l'auteur sussent tous deux l'anglais, l'allemand, l'italien, le hollandais, le russe, le français, etc. Encore faudrait-il savoir l'italien de Rome, l'italien toscan et l'italien de Venise, le français de Paris et le français de Vire, celui de Marseille et celui de Lille, le français du commerce et le français des journaux, le français parlementaire et une douzaine d'autres petits français indépendants.

J'avoue que je ne puis prendre pour un trait de génie et une très-belle chose l'emploi des divers dialectes dans Homère. Du reste, après avoir donné les raisons du parti que j'ai pris, je dirai, comme disent les savants, que ceux qui ne sont pas de mon sentiment n'ont qu'à fermer ce livre, que je n'écris que pour les personnes de goût, et que je hais la profane vulgaire.

J'ajouterai, comme disait madame Dacier des critiques d'Homère, que ceux qui sont d'un avis contraire au mien sont des ignorants, des gens sans pénétration, bouffis d'orgueil, sots, impudents, ridicules, téméraires, vanteurs d'eux-mêmes, que ce sont les pestes publiques d'un État, et qu'ils ne sont bons qu'à ruiner les gouvernements. Cette explication donnée, je continue mon récit.

Onésime reprit la pêche comme avant son départ. Une partie de l'argent qu'il avait apporté mit une petite aisance dans la maison. On acheta un canot plus grand, de nouveaux aplets ; Pélagie et Bérénice eurent chacune des vêtements neufs pour les dimanches ; Tranquille et Onésime, des bottes de pêche et des chemises de laine rouge.

Jamais on n'avait été si content. On regrettait bien davantage encore Césaire à cause de la vie heureuse qu'il aurait partagée. Éloi dit à Onésime :

— S'il te reste de l'argent, Onésime, au lieu de le laisser dormir comme un *feignant* dans un pot de grès, donne-moi-le, je le ferai travailler ; l'argent nous fait assez travailler, il faut qu'il travaille aussi. Je ne lui donne pas plus de repos qu'il ne m'en donne, et surtout qu'il ne m'en a donné. Si on n'est pas son maître, il a bien vite fait d'être le nôtre. Donne-moi ton argent ; je marierai les louis avec les pistoles, et ils te feront un tas de petites pièces de cent sous.

— Il ne m'en reste guère, mon cousin, dit Onésime, et encore je puis en avoir besoin d'un moment à l'autre ; d'ailleurs, excusez-moi, cousin, j'ai entendu dire souvent ici que votre argent travaille, il est vrai, mais qu'il fait un vilain métier.

— Ce sont des sots qui t'ont dit cela, Onésime. Regarde comment on est avec moi ; dis s'il y a quelqu'un à qui on ôte le chapeau plus bas, et de la santé duquel on s'informe plus souvent. Nous ne saurions aller d'ici au moulin de Beuzeval sans que quinze personnes viennent me demander comment je me porte. Si je dîne quelque part, à qui est-ce qu'on donne la meilleure place, et, ce qui vaut encore mieux, les meilleurs morceaux ? Je sais bien qu'on dit que je suis un usurier, mais on le dit bien bas, et on serait très-fâché si je l'entendais. Crois-tu qu'il y ait quelqu'un dont on ne dise rien ? crois-tu qu'on sache gré aux gens de ce qu'ils ne font pas de mal ?

» Supposons que je ne fisse pas un peu travailler mon argent, on ne dirait pas : « Éloi Alain est un brave homme qui n'aime pas trop l'argent ; » pas le moins du monde. On dirait : « Éloi est un ivrogne, » ou bien : « Éloi est un prodigue... » Crois-tu qu'on ne dise rien de toi? On ne peut pas dire que tu es un usurier, toi ; eh bien, on dit que tu fais le monsieur, que tu aurais voulu épouser Pulchérie Malais, que tu te pavanes avec cette médaille dont tu as raison d'être fier, qui fait que je te regarde comme mon fils, et que, si tu as jamais besoin de moi pour quelque chose, je suis là, tu m'entends.

» Vois-tu, j'aime l'argent, c'est vrai ; mais, avec l'argent, on a tout ce qu'il y a au monde, ce qui fait qu'on finit par ne plus avoir envie de rien. Vois combien de choses on peut avoir avec mille francs, c'est-à-dire qu'on est embarrassé du choix. Avec mille francs, je puis avoir une petite maison, ou un excellent bidet d'allure, faisant ses trente lieues tous les jours, ou un bon coin de pré, ou six feuillettes du meilleur vin, ou, ajouta-t-il en ricanant, la plus belle fille du pays et peut-être bien deux.

» Eh bien, si j'achetais une de ces choses, je n'aurais qu'elle, tandis qu'en gardant mon sac je jouis de toutes ces choses à la fois, je les ai parfaitement toutes en même temps. On dit que je porte de vieux habits, c'est vrai ; mais je n'ai qu'à mettre cent francs dans ma poche, il me semble que j'ai simultanément tous les beaux habits dont je n'aurais qu'un, si je lâchais mes cent francs.

» J'aime l'argent, et je crois avoir bien raison de l'aimer. Je viens de te dire quelque chose des bonheurs qu'il donne ; mais regarde d'un autre côté : il n'y a pas un malheur que l'argent ne prévienne ou n'adoucisse.

» Si tu avais eu de l'argent, Césaire ne serait pas parti et ne serait pas mort, ou, du moins, il serait mort autrement ;

car, je dois l'avouer, l'argent ne nous empêche pas de mourir ; seulement, il meurt bien encore un peu plus de pauvres que de riches, sans compter que la pauvreté vous cloue avec sa chaîne de fer là où vous gagnez votre pain. Chez toi, tu n'est que pauvre ; à dix lieues, on t'appelle vagabond : n'avoir ni domicile à soi ni moyen d'existence est un délit, et les articles 269, 270 et 271 du Code pénal te condamnent à trois ou six mois de prison.

» Les hommes se décident bien vite à appeler voleur celui auquel ils ne peuvent espérer rien prendre. Les lois sont faites par les riches : aussi sont-elles faites, pour les deux tiers au moins, contre les pauvres. D'ailleurs, ce n'est pas seulement l'amour de l'argent qui m'a poussé aux affaires, c'est la vengeance.

» Les Malais avaient un compte avec moi, un terrible compte. Malais le douanier m'avait affreusement trahi ; j'ai juré une haine profonde à toute cette race. Il y a trente-trois ans qu'en disant mon *Pater noster*, soir et matin, je passe les mots : « Pardonnez-nous nos offenses comme nous les pardonnons à ceux qui nous ont offensés. » La race des Malais s'était élevée, je l'ai abaissée ; elle était riche, la voici pauvre tout à l'heure.

— Mais, cousin Éloi, dit Onésime, ceux-ci ne vous avaient rien fait ?

— Tu ne tiens pas compte de leur vanité, de leurs dédains pour moi. Et puis, vois-tu, c'est un combat... une partie engagée.... Deux hommes qui jouent un pot de cidre aux dominos finissent par se haïr un peu. Pendant la partie, ils ne supporteront pas l'un de l'autre certaines plaisanteries, regardées comme innocentes en toute autre chose.

» A mesure que j'acquiers une petite pièce de terre ayant appartenu aux Malais, je suis heureux comme on ne l'est pas. Je vais me promener dedans, j'y plante ou j'y déplante quelque chose.

» Aujourd'hui, si on comptait bien, j'aurais plus de droits qu'eux à m'appeler M. de Peuzeval; mais, ça, je n'y tiens pas. J'ai été bien aidé par ce comte. C'est un joueur forcené, qui a cru revenir à la raison et renoncer au jeu en se jetant dans des affaires industrielles : imbécile! comme si on changeait! C'est son ennemi qui changeait de nom, voilà tout!

» Il joue sans cartes. Je crois bien que, dans ce moment-ci, il joue avec des gens plus forts que lui; car ça va bien vite. Il s'agit d'une affaire... On ne peut pas encore réaliser, l'affaire n'est pas mûre et il faut de l'argent, toujours de l'argent. On ne paye plus la pension du père Malais, qui vit je ne sais comment, quoique ça ne paraisse pas au dehors. Il a eu la bêtise de tout donner au mari de sa nièce; il n'a au monde que le château, qui, loin de rapporter de l'argent, en coûte beaucoup. Tout le reste était au gendre, qui m'a presque tout vendu.

» A mesure que nous allons, il me vend moins cher, parce que, comme il me doit beaucoup, je suis de plus en plus maître des conditions. Il doit venir ici cette nuit. La séance sera orageuse, parce que je veux commencer à mettre la griffe sur le château. Quant il vient ici, ordinairement il arrive la nuit, comme il va encore faire, et il repart avant le jour.

» Personne ne sait rien de son apparition. Le temps de signer un papier timbré et d'empocher mon argent... Mais ce n'est plus cela : il va falloir qu'il aille trouver le père Malais, et que le père Malais s'engage pour une somme que je ne veux absolument prêter que sur le château. Le père Malais n'y sera pas trop disposé : on ne lui paye même pas sa pension, qui est tout ce qu'on lui a laissé de ses biens; cependant l'autre y arrivera avec des promesses et des mensonges.

— Mais, cousin, ne restera-t-il rien à ce pauvre M. Malais? Vous êtes bien dur, cousin Éloi.

— Écoute, Onésime, quand je me croyais perdu, quand je sentais les flammes qui m'entouraient roussir déjà mes cheveux, tu es venu te jeter dans mes dangers, et tu m'as sauvé. Depuis ce temps, je me considère comme à toi, et il n'y a presque rien que je ne fisse pour toi; mais je ne renoncerai pas à ma vengeance contre les Malais. Laisse faire, et, un jour, tu pourras, si ça te plaît, t'appeler à ton tour M. de Beuzeval. Est-ce qu'on ne t'a pas méprisé aussi? est-ce qu'on ne t'a pas repoussé?

— Je n'ai jamais rien demandé, cousin.

— On a fait mieux, on n'a pas seulement songé un instant que tu pusses avoir l'audace de demander.

Onésime retourna près de son père, et tous deux allèrent lever leurs filets à la mer. Sur la fin de la nuit, ils revinrent à terre. Onésime prit un beau homard, monta à Beuzeval et sonna au château. Il était à peu près neuf heures du matin. Au lieu d'ouvrir la porte, on n'ouvrit qu'un guichet, à travers lequel Onésime vit un domestique en livrée avec un bandeau sur l'œil.

— Voici quelque chose pour M. de Beuzeval, dit il.

Le domestique étendit la main à travers le guichet et prit le homard.

— Vous direz que c'est de la part d'Onésime Alain.

Le domestique ne répondit pas un mot et referma le guichet.

— J'espère, pensa Onésime en s'en allant, que le maître recevra mieux mon présent que le valet.

Comme il redescendait, il vit sortir de la maison du meunier le comte, qui montait au château. Le comte était fort préoccupé, et ne vit pas Onésime. Il sonna, et le même guichet fut ouvert par le même domestique en livrée.

— Mon ami, dit le comte, annoncez à M. de Beuzeval que le comte de Morville arrive de Paris pour avoir l'honneur de le voir, et qu'il n'a que peu d'instants à lui consacrer.

Le guichet se referma, et dix minutes se passèrent, au bout desquelles le comte recommença à sonner. Ce fut la porte alors qui s'ouvrit, et M. Malais parut.

— Je ne m'attendais pas, monsieur, dit-il, à l'honneur de votre visite. Plusieurs lettres de moi, restées sans réponse, me faisaient croire que nos relations étaient finies.

— Monsieur, dit le comte, j'ai fait un voyage, et, d'ailleurs, j'attendais pour vous répondre que je pusse faire droit à vos justes réclamations. Je suis engagé dans des affaires où je suis sur le point de faire une immense fortune, et vous partagerez mes bonnes comme vous avez partagé mes mauvaises chances; des retards imprévus sont venus reculer la réalisation. J'ai usé jusqu'à mes dernières ressources, et aujourd'hui une opération magnifique où j'ai engagé successivement toute ma fortune et celle de Pulchérie va échouer au port, si vous ne venez pas efficacement au secours de votre nièce et au mien.

— Au secours de quelqu'un, moi! s'écria M. Malais, moi dont vous avez fait un misérable mendiant! Savez-vous, monsieur, à quelle situation vous m'avez réduit? Je n'ai plus un domestique, monsieur; le dernier m'a quitté parce que je ne pouvais plus lui payer ses gages; il y a un an que, vous ne me payez plus ma pension, et vous savez bien que de toute ma fortune, vous ne m'avez pas laissé autre chose. Cet homme, mon dernier domestique, a voulu partir; comme je ne pouvais pas le laisser partir sans ses gages, je lui ai donné ma montre... Il l'a reçue en pleurant, et après l'avoir d'abord refusée : je lui ai demandé seulement, puisqu'il quittait le pays, de partir sans parler à personne de ma détresse...

M. Malais s'aperçut que le comte regardait les breloques qui lui pendaient sur le ventre.

— Vous regardez ceci, monsieur le comte? Ce n'est que le cordon que j'ai gardé, et que je porte pour qu'au dehors on ne s'aperçoive de rien.

Et il lui montra que ce cordon était cousu dans son gousset de montre et que ces breloques étaient une trompeuse enseigne.

— Depuis un an, monsieur, je vis de la vente des bijoux de ma pauvre femme, que je vais vendre de temps en temps à Caen, où je dis que je m'en défais parce qu'ils me rappellent trop celle que j'ai perdue, tandis qu'ils sont pour moi un trésor inappréciable; mais on ne peut avouer sa misère aux gens, monsieur! Que penserait-on si on savait où en est aujourd'hui M. Malais de Beuzeval? Et pourquoi en suis-je là, monsieur? J'ai la générosité de ne pas vous le rappeler. J'avais consenti à me faire pauvre, mais non à me faire mendiant!

— Je sais, monsieur, répondit le comte, que vous avez le droit de vous plaindre. Pulchérie a dû vous dire...

— La comtesse de Morville, répliqua le pauvre Malais, encore fier d'appeler sa nièce *comtesse* au moment où il récapitulait ce que ce titre lui coûtait de misères à lui-même, la comtesse de Morville m'a écrit ce que vous venez de me dire, et la pauvre enfant m'a envoyé quelques louis : c'est le seul argent que j'aie reçu depuis un an. Sa lettre était fort triste et m'a fait craindre de n'avoir pas réussi à faire son bonheur, quoique je l'aie payé si cher.

— Je le sais, monsieur; une malheureuse affaire a absorbé tous mes capitaux et m'a réduit moi-même à la plus grande gêne, jusqu'au point de suspendre le payement de votre pension, qui est une dette sacrée; mais l'affaire terminée, je ne me contenterai pas de vous solder l'arriéré, qui vous est légitimement dû : Pulchérie vous priera d'accepter votre part d'une affaire où vous aurez, involontairement, il est vrai, engagé vos capitaux.

M. Malais restait froid ; le comte toucha une autre corde.

— Les mauvais temps vont finir, monsieur de Beuzeval, dit-il, et, l'été prochain, vous nous verrez venir à Beuzeval, Pulchérie et moi, avec le luxe et l'éclat d'une fortune auprès de laquelle celle que vous avez possédée n'est rien.

Si le commencement était bon, la fin choqua M. Malais, qui dit avec une sorte d'aigreur :

— Prions Dieu, monsieur, que vous n'ayez pas à vous repentir de n'avoir pas su vous contenter de cette fortune que je vous ai donnée.

— Si vous refusez de m'aider dans cette dernière circonstance, tout est perdu ! l'affaire manque, faute d'une misérable somme de dix mille francs ; Pulchérie et moi, nous sommes complétement ruinés, et le payement de votre pension, qu n'a été que suspendu pour des causes de force majeure, devient complétement et à tout jamais impossible. Si, au conraire, vous me secourez, tout ira bien, et votre bien-être sera augmenté.

Le pauvre Malais se défendit longtemps. Enfin le comte lui dit :

— Et quel effet cela fera-t-il, monsieur, quand on saura que le comte et la comtesse de Morville, neveu et nièce de M. Malais de Beuzeval, sont en fuite et complétement ruinés? car je n'ai pas autre chose à faire demain si vous ne consentez pas à m'accorder aujourd'hui ce que je vous detman .

Dès lors M. Malais ne résista plus et demanda même des détails sur l'affaire. On convint d'une grande fête qu'on donnerait l'été prochain à Beuzeval, fête à laquelle on inviterait tout le voisinage.

— De sorte, dit M. Malais, qu'on mettra ma retraite d'une année sur le compte du chagrin, bien véritablement vif, hélas! que m'a donné la perte de ma pauvre Dorothée. Mais comment puis-je vous procurer aujourd'hui ces dix mille francs ?

— Rien de plus facile : vous avez ici Éloi Alain le meunier, qui a de l'argent.

— C'est un usurier.

— Tant mieux ; ce sont ceux qui vendent l'argent le moins cher : on ne leur doit pas d'humilités ni de lâchetés.

— Paradoxe, *mon neveu;* mais enfin...

— Eh bien, je vais aller chercher maître Éloi Alain, et, sur votre billet, il me comptera la somme de dix mille francs, c'est-à-dire nous prendrons cinq cents francs de plus, qui vous feront attendre les quelques jours qui nous séparent encore de la réalisation de notre affaire.

Le comte alla chercher Éloi. On discuta longtemps ; on n'avait pas parlé à Éloi des cinq cents francs : il n'avait chez lui que dix mille francs ; les cinq cents francs qu'on lui demandait de surplus, il lui fallait les emprunter lui-même, et Dieu sait à quel taux ! Il finit par donner les dix mille cinq cents francs pour treize mille francs de billets, payables, le premier dans six mois, et les autres successivement.

Éloi, pendant qu'on discutait l'affaire, promenait sur le château de Beuzeval un regard de vainqueur hypocrite. Il ne put s'empêcher de prendre certains airs familiers avec M. Malais, qui avait le cœur assez élevé pour devenir plus fier par sa pauvreté (il n'y a que les esprits tout à fait supérieurs que la pauvreté ne rend ni honteux ni même ers), et, qui d'ailleurs, aurait cru avouer sa ruine en ne montrant pas un peu de dédain et d'impertinence pour un homme comme le meunier.

Il affecta de n'adresser la parole qu'à son neveu, et Éloi Alain s'étant avisé de prendre du tabac, sans y être invité, dans la tabatière de M. Malais, celui-ci jeta le reste du tabac dans la cheminée. Le meunier pâlit de colère. Son premier mouvement fut de rompre la transaction qui allait se faire; le second d'exiger deux pour cent de plus pour les intérêts.

M. Malais, qui avait obéi à son premier mouvement en jetant son tabac dans la cheminée, eut aussi un second mouvement : il pensa que cette action pleine d'un dédain magnifique aurait eu besoin pour sa mise en scène d'une tabatière d'or. Depuis qu'il avait vendu la sienne, et qu'il se servait d'une boîte de buis, il ne prenait du tabac qu'avec toutes sortes de précautions, et quand il était bien sûr de ne pas être vu.

Il crut réparer sa faute en donnant à cette tabatière un prix arbitraire.

— C'est le dernier présent de ma pauvre Dorothée, dit-il; un jour que nous étions allés à la foire, elle me donna cette boîte en plaisantant.

Le meunier partit avec le comte, auquel M. Malais ne manqua pas de dire :

— Embrassez pour moi madame la comtesse.

XVIII

Quand M. Malais fut seul, il fit cuire son homard, dont il mangea une partie; puis il sella et brida son cheval, et alla payer quelques dettes qu'il avait dans le pays et qui le tourmentaient singulièrement. Il s'arrêta à la porte de la boutique d'un marchand de fourrage, que depuis quelque temps il évitait avec grand soin.

— Holà ! maître Goulet, dit-il à haute voix, envoyez quelqu'un tenir mon cheval.

Maître Goulet envoya son garçon, et vint lui-même, le chapeau à la main, recevoir M. de Beuzeval.

— Ma foi, maître Goulet, j'ai failli encore une fois passer devant votre porte sans m'arrêter : c'est mon cheval qui m'a fait penser que nous n'avions plus rien à la maison. Cependant je me suis dit au moins dix fois : « Il faut que j'aille payer maître Goulet. » Vous deviez commencer à croire que je vous faisais banqueroute.

— Je voudrais que vous me dussiez soixante mille francs, monsieur de Beuzeval, dit maître Goulet. Je quitterais mon fonds, et je vous prierais de me faire la rente de mes soixante mille francs ; je ne chercherais pas un autre placement.

M. Malais fut bien heureux en voyant quelle opinion on avait de lui, et il se félicita d'avoir sauvé l'extérieur au moyen des plus dures privations ; il paya sa note, et ordonna qu'on lui envoyât une autre provision.

— Comment se fait-il donc que M. de Beuzeval achète du foin, demanda maître Goulet, lui qui a les plus belles prairies de la vallée d'Auge ?

M. Malais sentit ses oreilles rougir, mais il se hâta de répondre :

— Ne m'en parlez pas ; j'avais l'habitude de ne garder que ma provision, comme de juste. Du temps de ma défunte, j'avais trois chevaux, et je savais bien ce qu'ils mangeaient. Je vendais le reste de ma récolte, de quoi, sans trop me vanter, nourrir plus d'un régiment de cavalerie ; mais voici que ma nièce, madame la comtesse de Morville, et mon neveu, M. le comte de Morville, viennent me voir quelquefois et amènent des chevaux ; ma pauvre provision est bien vite mangée, et, comme mon marché avec mes preneurs pour mes prairies a encore plusieurs années à courir, il faut bien que j'achète.

— Ce n'est pas que je m'en plaigne, dit maître Goulet.

— Écoutez-moi, maître Goulet : vous allez me porter tout de suite ce foin et cette avoine chez moi ; mais il n'y a personne, le domestique et la servante m'ont demandé la permission de sortir ; ils sont, j'en suis sûr, sur la route de Dive, où ils vont passer toute la journée. Je les gâte un peu ; que voulez-vous ! je suis seul aujourd'hui, ils n'ont pas grand'chose à faire ; je crois que, quelque jour, ils me demanderont une autre permission, celle de se marier ; ils sont comme deux tourtereaux, et alors je ne crois pas pouvoir les garder.

— Ah ! monsieur de Beuzeval, si l'occasion s'en trouvait, j'aurais à vous donner un domestique d'or, un vrai bon sujet.

— Nous verrons cela quand il en sera temps, maître Goulet, parce que je ne veux pas avoir trois domestiques ; ce ne serait pas raisonnable.

— Avec ça que ça vous gênerait !

— Pécuniairement parlant, je ne dis pas, maître Goulet ; mais je serais moins tranquille. Je vous disais donc qu'il n'y a personne à la maison ; vous entrerez dans la cour, et vous déposerez votre marchandise sous le hangar ; mes gaillards arrangeront et serreront le tout quand il leur plaira de rentrer.

Maître Goulet vint tenir respectueusement l'étrier à M. de Beuzeval, qui se remit en route et alla jouer la même comédie dans trois ou quatre boutiques. Il rencontra un homme avec lequel il s'arrêta quelque temps. Tout en causant et en passant la main dans la crinière du cheval :

— Une bonne bête ! dit cet homme.

— J'aime mieux l'autre, dit M. Malais.

— Je croyais que vous n'en aviez plus qu'un ; il me semble que je vous vois toujours sur le même.

— Ils se ressemblent beaucoup en effet ; cependant l'autre a une marque blanche, une petite étoile au front, que j'aimerais mieux ne pas lui voir, car sans cela ils seraient tout à fait pareils. L'autre s'appelle Mouton, et celui-ci s'appelle Pyrame.

— Dites-moi, je vous prie, l'heure qu'il est, monsieur de Beuzeval, demanda le paysan.

— Ma montre est arrêtée, dit M. Malais en rougissant : il est près de deux heures.

Puis, continuant sa route :

— Je ne peux pas m'exposer deux fois à une pareille humiliation, se dit-il.

Et il entra chez un horloger, auquel il acheta une montre pour ce qui lui restait d'argent de ses cinq cents francs.

Il s'excusa même de ne pas en acheter une plus belle ; mais ce qu'il lui fallait, c'était une montre sans valeur pour mettre dans sa poche, et ne pas s'exposer à perdre, en la portant tous les jours, une montre de grand prix qu'il avait.

Ensuite il retourna au château en disant :

— Quel butor que ce Mélinet, qui croit que j'ai toujours le même cheval ! A quoi sert-il alors que je sois allé vendre l'autre si loin, et que, de deux jours l'un, je me donne la peine de peindre sur le front de Pyrame une petite étoile blanche que j'efface le lendemain ?

Le soir, le domestique borgne rentra le foin apporté par maître Goulet. Le lendemain, dans la soirée, le grand salon était éclairé, et l'on entendit un bruit de piano, qui n'était pas précisément de la musique, mais qui suffisait pour faire dire aux voisins et aux passants :

— Ah ! ah ! il paraît qu'on danse au château.

Et, comme, le jour suivant, le maire rencontra M. Malais sur son *second* cheval, c'est-à-dire sur Mouton, qui avait son étoile blanche, il lui dit :

— On dansait chez vous hier au soir, monsieur de Beuzeval ?

— Monsieur le maire, répondit le maître de Beuzeval, je considère comme un devoir pour ceux que la fortune a regardés avec faveur de déployer un certain luxe et de donner des fêtes. C'est une charité indirecte qui profite aux travailleurs, et n'est pas, comme la plupart des autres charités, interceptée par les fainéants.

La lettre promise pour peu de jours après et les nouvelles de la grande affaire n'arrivant pas, M. Malais eut bientôt à regretter la fête éclairée par quarante bougies qu'il s'était donnée à lui-même, et il fut forcé d'aller à Caen vendre la montre qu'il venait d'acheter, réservant toujours le cordon et les breloques, qui continuèrent à rebondir insidieusement sur son ventre.

A quelque temps de là, il rencontra Onésime et lui dit :

— Ah ! parbleu ! mon garçon, je suis bien aise de te rencontrer. Tu as remis pour moi à quelqu'un de mes gens un superbe homard. Combien te dois-je, mon bon ami ?

— Monsieur de Beuzeval, dit Onésime, qui trouva dans son cœur l'exquise délicatesse de l'appeler ainsi, lui qui le nommait le plus souvent M. Malais au temps de sa prospérité, c'était un petit présent que j'ai pris la liberté de vous faire. La pêche est bonne cette année, et cela donne à de pauvres gens comme nous le pouvoir de se montrer reconnaissants par un cadeau sans valeur des bontés qu'on a pu avoir pour eux. M. de Beuzeval a toujours été le protecteur de notre famille, et, au besoin, nous saurions encore où est le château, quoique, à ce moment-ci, nous soyons plus heureux que nous ne l'avons jamais été.

— Je vais toujours te donner de quoi boire un coup à ma santé, mon brave Onésime.

Il porta à sa poche une main qu'il retira aussitôt, en disant :

— Je n'ai que de l'or ; ce sera pour une autre fois.

A ce moment passait Mélinet, auquel M. Malais, se souvenant que, ce jour-là, Pyrame avait son étoile et s'appelait en conséquence Mouton, se hâta de dire bonjour, afin d'attirer son attention sur le front de son cheval.

Puis il prit le petit galop ; quand il se sentit hors de vue, il arrêta son cheval et regarda soigneusement autour de lui. Se voyant seul, il tira sa tabatière de buis et se régala d'une prise de tabac qu'il se refusait avec une inflexible dureté depuis une demi-heure qu'il en mourait d'envie.

La provision de foin ne tarda pas à être épuisée. On ne reçut point de nouvelles de la grande affaire. Il fallut que M. Malais recommençât à mener pendant la nuit son cheval Pyrame paître la luzerne des voisins.

Un matin, les habitants de Beuzeval entendirent, comme de coutume, la cloche du château annoncer le déjeuner. M. de Beuzeval passa dans la salle à manger, où il ne trouva absolument rien.

Il grignota une croûte de pain, et il se prépara à aller à Caen faire un de ces voyages dont il rapportait toujours un peu d'argent, parce qu'il y allait vendre quelque débris de sa splendeur passée ; mais, quand il fut à une lieue déjà, il se rappela que ce jour-là était un dimanche, que le marchand qu'il avait à voir ne serait pas à sa boutique, et qu'il fallait attendre au lendemain. Il rentra à Beuzeval et, de là, descendit à Dive.

Bérénice était à sa porte, qui faisait de la dentelle malgré le repos du dimanche ; il lui adressa une gracieuse révérence, et s'arrêta pour lui dire quelques mots.

11.

Pélagie, qui préparait le diner de ses gens, lui demanda des nouvelles de Pulchérie.

— Madame la comtesse de Morville va bien, dit-il; j'ai reçu de ses nouvelles assez récemment. Mon neveu, le comte de Morville, m'a promis d'amener la comtesse cet été.

Onésime et son père allaient rentrer. Pélagie demanda à M. de Beuzeval la permission de s'occuper de leur soupe, parce qu'il leur fallait retourner à la mer aussitôt après le dîner.

M. Malais était descendu de cheval et était entré dans la maison.

— Voici, dit-il, une soupe qui sent vraiment bon; c'est de la soupe aux choux.

— Et vous ne connaissez guère cela, monsieur de Beuzeval!

— Ce n'est pas faute d'en demander assez souvent à la maison. J'aime passionnément la soupe aux choux, mais on ne veut pas en faire chez moi.

— C'est que ça n'est pas non plus tout à fait une soupe de bourgeois.

— Celle-ci sent délicieusement bon, Pélagie; mais vous avez toujours été bonne cuisinière.

— Ah! monsieur, il y a quelque chose qui m'aide bien à faire de bons dîners à nos gens.

— Et quoi, Pélagie?

— L'appétit; ils sont partis cette nuit pour la mer. Tenez, les voici qui reviennent fatigués, mouillés, mourant de faim; out cela donne un bien bon goût à la soupe.

Les pêcheurs entrèrent.

— Arrivez, arrivez! dit M. Malais; vous avez une fameuse soupe qui vous attend. Ah! parbleu! elle sent par trop bon; je vais m'en passer la fantaisie. Pélagie, donnez-m'en une assiettée; je vais en manger quelques cuillerées avec vous. Certes, il n'y a pas bien longtemps que j'ai fait un déjeuner, ce qu'on appelle un bon déjeuner, mais sans appétit, sans plaisir.

— Vrai ! monsieur Malais, vous voulez bien manger la soupe avec nous?

Et elle s'empressa de mettre du linge blanc sur la table. Bérénice alla chercher un pot de cidre.

Onésime *amarra* le cheval à l'ombre; puis on se mit à table en ayant soin de donner le meilleur siége à M. Malais; il dévora l'assiettée de soupe.

— Ma foi, disait-il, il y a bien longtemps que je n'ai mangé quelque chose avec tant de plaisir.

— Prenez-en encore une assiettée, puisqu'elle vous semble bonne.

— Mais c'est que je dîne à cinq heures, et je ne pourrai plus dîner. Ma foi, tant pis, elle est si bonne ! Dîner ici ou dîner là-bas, je ne dînerais pas avec de plus braves gens ; donnez-m'en encore une assiettée, Pélagie.

La seconde assiettée disparut comme la première.

Bérénice enleva la soupe, et mit sur la table un énorme plat de choux avec un bon morceau de lard. M. Malais était décidé à ne pas dîner chez lui ; sa cuisinière serait furieuse; mais il irait jusqu'au bout.

— Voici d'excellent pain ; est-ce vous qui le faites, Pélagie ?

— Oui, monsieur, j'ai toujours fait notre pain.

— Il y a du seigle dedans?

— Oui, c'est meilleur marché, et ça conserve le pain frais plus longtemps.

— J'aime beaucoup un peu de seigle dans le pain, ça lui donne un goût parfait. Encore un peu de choux, père Risque-Tout. Voici du petit cidre qui n'est pas mauvais. Et moi qui parfois m'amusais à vous plaindre, quand je pensais à toutes les inutilités dont nous sommes entourés, nous autres, et dont vous êtes privés ! Il y a bien longtemps que je n'ai fait un si bon dîner.

Le cousin Éloi entra. M. Malais rougit un peu. Onésime, qui, seul dans la famille avec Bérénice, soupçonnait le degré de détresse où était tombé le maître de Beuzeval, fut contrarié de son arrivée.

— Voyez, cousin Éloi, dit-il, n'avons-nous pas décidé M. de Beuzeval à accepter une cuillerée de notre soupe ?

— Une cuillerée ! dit M. Malais ; dis donc une assiettée, dis donc deux assiettées, et des choux et du lard ; dis donc que je n'ai jamais fait un si bon dîner de ma vie.

Onésime et son père se remirent en route. M. Malais remonta à cheval et disparut.

XIX

Un jour, une voiture s'arrêta à la porte du château. On sonna, le guichet s'ouvrit ; puis à peine le domestique en livrée et à bandeau noir sur l'œil eût-il aperçu la personne qui voulait entrer, qu'oubliant sa réserve et sa taciturnité habituelles ; il ouvrit la porte et serra sur son cœur une jeune femme vêtue de noir et portant dans ses bras un enfant qui semblait souffrant.

La jeune femme recula effrayée. M. Malais s'aperçut alors de ce que la surprise et l'émotion lui faisaient faire ; il arracha le bandeau qu'il avait sur l'œil, ôta sa livrée et dit :

— Pulchérie, ma nièce, ma fille !

Pulchérie lui rendit ses embrassements et lui mit, sans rien dire, l'enfant dans les bras, en lui montrant du regard que cet enfant aussi était vêtu de noir.

Pulchérie fit déposer une petite malle dans la maison, et congédia le voiturier. Puis, reprenant son enfant :

— Mon oncle, dit-elle, cet enfant et moi, nous venons à vous dans notre détresse. Le comte de Morville est mort; il est mort complétement ruiné. Aussitôt après sa mort, une nuée de créanciers est venue s'abattre sur la maison; je leur ai tout abandonné; j'ai mis dans cette malle quelques objets indispensables à mon fils et à moi; nous venons vous demander un asile et du pain.

— Mes enfants! mes pauvres enfants! dit le vieux Malais en pleurant, nous partagerons tout ce que j'ai; mais, grand Dieu! je n'ai plus guère à vous faire partager que la misère.

— Mais, mon oncle, que signifie ce costume sous lequel...?

M. Malais fut un peu embarrassé.

— Tu sais que ton mari ne m'avait laissé, de toute ma fortune, qu'une pension.

— Qu'il vous payait très-inexactement.

— Qu'il avait fini, et depuis longtemps, par ne plus me payer du tout. Je n'ai vécu que d'expédients, en vendant pièce à pièce quelques bijoux et mon argenterie, que j'allais porter bien loin d'ici; mais, si je me suis résigné à une pareille pauvreté, il est une chose à laquelle je ne me serais pas résigné, c'est de savoir ma misère connue de gens qui m'ont vu riche et heureux. J'avais renvoyé tous mes domestiques, moins un, sous divers prétextes; il ne m'en restait plus qu'un : mais, comme je ne pouvais le payer, il s'en est allé, et je lui ai donné ma montre pour ses gages.

M. Malais montra douloureusement à sa fille le cordon de sa montre, qui ne tenait qu'au gousset vide.

— Je n'ai plus laissé entrer personne ici; cependant, comme il faut encore recevoir des lettres et certains objets, et comme aussi il faut faire certaines besognes, telles que de panser mon cheval, de nettoyer son écurie, j'ai imaginé de faire tous ces ouvrages revêtu d'une livrée, et suffisamment déguisé par ce bandeau sur l'œil. Par ce moyen, personne ne se doute de ma position.

— Mon pauvre oncle, dit Pulchérie, je vous soulagerai ; je suis forte encore, bien que les chagrins aient un peu altéré ma santé ; j'ai été élevée à la campagne, chez les Alain, j'ai été élevée comme eux.

— Mais, dis-moi donc un peu, comment le comte est-il mort si vite ?

— Oh ! mon oncle, n'en disons jamais rien à personne. Le malheureux ! il s'est tué, dit-elle en sanglotant. Que son enfant même n'en sache rien, quand il sera en âge de comprendre. Il s'est tué, mon oncle, quand il a vu que le jeu sous toutes ses formes ne lui laissait plus aucune ressource ; il s'est tué, on m'a rapporté son cadavre ! Après qu'on lui eut rendu les derniers devoirs, j'ai tout laissé aux créanciers ; je n'ai emporté que les bijoux que je devais à vos bontés, et dont j'ai vendu quelques-uns pour faire mon voyage ; puis je suis venue me réfugier avec mon pauvre enfant auprès de celui qui s'est ruiné à cause de moi.

— Il n'y a point de ta faute, ma pauvre enfant ; il est seulement bien malheureux que nous n'ayons pas écouté ta chère tante : elle ne voulait pas de ce mariage, qui a été notre perte à tous ; mais, puisqu'il est mort... tout lui doit être pardonné. Tu seras ma consolation, ma chère Pulchérie ; nous élèverons ton fils ensemble. Quel malheur que je sois pauvre maintenant !...

— Voici quelque argent qui provient de la vente de presque tous mes bijoux, mon cher oncle.

M. Malais ne parla à personne de l'arrivée de sa fille, qui ne sortait pas à cause de son deuil récent ; lui-même sortit peu : il n'était plus seul dans cette grande maison. Pulchérie fit tous les efforts imaginables pour lui faire quitter l'habitude qu'il avait prise de porter sa propre livrée en vaquant, le matin, à certains travaux.

M. Malais ne voulut rien entendre; il répétait qu'il pouvait se résigner à la pauvreté, à la misère même, mais pas à la honte, et qu'il aimerait cent fois mieux mourir que d'avoir des témoins de son abaissement.

Pulchérie se montra fort abattue dans les premiers jours qui suivirent son arrivée. Cette dernière catastrophe n'était pas venue sans chagrins préalables; son mari avait exigé d'elle tous les sacrifices qu'elle avait pu faire pour alimenter la nouvelle sorte de jeu appelée *affaires,* à laquelle il s'était livré.

Quand elle avait eu un enfant, elle avait eu le courage de lui faire quelques observations; elle avait parlé de conserver les débris de la fortune de ce pauvre enfant; alors les emportements et les mauvais traitements l'avaient obligée de céder; il y avait plus d'un mois qu'elle ne l'avait vu quand on l'avait rapporté noyé; quelques heures après était arrivée par la poste une lettre dans laquelle il annonçait sa funeste résolution, en conseillant à sa femme d'aller avec l'enfant se réfugier auprès de M. Malais, qu'il exprimait le plus vif regret d'avoir ruiné avec lui.

Tout doucement, néanmoins, Pulchérie retrouva du calme à Beuzeval. Elle se partageait entre son enfant et son oncle; elle trouvait de la distraction et du plaisir dans certaines occupations qui lui avaient été inconnues depuis qu'elle avait quitté la maison de Pélagie; elle préparait les repas et prenait soin du ménage.

Elle dit un jour à M. Malais, qui se plaignait de sa pauvreté :

— Mon oncle, vous êtes pauvre parce que vous le voulez bien. Vendez le château ; réservez-vous seulement pour nous trois la maison du jardinier avec le petit jardin qui en dépend. Ne faisons plus semblant d'être riches, et nous cesserons d'être pauvres.

M. Malais se récria ; s'il vendait le château, c'est qu'il quitterait le pays pour n'y jamais remettre le pied.

— Quoi ! mon oncle, dit Pulchérie, quitteriez-vous sans regret le pays où vous êtes né, où est la tombe de ma tante ?

— Non certes ; mais alors ne me parle plus d'afficher notre misère et de l'exposer à tous les yeux. J'ai encore une ou deux pièces de terre par-ci par là ; si je trouve une bonne occasion, je les vendrai, et, vivant comme nous vivons, cela nous mènera loin ; j'achèverai de vendre notre argenterie, et, du moins, le comte ton fils sera propriétaire du château de Beuzeval.

M. Malais se cachait de sa fille pour mener paître Pyrame pendant la nuit ; elle faisait semblant de ne pas s'apercevoir des enfantillages qui consistaient à peindre, de deux jours l'un, l'étoile qui changeait Pyrame en Mouton.

Lui-même finissait par dire : « Je montais Pyrame, » ou : « Je montais Mouton, » quand il faisait un récit à sa nièce en rentrant de quelqu'une de ses courses, moins fréquentes à cause de la société qu'il trouvait chez lui, et puis aussi à cause de l'hiver qui survint. Sa lutte avec l'opinion, ou plutôt son martyre de l'opinion des autres, n'était pas près de finir.

Deux ou trois fois Onésime apporta du poisson qu'il remit par le guichet au domestique en livrée, que, du reste, il ne reconnaissait pas. Pulchérie s'était informée avec affection de toute la famille Alain. Sa douleur calmée, elle aurait désiré voir les amis de son enfance ; mais, à une allusion qu'elle avait faite une fois à ce désir, son oncle avait répondu qu'il souffrirait beaucoup de voir madame la comtesse paraître dans une condition de fortune inférieure à son rang.

— Cependant, dit-il, un jour que j'irai par là, je leur dirai que tu es ici, et, si cela te fait plaisir, ils viendront te voir au château.

Et, après avoir fait cette promesse, M. Malais trouva toute sorte de prétextes pour en ajourner l'accomplissement : il sortait peu, il n'avait pas passé par là, où les hommes étaient à la pêche, et les femmes à laver à la fontaine.

Un jour, Onésime rentra pâle et ému ; il dit à Bérénice qu'en traversant le cimetière il avait vu, à genoux sur une tombe avec un enfant, une jeune femme vêtue de noir ; l'enfant était également en deuil, et cette femme était Pulchérie... ou du moins c'était la plus bizarre ressemblance qu'il eût vue de sa vie.

— Mais non, ajouta-t-il, je ne me trompe pas : j'ai senti que c'était elle.

Le soir, quand il revint de la pêche, Bérénice lui dit :

— Tu avais raison, Pulchérie est au château. M. Malais est venu nous voir pendant que vous étiez à la mer ; je lui ai dit que tu avais cru reconnaître Pulchérie dans le cimetière. « Il ne s'est pas trompé, » m'a dit M. Malais.

— Pulchérie ici ! s'écria Onésime. Oh ! non, je ne m'étais pas trompé ; une autre femme ne m'aurait pas fait froid aux cheveux comme je l'ai eu quand je l'ai aperçue.

— Laisse-moi donc finir, Onésime. « Elle est allée, m'a dit ensuite M. Malais, avec le jeune comte... prier sur le tombeau de ma pauvre Dorothée. Ma nièce est veuve, et... »

— Veuve ? s'écria Onésime.

— Allons, tais-toi, ne fais pas de nouveaux rêves... « Ma nièce est veuve, m'a dit M. Malais ; elle vient passer son veuvage auprès de moi ; elle est fort triste... »

— Fort triste ! murmura Onésime.

— « Elle est fort triste et vit dans la retraite la plus absolue ; cependant, Bérénice, elle désire vous voir, vous et toute votre famille. Venez au château, non pas tous ensemble, cela aurait un air de fête qui ne conviendrait pas, mais successivement ; elle sera très-contente de vous voir. »

— Elle sera très-contente de nous voir ? répéta Onésime.

— Je voulais y aller tout de suite, mais M. Malais m'a dit de n'y aller que demain.

— Tu la verras demain... le matin, de bonne heure ?..

— Oui, et je lui annoncerai ta visite.

Le lendemain matin, Pulchérie tomba en pleurant dans les bras de Bérénice, qui ne pleurait pas beaucoup moins qu'elle. Malgré la défense de M. Malais, qui n'avait retardé la visite de Bérénice que pour avoir le temps de chapitrer sa nièce à ce sujet, elle lui confia tout ce qu'il lui était arrivé et sa situation réelle.

— Viens me voir souvent, lui dit-elle, viens quelquefois avec Pélagie ; et, ajouta-t-elle, amène une fois Onésime et le bon père Tranquille.

Elle fit mille questions sur toute la famille ; puis elle dit :

— Je sais faire toutes sortes d'ouvrages ; ne pourrais-tu, par les gens à qui tu vends ta dentelle, me faire avoir du travail ?

— Vous, madame la comtesse !

— Ma pauvre Bérénice, oublions ce rêve, qui n'a pas même été un beau rêve ; je suis aujourd'hui pauvre. Mon oncle a beaucoup perdu de sa fortune, dit-elle en atténuant la situation par égard pour la manie de M. Malais ; je ne veux pas être tout à fait à sa charge, et, d'ailleurs, il faut que je m'occupe : cela me donnera un peu de distraction. Mais attends que je te montre mon enfant.

L'enfant dormait dans son berceau ; la jeune femme et la jeune fille le regardèrent longuement avec complaisance.

— Amène-moi maman Pélagie ; je verrai les autres un

peu plus tard, et, un peu plus tard encore je retournerai chez vous comme par le passé, quand mon fils marchera. Ne répète de ce que je t'ai confié que ce que tu jugeras indispensable, et songe à ce que je t'ai dit pour l'ouvrage à me procurer.

Quand Onésime eut touché terre, il accourut à la maison et entraîna Bérénice dans le jardin.

— Eh bien ? dit-il.

— Eh bien, je l'ai vue ; elle est fort triste et fort changée ; elle a un tout petit garçon, beau comme un ange, tout son portrait.

Ce dernier mot adoucit un peu ce qu'il y avait de poignant pour Onésime dans ce qui précédait, et que Bérénice avait accumulé avec intention pour ne pas donner à Onésime un encouragement qui amènerait nécessairement une nouvelle déception. Cet enfant de Pulchérie, qui lui ressemblait, rendait moins présente pour Onésime la pensée *d'un autre ;* il sentit que, puisqu'il lui ressemblait, *à elle,* il pourrait le voir sans horreur.

En général, parmi les enfants, les garçons ressemblent à la mère et les filles au père. C'est ce qui amène cette infinie variété dans les visages. La nature montre ainsi une foule de prévoyances qui se trahissent par des affinités. Ainsi les hommes de grande taille passent pour aimer les petites femmes ; les hommes petits, au contraire, ne trouvent jamais une femme assez grande.

Sans ce goût, qui semble bizarre au premier abord, peu de temps après le commencement du monde, il y aurait eu deux races distinctes, une race de géants et une race de nains, qui seraient toujours allées en s'exagérant.

Bérénice retourna le lendemain avec Pélagie revoir la comtesse. Elles étaient chargées par le père Tranquille et par Onésime de porter deux belles soles à Pulchérie. On pleura encore; on regarda, on admira l'enfant, qui était beau et gros; il y eut autant de confiance, mais moins de confidences.

Pulchérie rappela à Bérénice sa résolution de travailler; et celle-ci, quelques jours après, lui apporta à faire des broderies, dont on fixerait le prix quand on aurait vu comment elles étaient exécutées. L'exécution parut assez satisfaisante pour qu'au prix qui fut offert Pulchérie vît qu'elle pourrait, avec un travail assidu, subvenir à peu près aux dépenses modestes de son petit ménage.

Onésime alla enfin voir Pulchérie avec sa sœur. Elle le reçut amicalement, quoique un peu gênée par les confidences que lui avait faites autrefois Bérénice; mais lui, en se retirant, dit à Bérénice :

— Oh! ma sœur, qu'elle majesté donne le malheur! c'est maintenant que je trouve Pulchérie au-dessus de nous.

Il avait regardé l'enfant d'abord d'un air morne; mais l'enfant lui avait souri, et, tandis que les femmes se le passaient l'une à l'autre, il l'avait pris à son tour et l'avait caressé.

XX

Bérénice allait souvent voir Pulchérie, et elles travaillaient en devisant. Un jour, elle la trouva fort alarmée; son pauvre enfant avait eu toute la nuit une grosse fièvre, il pleurait et refusait le sein de sa mère. Le seul médecin qu'il y eût à Dive, et qui desservait aussi Beuzeval, était absent; il fallait aller à deux lieues de là pour en trouver un. Onésime prit le cheval du meunier. Le médecin offrait de venir le lendemain, parce que son cheval était boiteux et qu'il était trop tard pour penser à faire deux fois la route, aller et revenir, à pied;

Onésime lui donna le cheval d'Éloi Alain. Le médecin fit ses prescriptions et ordonna des bains d'eau de mer tous les deux jours ; mais, comme on n'était qu'au commencement du printemps, il n'y avait pas moyen de mener l'enfant les prendre sur la plage. Il conseilla d'apporter l'eau de la mer et de la faire tiédir.

Onésime se chargea d'apporter l'eau. Le voyage de Dive à Beuzeval, toujours en montant et avec deux seaux, est à peu près ce que peut faire un bon cheval, et beaucoup plus que ne peut faire un homme.

Les premières fois, Onésime, accablé de fatigue et de sueur, s'arrêtait à la porte et n'entrait que lorsque les traces de sa lassitude étaient à peu près disparues. Comme cette corvée ne le dispensait pas du tout du travail de la mer, au bout d'une semaine, Onésime était exténué.

Un jour qu'il était en retard pour le bain, il entra au château aussitôt arrivé, et ne prit ni le temps ni le soin de se reposer, comme il en avait l'habitude. Pulchérie fut attendrie et effrayée à la fois de l'état dans lequel il était ; elle essuya elle-même son front, et dit à Bérénice, qui vint la voir dans la journée :

— Je ne veux plus qu'Onésime monte de l'eau à Beuzeval, cela le tue.

— Je le sais bien, dit Bérénice, et je le lui ai dit ; mais il prétend qu'on le tuera bien plus vite et sûrement en ne lui laissant pas faire ce qu'il veut.

— J'ai pensé à un moyen, dit Pulchérie ; nous pourrions bien baigner mon petit Édouard chez vous.

— Cela vaudra mieux certainement.

— Eh bien, j'irai le demander demain à Pélagie.

— Vous n'avez rien à demander chez nous, c'est toujours chez vous. Maman disait dans le temps : « Pulchérie pourra ne plus être ma fille, mais je serai toujours sa mère. »

Dès le lendemain, le petit Édouard prit ses bains dans la maison des Alain. Un matin, Onésime, comme tous les jours, puisait deux seaux d'eau à la mer, quand vint à lui un douanier qui lui dit :

— Remettez cette eau dans la mer.

— Et pourquoi ? demanda Onésime.

— Je n'en sais rien ; c'est ma consigne.

— C'est pour faire un bain à un enfant malade.

— Ça ne me regarde pas ; il faut rejeter l'eau à la mer.

— Par quel ordre ?

— Par l'ordre du brigadier de la douane.

— Ma foi, dit Onésime, je ne la rejetterai pas. L'eau est tirée, je l'emporte.

— Vous avez tort, dit le douanier, il vous en arrivera malheur.

Onésime ne répondit pas et emporta l'eau. Le lendemain, comme il venait encore puiser de l'eau à la mer, le même douanier lui enjoignit de se retirer et ajouta :

— Le brigadier a dit que, si vous *n'obtempériez* pas à la consigne, et si vous enleviez encore de l'eau, il fallait vous conduire au poste...

Quelques pêcheurs s'étaient rassemblés sur la plage ; aucun d'eux ne voulait prendre au sérieux cette prohibition, qui était pourtant très-réelle.

— Eh quoi ! disait l'un, est-ce parce que l'almanach annonce de la sécheresse pour cette année ?

— Peut-être, disait un autre, que le gouvernement fait faire une si grande, si grande frégate, qu'on a peur que la mer n'ait pas assez d'eau pour la porter.

— Sérieusement, dit un troisième, c'est tout simplement parce qu'on sait que de pauvres gens comme quelques-uns d'entre nous salent leur soupe avec un peu d'eau de mer, n'achètent pas de sel, et, par conséquent, n'en payent pas.

— On ne pourra donc plus faire cuire le coquillage ni le poisson dans l'eau de mer? Ce n'est que comme ça qu'il est bon.

— On trouve déjà que le pauvre monde ne paye pas assez d'impôts, nous surtout qui sommes au service depuis seize ans jusqu'à cinquante-cinq ans !

— Et nos rôles de navigation, est-ce que nous ne les payons pas ?

— Onésime, disait l'un, jette ton eau, ne te fais pas d'affaire.

— Onésime, disait un autre, ne jette pas l'eau ; nous ne sommes pas des bestiaux pour obéir ainsi à tout ce qui passe par la tête d'un douanier.

Onésime répondit qu'il emportait l'eau, que c'était pour un enfant malade, et que c'était une cruauté d'y mettre des obstacles.

— Alors je vous arrête, dit le douanier.

— Je ne refuse pas d'aller avec vous au poste, répondit Onésime ; mais, auparavant, je veux porter cette eau où on en a besoin. Attendez-moi là, et je suis à vous dans cinq petites minutes.

— Est-ce que vous vous moquez de moi? demanda le douanier.

— Ça dépend... Si vous êtes un brave homme, faisant de son mieux exécuter une consigne donnée par des chefs, je ne me moque pas du tout de vous ; si vous êtes un taquin et un entêté, si vous refusez d'écouter la raison et de croire à la parole d'un honnête homme, si vous ne me laissez pas aller porter cette eau, quand je vous ai promis que je reviendrai pour vous suivre où vous voudrez, alors c'est différent, je me moque de vous.

— Vous allez jeter l'eau tout de suite et venir avec moi ; sinon, je vous mets la main sur le collet.

— Si vous mettez la main sur moi, l'ami, ce sera votre faute, mais il arrivera du vilain. Je vous donne ma parole d'honneur que je reviendrai aussitôt que j'aurai porté l'eau pour le bain de ce pauvre petit enfant malade, et que je vous suivrai après à votre poste ou ailleurs, ça m'est égal. Ça vous va-t-il?

— Jetez l'eau et venez avec moi.

— Ah bien, mon brave, je vais vous parler franchement : je commence à trouver cela ennuyeux et fatigant.

— Tu as raison, Onésime, dit Éloi Alain, qui survint et se fit expliquer le sujet de la querelle; tu as raison, tu offres tout ce qu'un honnête homme peut désirer. Si cela ne convient pas à MM. les habits verts, qu'ils aillent se promener et nous laissent tranquilles.

Éloi Alain n'avait pas plus pardonné aux douaniers qu'aux Malais. Le douanier porta la main au collet d'Onésime; mais celui-ci, mettant sa jambe derrière celle du préposé, de manière à faire un point d'appui à son jarret, lui donna un coup de main dans l'estomac. Le douanier perdit l'équilibre, chancela et roula sur la plage.

Il se releva en mettant la main à son sabre. Les pêcheurs formèrent aussitôt entre le douanier et Onésime, qui emportait ses deux seaux d'eau, une haie épaisse que, malgré ses efforts, le commis ne put entamer.

Onésime porta l'eau de mer à la maison et ressortit, prêt à tenir la parole qu'il avait donnée au douanier et à le suivre au poste ou à la mairie; mais celui-ci était parti après avoir dressé procès-verbal.

Le lendemain, Onésime puisa de l'eau et le surlendemain aussi; le troisième jour, il arriva un ordre d'embarquement *à bord de l'État*, c'est-à-dire une feuille de route constatant qu'Onésime Alain se dirigerait immédiatement vers Cherbourg, où il serait mis à la disposition de M. le capitaine commandant la frégate de l'État *la Vigilante.* Onésime dit à Bérénice :

— Écoute bien ceci, Bérénice. Je n'irai pas à Cherbourg. N'en dis rien au père et à la mère ; ça les inquiéterait ; mais, comme je sais bien que je mourrai de chagrin s'il faut que j'aille là-bas, je n'irai pas à Cherbourg. Excepté toi, tout le monde me croira parti. J'ai à veiller ici à bien des choses. Pour toi-même, ce sera comme si j'étais parti, car tu ne me verras guère. Il faut que je fasse semblant de me mettre en route ; on me croira loin d'ici ; on sera longtemps sans s'occuper de moi. On ne sentira pas un grand vide à bord de *la Vigilante,* parce que j'aurai négligé d'aller m'y embarquer. Tant qu'on ne me verra pas ici, on ne prendra pas la peine de penser à moi. Si cependant tu avais besoin de moi pour toi, pour nos parents, tu planteras un clou dans l'arbre, tu sais, l'arbre où tu as écrit, il y a longtemps, trois lettres qui représentaient trois noms, dont l'un des trois ne commence plus maintenant par la même lettre, le nom de famille du moins. Si c'est elle qui a besoin de moi, au lieu de ficher un clou dans l'arbre, tu en ficheras deux. Maintenant, ne dis rien à personne. Je vais faire viser ma feuille de route par M. le maire ; ce soir, je vous ferai mes adieux, et, demain dès le jour, je partirai.

— Mon Dieu, Onésime, que vas-tu faire ? Ne t'exposes-tu pas en refusant d'obéir ainsi aux ordres de M. le commissaire de la marine ?

— Oui, je m'expose, mais je ne sais pas bien à quoi, tandis qu'en m'en allant d'ici, je sais que je m'expose d'une manière certaine à mourir de chagrin avant deux mois. Sois tranquille, la cause qui me fait rester est aussi celle qui me rendra prudent. D'ailleurs, je ne dis pas précisément si c'est ici ou ailleurs que je serai ; seulement, on peut être sûr que ce n'est ni au poste des douaniers que je compte établir mon domicile, ni dans le cabinet de M. le commissaire des classes de la marine.

— Calme-toi, Onésime. Ta manière de rire me fait peur.

— J'étais tranquille, plein d'espérance, heureux, et voilà qu'on m'envoie à bord de *la Vigilante*. Il paraît que cette frégate ne peut marcher sans moi ; je suis curieux de voir comment elle se tirera d'affaire sans mon secours.

— Mais, Onésime, si tu obéissais, au bout de deux ans, tu serais de retour. Tu as resté plus longtemps que cela sur un navire de pêche à la morue.

— Ah! oui ; mais alors et aujourd'hui, c'est différent. Dans ce temps-là, je ne pouvais plus vivre ici, et je sais bien aujourd'hui que je ne pourrais plus vivre ailleurs. Maintenant, ne parle de rien à personne ; il faut que tout le monde me croie parti et occupé à sauver cette pauvre frégate qui m'attend. Songe bien que la moindre indiscrétion ferait commencer tout de suite une chasse qui probablement n'aura lieu que dans quelques mois. Si, dans une circonstance imprévue, tu me vois devant toi, ne jette aucun cri, ne manifeste aucune émotion. N'oublie pas surtout un clou ou deux clous fichés dans le saule de la rivière de Beuzeval : un clou si c'est à Dive qu'on a besoin de moi, deux si c'est à Beuzeval. Adieu ! je vais chez M. le maire faire viser ma feuille de route. Trois sous par lieue jusqu'à Cherbourg. Mais je ne ruinerai pas le gouvernement ; c'est bien assez déjà de lui avoir pris deux seaux d'eau de mer, je ne veux pas encore lui prendre son argent. Je ne le prendrai que jusqu'à la première étape ; avec le reste, il pourra acheter de l'eau de mer à la Méditerrannée, et il la reversera dans la Manche pour réparer les avaries que je lui ai faites.

Onésime se rendit, en effet, chez le maire de Dive.

— Bonjour, monsieur le maire ; bien fâché de vous déranger ; mais il y a Cherbourg une pauvre frégate qu'on appelle *la Vigilante*... Eh bien, il paraît que je l'ai mise dans un terrible embarras. N'ai-je pas eu l'idée de prendre deux seaux d'eau à la mer pour faire un bain à un pauvre enfant auquel le médecin l'a ordonné ! et voilà qu'à cause de ces deux seaux d'eau qu'elle a de moins pour elle, la frégate *la Vigilante* ne peut plus marcher. Le roi m'écrit que je lui ferai plaisir d'aller la tirer d'embarras; il vous prie de me donner la monnaie de son portrait à raison de trois sous par lieue. Voici le papier. Le roi, craignant que je ne m'ennuie sur la route, m'offre la compagnie de quelques-uns de ses gendarmes; mais je ne veux pas déranger ces messieurs. Je vais, demain matin, m'en aller tout seul aussitôt qu'il fera jour, et je vais faire tout ce que je pourrai pour tirer la malheureuse frégate de la pénible situation où je l'ai mise.

Le maire d'abord ne comprenait pas bien de quoi il était question ; mais l'aspect du papier ne tarda pas à l'éclairer, et il apposa dessus toutes les formules nécessaires.

— Mais enfin, mon garçon, est-ce là tout ce que tu as fait ?

— Ah ! monsieur le maire, je ne me plains pas ; je suis puni, mais je l'ai mérité. Je vous l'ai dit, j'ai pris deux seaux d'eau à la mer pour faire un bain à un pauvre petit enfant malade. Je suis coupable, et il faut un exemple, car enfin, pour deux seaux d'eau que j'ai pris, voici la frégate *la Vigilante* qui ne peut plus sortir du port de Cherbourg sans que j'aille lui donner un coup de main. Qu'est-ce que ça deviendrait, si tout le monde en faisait autant?

— Quand pars-tu ?

— Demain matin, monsieur le maire.

Onésime s'en alla chez son cousin le meunier, auquel il dit ce qui lui arrivait.

— A qui parles-tu de ça, mon pauvre Onésime ! Est-ce que je ne suis pas aussi une victime de la douane, grâce à ce brigand de Malais? Mais patience! je tiens les Malais à mon tour.

— Ce n'est guère chrétien, cousin.

— Comment donc! Est-ce qu'il n'y a pas dans l'Écriture que les iniquités des pères seront poursuivies jusqu'à la quatrième génération?

— Vous m'avez dit, cousin, que vous feriez pour moi ce que je vous demanderais.

— Je le redis encore. Celui qui est venu me chercher dans le feu au risque d'y rester avec moi n'aura jamais un refus de ma part, si ce n'est pour une seule chose.

— Eh bien, cousin, je vous demande d'abjurer votre haine contre les Malais. Votre ennemi le douanier est mort depuis bien longtemps, et ceux-ci sont déjà assez malheureux.

— Tu me demandes précisément la seule chose que j'aie réservée, la seule chose que je veuille te refuser. D'ailleurs, c'est un vœu, c'est un serment que j'ai fait solennellement.

— Oh! cousin, vous pouvez, pour un vœu pareil, manquer de parole au bon Dieu; je vous garantis d'avance qu'il vous pardonnera de fausser un pareil serment, et personne n'oserait dire avec la même confiance qu'il vous pardonnerait de le tenir.

— Impossible, Onésime; le vieux Malais m'a encore offensé il y a quelques mois. Et puis, d'ailleurs, qu'est-ce que je veux leur faire? Ne croirait-on pas que je vais attendre le vieux et sa nièce au coin d'un bois avec un fusil à deux coups! Non, je leur ai prêté mon pauvre argent, et je désire qu'ils me le rendent. Voilà tout. Pourquoi ne vas-tu pas les implorer pour moi, au contraire? Pourquoi ne vas-tu pas les prier de me rendre mes treize mille francs? Quel est le malheur qui les menace? Me rendre treize mille francs qu'ils me doivent! Et moi, est-ce que je ne cours pas un plus grand danger, le danger de perdre treize mille francs que je leur ai prêtés? Tu viens demander à l'homme qu'on jette à la mer d'avoir pitié de ceux qui le poussent! Il faut être juste après tout. Écoute-moi bien, Onésime : pour ceci, il ne faut plus m'en parler jamais.

» Quand tu es venu me chercher au milieu des flammes, quand j'avais les cheveux déjà brûlés, sais-tu à quoi je pensais? Je pensais que j'allais mourir sans m'être vengé des Malais. Ce ne sont pas des phrases que je fais, quand je te dis que tout ce que j'ai est à toi : c'est pour tout de bon.

» Vois-tu, dans cette caisse-là est mon testament; il n'y a que deux legs : une rente de cent cinquante pistoles pour cette pauvre Désirée, que j'ai ici depuis son enfance, et tout le reste pour toi. Je ne veux rien te dire, mais il y a et il aura plus de cent cinquante pistoles. Je garde cet argent, parce que je ne vis que pour faire des affaires, et que l'argent, c'est un grain. Si l'on n'a pas de semences, il ne faut pas penser à avoir jamais une récolte. Cet argent-là, c'est à toi; mais je suis comme un homme qui fait des portraits et qui ne voudrait pas te donner ton portrait avant qu'il fût terminé.

J'ai encore à mettre là dedans le château de Beuzeval, et puis tout sera pour toi. Cette idée-là m'a été bien utile, elle a un peu sanctifié une sorte d'avidité pour l'argent que je craignais d'avoir. Qu'as-tu encore à me demander?

— Cela, dit Onésime, c'est une autre affaire; les murailles ici ne sont pas assez épaisses, et j'aime mieux vous le dire dehors.

. . . .

Il est des choses d'une atrocité si bouffonne, que la seule raison qui puisse les faire croire, c'est qu'on n'oserait pas les inventer. Parmi ces choses, il faut compter la prohibition de prendre de l'eau à la mer. Il appartenait aux idées fiscales de mesurer l'immensité et de faire des économies dessus.

Il est parfaitement et sérieusement défendu de puiser de l'eau à la mer. J'ai vu, de mes yeux vu, une jeune fille qui venait de puiser une bouteille d'eau de mer : un préposé des douanes arriva à elle tout ému, et exigea qu'elle reversât cette eau à la mer.

Je demandai au douanier si c'était un caprice de sa part : il me répondit en me montrant la défense écrite. La vraie raison, c'est que quelques pauvres pêcheurs salent leur pauvre soupe avec un peu d'eau de mer, qu'alors ils n'achètent pas de sel, et évitent ainsi l'impôt que paye cette denrée.

Mercier et Montesquieu (de leur temps, on n'avait pas encore défendu de prendre de l'eau à la mer) ont dit, sans doute à propos de quelque autre imagination analogue, le premier : « L'esprit fiscal ôte à la nature ses largesses et ses magnificences; » et le second : « Chacun ayant un nécessaire physique presque égal, on ne doit taxer que l'excédant : taxer le nécessaire, c'est détruire. »

Aux yeux de bien des gens, proposer d'abolir certains impôts odieux sur les choses de première nécessité pour demander une recette égale à un impôt sur des objets de luxe, c'est tomber dans le paradoxe; mais toute vérité ayant commencé d'abord par être un paradoxe et une erreur abominable, c'est déjà un bon pas de fait que d'en être venu là.

. . . .

Onésime dit adieu à ses parents, comme s'il partait pour Cherbourg. Le lendemain matin, il se mit en route après avoir embrassé tendrement Bérénice et lui avoir dit :

— N'oublie pas... un clou pour Dive, deux clous pour Beuzeval.

XXI

Pulchérie voyait chaque jour son enfant dépérir. Dans le temps qu'elle pouvait lui dérober, elle travaillait avec Bérénice, la personne qui lui avait donné de l'ouvrage ayant quitté le pays. Elle voulut apprendre à faire de la dentelle ; mais, quand elle vit qu'elle ne pourrait pas gagner plus de six à huit sous par jour pendant longtemps et par un travail assidu, elle pria Bérénice de lui amener le marchand qui lui apportait des desseins et lui prenait sa dentelle.

Il fallut pour cela beaucoup de mystère. M. Malais aurait été désespéré s'il avait pu penser que quelqu'un connaissait une situation qui n'était guère ignorée de personne.

Un jour qu'il s'était mis en route sur Pyrame, c'est-à-dire sur Mouton, orné par lui-même ce jour-là d'une marque blanche au front, on introduisit le marchand. Pulchérie lui montra des ouvrages exécutés par elle, des broderies sur canevas et sur diverses étoffes. Le marchand lui promit de revenir dans peu de jours lui apporter des étoffes à broder, et l'assura qu'elle gagnerait ainsi beaucoup plus d'argent qu'à la dentelle.

En effet, quelques jours après, comme M. Malais avait annoncé qu'il allait à Trouville, le marchand apporta une écharpe à broder. L'écharpe était encore étalée sur une chaise avec tout ce qu'il fallait pour exécuter l'ouvrage commandé, lorsque M. Malais, qui avait hâté le pas crainte de la pluie, rentra plus tôt qu'on ne l'attendait, et, reconnaissant le marchand, il changea de couleur.

— Bonjour, maître Crespie, lui dit-il ; vous prenez le moment où les vieux n'y sont pas pour venir tenter les jeunes femmes et allumer leurs désirs en étalant sous leurs yeux tous vos brimborions ! Vous avouerez, maître Crespie, que, si quelqu'un pouvait se passer de parure, ce serait ma nièce, madame la comtesse de Morville. Après tout, comme on ne se pare pas pour être plus jolie, mais pour fâcher un peu les autres femmes, ce n'est pas une raison pour qu'elle se prive d'obéir à quelques caprices. Quel est ce chiffon-là?

— C'est une écharpe que madame a la fantaisie de broder elle-même.

— Broder elle-même? Eh ! bon Dieu ! maître Crespie, pourquoi ne la lui apportez-vous pas toute brodée?

— Toute la valeur de l'écharpe sera dans la broderie, et elle coûterait alors quatre fois plus cher.

— Ce n'est pas une question, maître Crespie, ce n'est pas une question. Mon Dieu! la pauvre chère comtesse ! Depuis la perte cruelle qu'elle a faite de M. le comte de Morville, mon neveu, elle n'a pas trop pensé à la parure, et elle a dû être une bien mauvaise pratique pour vous autres, qui vendez sous tant de formes et de couleurs différentes, la feuille de figuier, premier costume de notre première mère ; mais patience, monsieur Crespie, cette maison-ci n'a pas toujours été mauvaise pour vous.

— Non, certes, répondit M. Crespie, et j'ai vendu ici bien de belles étoffes et de riches dentelles du vivant de madame Malais.

— Dieu ait son âme! dit M. Malais en se découvrant la tête.

Ce geste, plein de dignité, fut imité par le marchand, qui, ayant la tête nue, s'inclina profondément, et par Pulchérie et Bérénice, qui firent le signe de la croix.

Après un moment de silence, M. Malais reprit :

— Et c'est donc là ce que vous avez de plus beau?

— C'est du moins ce que madame a trouvé de plus à son goût, et, je vous l'ai dit, la broderie en fera tout le prix.

— Et combien vendez-vous cela, maître Crespie?

— Oh! quand vous m'aurez donné une vingtaine d'écus, vous ne me redevrez pas grand'chose.

— Vous n'êtes pas changé, maître Crespie, et vous surfaites toujours un peu vos marchandises. Certes, si vous veniez m'apporter l'écharpe brodée par les doigts d'une charmante petite comtesse, ce n'est plus par deux chiffres que je voudrais compter. Voyons, un peu de conscience, maître Crespie.

— Nous verrons cela plus tard, monsieur Malais; la maison est bonne, et je ne suis pas pressé.

— Mon oncle, dit Pulchérie, ne vous hâtez pas tant, je ne suis pas encore bien décidée à cette acquisition.

— Allons donc, comtesse, faut-il tant de méditations pour décider si vous satisferez un caprice d'une quinzaine d'écus? Puisque vous avez fait à cette écharpe l'honneur de la désirer un moment, elle ne peut plus appartenir à une autre. Voici quinze écus, maître Crespie, et vous n'aurez pas un sou de plus.

Crespie, Pulchérie et Bérénice restèrent stupéfaits. Crespie hésita un moment; puis il dit:

— Il faut bien en passer par où vous voudrez, monsieur Malais; mais, pour ce qui est de prendre votre argent aujourd'hui, c'est une autre affaire, et je vous prierai de me le garder jusqu'à ma prochaine tournée dans six semaines: j'aurai alors plusieurs payements à faire à Dive et à Beuzeval, et je ne serai pas fâché de retrouver des fonds tout portés.

— Ce sera comme vous voudrez, maître Crespie.

— Est-ce tout ce que vous avez trouvé à votre goût, ma chère Pulchérie?

— Oui, mon cher oncle, dit Pulchérie, qui avait les larmes aux yeux.

Maître Crespie se retira. Quand Bérénice fut partie à son tour, M. Malais dit à Pulchérie :

— Je sais très-bon gré au hasard qui fait que ce marchand n'a pas voulu d'argent. Ces quinze écus sont tout ce que nous avons pour le moment, ma pauvre enfant, et j'aurais été bien embarrassé; mais je l'aurais payé... Je n'ai pas envie de montrer mon abaissement à ces rustres. Je serais bien heureux, ma chère Pulchérie, de pouvoir satisfaire tous les caprices légitimes d'une femme de votre âge et de votre rang. Si j'étais... comme autrefois, je ne demanderais qu'à vous voir former des désirs pour les satisfaire. Malheureusement, les choses sont changées, au moins pour le moment, et il faut que je sois grognon et ennuyeux, il faut que je vous prêche l'économie; votre beauté sera votre seule parure d'ici à longtemps, et il faudra résister aux séductions de maître Crespie. Ce langage me coûte bien à tenir, mais...

— Mais, dit Pulchérie en pleurant et en lui baisant la main malgré lui, n'est-ce pas votre générosité pour moi qui vous a enlevé votre fortune, mon excellent oncle ? Eh quoi! au lieu de me reprocher votre ruine, vous venez presque vous en excuser auprès de moi! Je suis raisonnable, mon oncle, et je suis pleine de respect et de tendresse pour votre bonté. Ne craignez pas pour moi les embûches de M. Crespie; je ne pense guère à la parure et...

Elle allait dire la vérité à M. Malais, quand elle songea au chagrin et à l'humiliation que cette vérité lui causerait: voir sa nièce, et la comtesse de Morville, *travailler pour le monde!* et ce secret confié à un marchand qui irait le colporter et le livrer à la livide jalousie de ses pratiques! Elle changea la phrase qu'elle allait prononcer et dit:

— C'est plutôt une occupation qu'une parure que j'ai cherchée en achetant cette étoffe.

— Au nom du ciel! ne t'excuse pas, ma chère enfant!

s'écria M. Malais. Merci mille fois de me faire croire que tu n'éprouves pas de privations dans une maison où on est un peu gêné pour le moment, il ne faut pas se le dissimuler.

Quand l'écharpe fut brodée et livrée à M. Crespie, M. Malais n'y songea plus, si ce n'est qu'un jour il dit à Pulchérie :

— Pourquoi est-ce que tu ne mets pas ton écharpe neuve, Pulchérie ?

— Mais, mon oncle, dit-elle en rougissant, je suis fatiguée de la mettre. Vous n'avez donc pas remarqué que je ne mets pas autre chose depuis quelque temps ?

Un jour, Épiphane sonna au château. L'homme en livrée ouvrit l'espèce de meurtrière par laquelle il donnait d'ordinaire ses audiences.

— M. Malais ? demanda Épiphane.

— Sorti.

— Voici un petit papier pour lui.

Et maître Épiphane, tirant de sa poche un encrier et une plume, griffonna sur son genou, pour remplir une lacune de son grimoire : « Parlant à la personne d'un domestique à son service, ainsi déclaré. » La vue de ce papier refroidit le sang du pauvre Malais, qui vit que c'était une sommation en forme de protêt d'avoir à payer entre les mains de maître Rivet, fermier, ou entre celles de maître Épiphane Garandin soussigné, la somme de trois mille francs, en vertu d'une lettre de change souscrite à l'ordre de M. Éloi Alain, meunier, demeurant à Beuzeval, que M. Malais n'avait pas payée la veille.

Le propriétaire de Beuzeval ne dit rien, mais il fut soucieux et parla à peine le reste du jour. Quelques jours encore après, maître Épiphane apporta au même domestique ainsi déclaré une assignation pour s'entendre condamner à payer.

Quelques jours encore après, le même domestique reçut de la main du même Épiphane une copie du jugement qui condamnait M. Malais à payer ladite somme entre lesdites mains ; *faute de quoi, il y serait contraint par toutes les voies de droit et même par corps ;* mais, quand Épiphane, un peu plus tard, apporta une sommation d'avoir à payer, *dedans vingt-quatre heures,* ès mains du requérant, M. Malais était allé mener paître Pyrame.

Ce fut Pulchérie qui reçut le papier et y fut désignée comme *la personne de sa nièce, ainsi déclarée.* Elle lut avec beaucoup de peine le papier d'un bout à l'autre ; elle en fut très-effrayée.

Les procureurs généraux, les procureurs du roi, agents de la force publique, étaient invités *à prêter main-forte* à l'exécution des présentes : le crime de n'avoir pas d'argent est peut-être celui contre lequel on fait le plus grand déploiement de forces. Pulchérie alla trouver Bérénice.

— Hélas ! dit celle-ci, nous n'avons eu aucune nouvelle d'Onésime depuis son départ, et, d'ailleurs, je ne vois pas trop à quoi il pourrait nous servir. S'il ne fallait que se jeter pour vous dans l'eau ou dans le feu, ce serait notre homme ; mais c'est de l'argent qu'il faut.

— Que faire et que devenir ? dit Pulchérie. Certes, je sais bien que mon pauvre oncle ne pourra garder son château, et qu'il vaudrait mieux cent fois pour lui qu'il le vendît ; mais il ne survivra pas au chagrin de le voir vendre par autorité de justice.

— Onésime m'a donné l'ordre, en partant, de mettre quelque part un signe, si vous ou moi nous avions besoin de lui ; mais qui sait où il est aujourd'hui ? et, d'ailleurs, que pourrait-il faire ?

— Qui sait ? peut-être nous donner un bon conseil, dit Pulchérie, ou nous aider à emmener d'ici M. Malais, pour lui dérober l'événement que je n'espère pas empêcher.

— Eh bien, venez avec moi, Pulchérie ; nous allons mettre le signal convenu, quoique je n'espère guère qu'il puisse en avoir connaissance.

Toutes deux se mirent en route en portant alternativement l'enfant de Pulchérie. En route, celle-ci dit à Bérénice :

— Pourquoi est-ce que tu ne me tutoies plus ?

— Je ne sais, reprit-elle ; ça m'est venu comme ça de ne plus vous tutoyer, sans que j'y aie fait bien de l'attention. Vous étiez une demoiselle savante, riche, puis une grande dame...

— Et, aujourd'hui que je ne suis plus rien de tout cela, aujourd'hui que je suis redevenue une ouvrière comme toi...

— Eh bien, c'est égal... il me semble toujours, comme je le disais à ce pauvre Onésime, que vous n'êtes pas de la même espèce que nous, si vous étiez à peu près de la même couvée. Il y a des poules qui couvent des œufs de poussin et des œufs de canard ; quand ils sont tous éclos, les canards vont trouver l'étang et se jettent à la nage, tandis que les petits poulets continuent à gratter la poussière de la cour.

— Quelle folie ! et qu'en disait Onésime ?

— Il était fort triste ; il vous aimait tant !

Il y eut un moment de silence. Après quoi, Pulchérie reprit :

— C'est égal, je veux que tu me tutoies ; je t'aime comme autrefois et, d'ailleurs, cela me rappelle un temps que je regrette, malgré l'éclat passager qui est tombé sur ma vie. Ce n'est rien d'être pauvre, c'est d'être ruiné qui est pénible. Avec vous, je n'avais ni fortune, ni mari, ni enfant ; aujourd'hui, j'ai perdu ma fortune et mon mari, et je vais bientôt peut-être perdre ce pauvre petit. Je ne suis montée un moment que pour rendre ma chute plus douloureuse. Aide-moi, ma pauvre Bérénice ; laisse-moi revenir par la pensée au temps de notre enfance. Que me reste-t-il au monde ? Un vieillard devenu pauvre comme moi, presque par moi, et qui souffre horriblement de la pauvreté ; un pauvre petit enfant qui est en train de mourir, et toi.

— Et ne suis-je donc rien ? demanda Onésime.

Pulchérie et Bérénice jetèrent un cri d'effroi et ne répondirent pas ; elles tremblaient et avaient peine à se soutenir.

— Pardon ! dit Onésime, je ne croyais pas vous effrayer ainsi. Je pensais, venant ici, où je suis convenu avec Bérénice de placer nos signaux, que vous n'étiez pas si éloignées de songer à moi. Depuis mon départ, je me rends ici tous les soirs pour voir si, l'une ou l'autre, vous n'avez pas besoin de moi.

— Mais tu n'es donc pas allé à Cherbourg ?

— Nous causerons de cela plus tard ; seulement, ayez soin, dans le pays, de ne pas plus parler de moi que si j'étais mort depuis cent ans : cela pourrait nuire à moi et à ceux qui m'auraient fréquenté.

— Ne cours-tu aucun danger ?

— C'est encore là quelque chose dont nous causerons dans un autre moment. Veniez-vous pour placer un signal ? Laquelle de vous deux a besoin de moi ? Tout ce qu'un homme peut faire avec son corps et avec son cœur, je suis prêt à le faire pour vous ; et si, par hasard, ce que vous souhaitez vous semblait dépasser un peu ce que vous croyez dans la force et dans la puissance d'un homme, dites-le-moi tout de même, m'est avis que ça pourra peut-être se faire aussi bien : j'ai des raisons pour penser ainsi.

— Mon bon Onésime ! dit Pulchérie, nous allons plutôt causer avec vous de nos chagrins et de notre vieille amitié, que vous demander votre appui aujourd'hui ; personne ne connaît mieux que moi votre courage et votre dévouement, mais ici le courage et le dévouement ne peuvent rien : il s'agit d'une somme que M. Malais ne peut pas payer, et pour laquelle on va vendre le château de Beuzeval. Vous savez quel coup ce sera pour lui.

— Qui est-ce qui réclame l'argent? est-ce le meunier?

— Non, c'est le fermier Rivet; mais c'est un billet souscrit par mon oncle au meunier.

— Oui, je comprends : le cousin Éloi ne veut pas paraître, mais c'est toujours lui. Il faudra bien, après tant de promesses que je ne lui demandais pas, que le cousin Éloi fasse quelque chose à ma prière... Quel délai M. Malais désirerait-il ?... Six mois ?

— Oh ! mon Dieu, il ne pourra pas plus payer dans six mois qu'aujourd'hui : les fausses spéculations d'un homme dont je ne veux pas parler l'ont complétement ruiné, il faudra que le château de Beuzeval soit vendu ; mais, si j'avais du temps, je l'amènerais tout doucement à la résolution de le vendre volontairement et de se retirer ailleurs avec moi.

— Ailleurs ?... dit Onésime.

— Ailleurs veut dire dans toute autre maison de Beuzeval, ou de Dive, ou de Cabourg. Je ne voudrais pour rien au monde m'éloigner de cette chère Bérénice... et des autres amis de mon enfance, les seuls qui me soient restés... et les seuls que je regretterais. Si vous avez quelque influence sur le meunier, Onésime, obtenez de lui qu'il fasse discontinuer les poursuites et qu'il laisse, dans trois mois, faire une vente *volontaire* du château.

— Mademoiselle, dit Onésime, je vous promets qu'il sera fait comme vous le voulez.

— Vous me le promettez, Onésime ! et quels moyens emploierez-vous ?

— Je voudrais bien le savoir ; mais ce que je sais, c'est que les choses se passeront comme vous le voulez. Je vous quitte, adieu. Surtout ne parlez de moi à personne, et n'oubliez pas que je viens ici tous les soirs, à la même heure à peu près, voir si je ne découvre pas sur cet arbre quelque signe qui me dise que vous avez besoin de moi.

Il embrassa Bérénice, serra une main que lui tendait Pulchérie, sauta par-dessus un échalier et disparut derrière les haies.

— Mon Dieu ! dit Bérénice, je suis bien inquiète de voir mon frère ici, quand il avait reçu une feuille de route pour Cherbourg. Est-ce que ce n'est pas cela qu'on appelle déserter ? Si c'est cela, les gendarmes viendront le chercher un de ces jours... Reconnaissez-vous... reconnais-tu cet arbre, Pulchérie, ce saule auquel il m'a dit de mettre des signaux ?... Peu de temps avant ton départ pour Paris, nous étions encore des enfants tous les trois, nous nous sommes promis de nous aimer toujours, et nous avons gravé nos noms sur son écorce avec le couteau d'Onésime. Depuis, on a enlevé les noms ; mais, comme il a fallu pour cela enlever l'écorce, la marque reste et restera toujours.

Pulchérie avoua que c'était elle qui avait enlevé les noms.

— Onésime aime toujours cet arbre, dit Bérénice, et il y est revenu bien souvent.

XXII

Onésime n'avait pas mis les pieds à Cherbourg ; il avait demandé asile au meunier, chez lequel il ne venait que la nuit, et encore quand le temps était trop mauvais pour rester dans une hutte qu'il s'était construite ou plutôt creusée dans les bois, et où il avait quelques petites provisions.

S'il ne voyait ni son père, ni sa mère, ni Bérénice, c'est qu'il savait bien que c'était chez eux que la gendarmerie ferait ses premières recherches, et qu'il voulait laisser à leurs dénégations toute leur sincérité. Il commençait à s'inquiéter de ne voir aucun signe sur le saule, et, s'il n'avait pas rencontré Bérénice et Pulchérie, il se proposait d'aller, pendant la nuit, appeler sa sœur et lui demander des renseignements.

Pour ne pas compromettre non plus le meunier quand arriverait le moment des recherches, il l'avait averti seulement qu'il viendrait quelquefois coucher dans un grenier dont la fenêtre resterait ouverte par mégarde. Éloi se chargeait lui-même de déposer dans cette cachette du pain, des fromages de Pont-l'Évêque et du cidre.

Onésime était quelquefois quatre ou cinq jours sans y paraître ; il donnait, dans certaines nuits, un coup de main à des pêcheurs qui faisaient la contrebande pour le meunier.

C'était par l'un d'eux qu'il envoyait vendre pour quelques sous, au château de Beuzeval, les plus beaux poissons et les meilleurs coquillages; ce qui faisait dire à M. Malais :

— C'est étonnant, comme le poisson est à bon marché cette année!

La nuit qui suivit sa rencontre avec Bérénice et Pulchérie, au lieu de s'introduire clandestinement dans la maison, il fit entendre un signal convenu pour appeler le meunier; mais celui-ci était en voyage et ne revint que le lendemain.

Onésime attendit le soir et appela de nouveau Éloi, qui cette fois répondit à son signal. Il passa le reste de la nuit à le prier de faire pour M. Malais ce que demandait Pulchérie; prières, supplications, menaces, tout fut inutile.

Le meunier avait une grande affection pour Onésime; mais la haine qu'il avait depuis longtemps conçue pour cette famille, augmentée par les dédains de M. Malais lui-même, était pour lui arrivée à toute l'âpreté de la passion. Il voulait à son tour humilier le châtelain de Beuzeval.

— Onésime, disait-il, je te donnerais plutôt de l'argent.

Onésime apprit alors quel avait été l'emploi de cette journée d'attente qu'il avait passée dans le grenier d'Éloi. Épiphane était allé remplir au château certaines formalités de son ministère, et, le lendemain matin, il devait aller apposer les affiches annonçant que le château de Beuzeval serait, à tel jour, vendu par autorité de justice, à la requête du fermier Rivet.

Désespéré de n'avoir rien pu obtenir du meunier, Onésime, au risque d'être reconnu et arrêté, alla chez Épiphane : il était absent. Pressée de questions, madame Garandin lui avoua qu'il était allé à Trouville chercher deux affiches qu'il devait, le soir même, coller sur les pilastres de la grande porte du domaine de Beuzeval.

Onésime attendit quelque temps ; mais, comme madame Garandin le voyait agité, lorsque Épiphane revint, elle courut à la porte pour avertir l'huissier qu'Onésime était dans la maison. Elle rentra et dit à Onésime :

— Il vient de venir un homme de la part de M. Garandin pour me dire de ne pas l'attendre à dîner ; il ne viendra pas.

Alors Onésime partit, et Épiphane, qui avait attendu son départ, caché derrière la maison, put dîner tranquillement sans être dérangé. Quand le jour commença à diminuer, il envoya chercher un enfant d'une douzaine d'années, qu'il appelait son clerc, auquel il donna à porter un pot plein de colle avec un gros pinceau ; lui-même avait les deux affiches dans sa poche.

Déjà il était près de Beuzeval, lorsque, à un endroit où trois chemins se joignaient à un carrefour, il vit un homme assis sur un tronc d'arbre abattu se lever en brandissant un bâton. Cet homme s'avança vers lui et lui dit :

— Bonsoir, maître Épiphane.

— Bonsoir, Onésime, répondit l'huissier. Ne m'arrête pas, mon garçon, car je suis bien pressé.

— Alors je vais faire un bout de chemin avec vous.

— Je ne vais peut-être pas de ton coté.

— Oh ! si, car moi je vais du vôtre. J'ai à vous parler.

— Écoute... Onésime... j'ai des raisons pour faire ma route seul. Je vais à Trouville.

— On m'avait dit que vous y étiez allé ce matin.

— On le croyait ; mais je n'ai pas pu y aller, et il faut que j'y aille ce soir.

— Bonsoir alors, et que Dieu vous garde de mauvaises rencontres !

— J'en ai déjà fait une, puisque tu m'as fait perdre dix minutes, et je suis en retard... Bonsoir.

XXIII

Épiphane, après avoir fait un petit détour, ne tarda pas à se remettre sur la route du château de Beuzeval, en riant de la façon dont il s'était débarrassé d'Onésime. Il s'arrêta et coupa avec son couteau une branche de frêne.

— Allons, garçon, dit-il à l'enfant qui l'accompagnait, doublons le pas. J'ai, depuis quelques temps, jeté les yeux sur toi pour te faire mon premier clerc, et voici la première opération périlleuse dans laquelle tu m'accompagnes ; encore avons-nous évité le plus grand danger en écartant ce nigaud d'Onésime, qui a je ne sais quel culte pour cette famille Malais. Ah ! si tu avais été avec moi le jour où j'allai vendre les chevaux de ce paysan grossier qui me poursuivit à coups de fourche jusqu'à quelques pas de chez moi, ou bien encore quand les fermiers du côté d'Hennequeville me jetèrent dans l'eau au mois de novembre !... C'est là qu'il faisait chaud ! ou plutôt, c'est là qu'il faisait froid ! Mais, aujourd'hui, ça se passera pacifiquement. Après cela, il est inutile de rester bien longtemps. Marchons un peu, garçon, marchons un peu. Ah ! voici le château. N'avançons pas davantage. Voici une grosse pierre qui sera à merveille pour mettre la colle derrière notre affiche ; nous la porterons toute enduite aux pilastres de la porte.

— Vous vous trompez de route, maître Épiphane, dit Onésime, qui, soupçonnant la fourberie de l'ancien maître d'école, était venu croiser devant le château ; vous vous trompez de route, et ce n'est pas ici le chemin de Trouville.

— J'irai un peu plus tard, mon bon ami. J'avais oublié que j'avais quelque chose à faire par ici, une assez triste corvée, et je me suis ravisé. « Aussi bien, me suis-je dit, voici qu'il fait nuit, et cela fera moins de peine aux habitants de Beuzeval.

— Ne me faites plus de mensonges, Épiphane, et écoutez ce que j'ai à vous dire. Le meunier...

— Éloi Alain n'est pour rien...

— Ne me faites plus de mensonges, je vous le répète, Épiphane ; je sais parfaitement les choses dont je vous parle. Le meunier a deux raisons de faire ainsi la guerre à M. Malais. La seconde est de rattraper son argent ; plus, d'avoir les intérêts de la somme qu'il a prêtée, et Dieu sait quels intérêts ! Nous ne lui avons jamais emprunté que cent écus à la maison ; et, quand nous lui avons eu payé deux cents francs, nous lui devions encore un peu plus de cent écus. C'est sa manière, à cet homme ; il paraît que c'est bien, puisque tout le monde l'en respecte davantage et l'en salue plus bas. Si c'est là la seconde raison, il faut que la première soit bien forte. La première est de se venger d'une affaire qu'il a eue autrefois avec un Malais, un oncle, un cousin, un parent enfin des Malais actuels, et ceci n'est pas tout à fait juste. D'ailleurs, c'est frapper un ennemi à terre. Les Malais sont aussi malheureux aujourd'hui qu'un ennemi peut le désirer. Il prétend aussi que M. Malais a été fier avec lui; mais le meunier, qui est fier avec ceux qui sont au-dessous de lui, veut être l'égal de ceux qui sont au-dessus : c'est sa manie.

» Cette première raison ne regarde ni vous ni moi, et nous n'avons pas à l'aider à faire une mauvaise action pour assouvir une haine injuste. Quant à ce qui est de rentrer dans l'argent qu'il a avancé et dans les intérêts qui ont été convenus, c'est autre chose ; c'est votre métier de lui prêter assistance, et je ne le trouve pas mauvais; mais voici que M. Malais veut bien vendre sa propriété ; seulement, il demande à ne pas subir l'humiliation de la voir vendre par autorité de justice. Il la vendra dans trois mois, et le meunier aura l'argent. N'affichez pas aujourd'hui; demain, nous causerons, vous et moi, avec Éloi Alain ; et, s'il l'exige, on affichera la vente, mais en mettant sur le papier que c'est une vente volontaire.

— Désolé, mon cher Onésime, de ne pas pouvoir vous être agréable ; mais le devoir avant tout.

— Quoi! vous ne voulez pas attendre à demain pour coller vos affiches ?

— Elles sont toutes collées; d'ailleurs, le meunier ne me paye qu'après que les choses sont faites, et... il faut penser à soi. J'ai bien plus d'ouvrage dans une vente par autorité de justice que dans une vente volontaire. Que diriez-vous, Onésime, vous qu'on a surnommé *l'ennemi du poisson*, si je venais vous prier de décrocher un turbot ou un saumon de votre ligne ?

13.

— J'en ai quelquefois décroché pour vous les donner, maître Epiphane.

— Allons, allons, c'est de l'enfantillage. Vous vous tracassez ainsi parce que vous êtes amoureux de la nièce de Malais, à laquelle vous m'avez fait écrire de si belles lettres... Soyez donc bien sûr, mon pauvre Onésime, qu'elle se moque de vous aujourd'hui comme elle s'en est moquée dans le temps. C'est une mijaurée.

— Taisez-vous, misérable drôle ! dit Onésime pâle de colère. C'est bien assez qu'au moyen de votre infâme métier vous aidiez à dépouiller les malheureux ; ne vous avisez pas de les insulter.

— Mon métier n'est pas plus infâme que le métier de déserteur et de contrebandier. Contrebandier veut dire voleur, et déserteur veut dire lâche.

— Au moins, je ne vole que les riches, si c'est voler que de passer quelques balles de tabac en fraude ! Et, si j'ai déserté, ce n'est pas par lâcheté : c'est parce que j'aurais laissé ici des gens qui ont besoin de moi et qui sont exposés aux attaques des bêtes féroces, des vrais lâches, des vrais voleurs, de ceux qui s'attaquent aux faibles pour les dépouiller !

— Le meunier est votre cousin.

— Assez, maître Épiphane. Puisque vous n'avez pas voulu faire de bonne amitié ce que je vous demandais, et attendre jusqu'à demain pour coller vos affiches, nous allons nous y prendre autrement. J'ai promis que vous n'afficheriez pas aujourd'hui, et je vous donne aussi ma parole que vous n'afficherez pas. Une dernière fois, je désire que tout se passe bien entre nous. Je vous prie encore de ne pas afficher, non pas pour l'obtenir, car je sais bien que cela sera comme je l'ai dit, mais pour que je n'aie pas besoin d'en venir à des moyens que je voudrais vous épargner.

— Je crois que ce blanc-bec me menace ! s'écria l'ancien

clerc. L'ami, ajouta-t-il en montrant le bâton de frêne de quatre pieds et demi dont il avait, chemin faisant, raboté les nœuds, ceci a toujours et partout fait respecter Épiphane Garandin. Ceci est Jeannette, ma fidèle amie, et elle a mis à la raison d'autre gars que des contrebandiers et des déserteurs, gens qui ne sont habiles qu'à se cacher et à s'enfuir. Holà ! de la place, et au plus vite ! Jeannette n'aime pas qu'on la fasse attendre.

Ce disant, Épiphane prit son bâton à deux mains et le fit siffler autour de sa tête.

— Maître Épiphane, dit Onésime, je serais fâché d'appliquer sur vous les bonnes leçons que vous m'avez données ; mais j'ai un bâton aussi, et... de bonne grâce, remettez votre opération à demain.

— Holà ! mon premier clerc, barbouille les affiches de colle, mon garçon.

— Ah ! c'est ainsi ?...

— Oui. Maintenant, dit Épiphane se plaçant entre la porte du château et Onésime, va-t'en coller les deux affiches, et n'aie pas peur. Jeannette et moi, nous ne laisserons personne dépasser cette raie-là.

Et il traça une raie entre lui et le pêcheur ; puis il se plaça en garde, tenant le bâton des deux mains sur le côté gauche.

— Il est malheureux, ajouta-t-il, que ta princesse ne soit pas spectatrice de ce tournoi : elle verrait son chevalier bâtonné d'importance.

Onésime, furieux, attaqua l'huissier en lui assénant un coup de bâton sur la tête ; mais celui-ci, levant à temps son arme, para le coup, recula d'un pas et se replaça en garde.

— On ne commence jamais par un coup de tête, mon cher élève, dit-il en ricanant.

Onésime ne répondit pas, et le combat s'engagea ; mais Épiphane, beaucoup plus habile, l'irritait par ses sarcasmes et feignait de lui donner une leçon, proclamant les coups et les parades, et se contentant de riposter par des coups cinglés sur les bras et sur les jambes.

Néanmoins Onésime se défendait assez bien, tout en maugréant de ne pouvoir atteindre son adversaire.

— Ceci n'est pas mal, dit Épiphane en annonçant les coups furieux d'Onésime, comme s'il se fût agi d'un assaut simulé. Feinte de coup de flanc, coup de figure ; paré, riposté sur les bras, paré, très-bien ; deux enlevés, coup de tête, paré... Vous portez toujours à la tête, c'est trop facile à parer ; il faut varier ses coups. Oh ! mieux ! j'ai bien fait de parer celui-ci, il m'aurait fendu en deux... A vous, sur la cuisse, six à une ; à vous, sur le bras, sept à une. Oh ! un coup de bout, paré ; à vous sur les doigts.... Oh ! paré ; oh ! le coup de figure a porté, c'est pour moi, deux à sept.

En effet, le bâton d'Épiphane n'avait pas rencontré assez tôt celui d'Onésime, et il avait reçu la moitié du coup sur l'oreille droite, qui saignait abondamment. Épiphane assura son bâton dans sa main, s'aperçut que la chose était plus sérieuse qu'il ne l'avait cru d'abord ; et, au lieu de coups à moitié retenus qu'il s'était contenté de porter en forme de riposte, il ne négligea rien pour mettre son ennemi hors de combat.

Des deux parts, les bâtons tournoyaient en sifflant autour de la tête et du corps des combattants ; mais un bâton rencontrait presque toujours l'autre, qui couvrait son maître comme un bouclier. Quelques coups cependant portèrent, mais inégalement ; Épiphane en reçut un et en rendit quatre.

Le maître d'école voulut continuer encore quelque temps ses sarcasmes.

— Recevez ceci en l'honneur des dames, disait-il; feinte de coup de figure, rompez d'un pas; feinte de coup de figure à droite et à gauche, coup de tête, parez; oh! vous n'avez pas paré; je vous l'avais cependant conseillé. Ah! diable! celui-ci est pour moi.

Quelques coups qu'il ne réussit pas à parer firent qu'il cessa de plaisanter. Onésime fit voltiger son bâton sur Épiphane, aux bras, aux jambes, à la tête; partout il rencontrait le bâton d'Épiphane, qui arrêtait le sien et le mettait à son tour en danger. Il s'aperçut qu'un de ses bras avait été atteint si rudement, qu'il s'enflait au point de perdre de sa souplesse, et qu'Épiphane avait décidément l'avantage sur lui par son habileté à parer.

Le clerc de l'huissier avait collé les affiches. Onésime vit qu'il ne devait plus prendre conseil que de son désespoir : aussi, au premier coup qu'Épiphane lui adressa à la tête, il ne le para pas et le reçut volontairement; mais, en même temps, faisant passer rapidement sa main droite à l'autre extrémité de son bâton renversé, et présentant à son adversaire le gros bout qu'il tenait toujours de la main gauche, il le lâcha subitement, et le bâton arriva droit, lancé comme un javelot, dans la poitrine d'Épiphane, qui tomba par terre.

Onésime tourna deux ou trois fois sur lui-même, puis s'affaissa et tomba sans mouvement. Le coup qu'il n'avait pas paré lui avait fendu la tête.

Tous deux restèrent ainsi quelques instants. Épiphane se ranima le premier, et, aidé de l'enfant qu'il avait amené avec lui, il se releva, alla remuer du pied Onésime, qui ne fit aucun mouvement, et, appuyé sur l'enfant, s'en retourna chez lui pour se faire panser.

Ce ne fut que quelques heures plus tard, au milieu de la nuit, qu'Onésime reprit connaissance. Il se traîna aux affiches, les chercha et les arracha; puis, gagnant la rivière, il lava la blessure de sa tête, et resta assis au pied du saule où la veille il avait rencontré Bérénice et Pulchérie.

Que faire? Retourner auprès du meunier, lui adresser de nouvelles prières, de nouvelles menaces? Il se mit en route quand il fut un peu reposé, et, avant le jour, alla s'introduire dans la maison d'Éloi Alain. Éloi était parti; il ne devait revenir que le jour suivant. Onésime se le rappela seulement alors.

— Il prétend qu'il m'a fait son héritier, se dit Onésime; je donnerais bien tout l'héritage pour la somme que lui doit M. Malais. J'aurais dû lui demander de l'argent sous un autre prétexte; oui... mais maintenant il ne sera pas dupe de mon stratagème. Je n'ose pas y penser... je désirerais sa mort : ce serait à moi alors que M. Malais devrait de l'argent, et... Mais qu'en fait-il, de son argent, le cousin Éloi, lui qui vit avec du pain, du petit cidre et du fromage, en attendant qu'il le place à gros intérêts? Je me rappelle avoir entendu dire à ce gueux d'Épiphane, quand j'étais enfant, qu'il savait bien où Éloi Alain cachait son argent; qu'il était entré un jour sans avertir, qu'il avait vu le meunier refermer précipitamment une armoire sous son lit, et qu'Éloi s'était mis si fort en colère.

» Si je trouvais la cachette et si je l'ouvrais... Au fait, puisque cet argent doit me revenir un jour... et puis, d'ailleurs, il lui reviendra à lui-même une heure après, puisqu'il servira à le payer; c'est comme si on tirait du cidre à un tonneau par la canelle et qu'on le remît par la bonde. Il y a d'autres billets après celui-là; mais on donnera le temps à M. Malais de quitter le château et de le mettre en vente : c'est ce que veut Pulchérie, il faut que cela se fasse...

Onésime se mit à fouiller la chambre du meunier; il ne tarda pas à trouver la trappe, assez habilement dissimulée pour que quelqu'un qui n'en eût pas connu la place ne la découvrît pas. Onésime frissonna en l'ouvrant. Il se répéta encore que le meunier avait volé M. Malais en faisant des affaires avec lui ; que cet argent qu'il prenait était à lui, Onésime, puisque le meunier ne s'en servirait jamais et le lui avait donné par testament, et enfin qu'il allait revenir dans les mains d'Éloi Alain, en échange du billet de M. Malais.

Il prit en or et en argent la somme que lui avait indiquée Pulchérie. Tout à coup il entendit un faible bruit dans la chambre voisine, et appliqua son œil au trou de la serrure. Que vit-il ? Un autre œil appliqué au même trou, de l'autre côté de la porte.

Onésime, effrayé, éperdu, prit la fuite en sautant par une fenêtre, et alla enterrer la somme dont il s'était emparé au pied du vieux saule. Le jour commençait à poindre ; il partit à travers la campagne et gagna Trouville, où il écrivit par la poste à sa sœur Bérénice :

« Va avec Pulchérie, le soir, auprès de notre saule ; fouillez au pied, du côté opposé à celui où étaient nos noms : vous y trouverez la somme nécessaire pour payer le billet de M. Malais. Que Pulchérie décide son oncle à quitter le château et à le mettre tout de suite en vente.

» Il faut que je me cache soigneusement pendant quelques jours, et je ne puis en ce moment vous être bon à rien. Je ne te dis pas où tu peux m'écrire, parce que je ne le sais pas moi-même. Le hasard seul et le soin de ma sûreté seront mes guides.

» Adieu ! j'ai tenu ma promesse à Pulchérie malgré tout ; pensez à moi toutes deux et aimez-moi.

» Onésime ALAIN. »

XXIV

Onésime ne savait que devenir; il pensa que c'était dans une ville populeuse et agitée qu'il courait le moins de risques d'être remarqué, reconnu et arrêté. Il monta sur un bateau pêcheur qui allait de Trouville au Havre.

— Que ferai-je au Havre? se demandait-il; dois-je aller à Cherbourg et demander à faire mon service? dois-je m'embarquer sur quelque navire pour la pêche de la morue ou de la baleine? Mais Pulchérie?

Arrivé au Havre, il alla avec les ouvriers sans ouvrage au *pont*, où vont les chercher ceux qui en ont besoin. Il fut employé avec quelques autres à des travaux de terrassement; mais cela ne pouvait toujours durer ainsi: d'abord il *s'ennuyait de la mer* et ne s'accoutumait pas à un autre travail; ensuite cette position l'éloignait de ses parents et de Pulchérie autant que s'il eût été au service.

Il écrivit à Bérénice pour avoir de leurs nouvelles, disant que, s'il pensait les laisser tranquilles et en sûreté, il irait se faire juger à Cherbourg, où il comptait bien qu'on aurait de l'indulgence pour lui en considération de sa démarche volontaire.

En attendant la réponse de Bérénice, il passait le temps que son travail lui laissait sur la jetée du Havre, regardant la mer, causant avec les marins de ce qui intéresse les marins, du temps qu'il fait et de celui qu'il fera, des manœuvres bonnes ou mauvaises que font les navires à l'entrée et à la sortie du port, des nouvelles de la mer et de la pêche, comment tel navire a rencontré tel autre qui revient des bancs de Terre-Neuve avec *trente-six mille de morues,* comment on est inquiet de tel ou tel baleinier, etc.

Un jour, le vent soufflait avec violence du sud-ouest depuis le matin; les signaux de la Hève avaient annoncé plusieurs navires; les barques des pilotes étaient sorties avec peine des jetées pour aller au-devant d'eux; la mer était devenue très-grosse.

Cependant tous les bâtiments en vue étaient entrés sans accident; ceux des pilotes qui n'avaient pas *rentré* de navires s'étaient réfugiés dans divers petits ports. La mer, quand elle baissa, eut l'air de se calmer un peu; mais, à la marée montante, le vent se déchaîna avec une nouvelle violence, et une terrible tempête se déclara.

Les lames, quoique la mer ne fût pas encore revenue à sa hauteur, passaient en écumant par-dessus les jetées et lançaient des pierres et des galets avec violence.

Les promeneurs ordinaires s'étaient retirés; quelques marins seulement, se mettant à l'abri derrière la tour du phare, interrogeaient l'horizon.

— Voici un furieux coup de vent, disait l'un.

— Je n'en ai pas vu de pareil, disait un autre, depuis le jour où périt *corps et biens*, en face de Courseules, *l'Aimable-Marie*, qui revenait chargée d'acajou.

— Heureusement que tous les navires en vue sont rentrés; il ne fait pas bon proche de la terre, et il y fera encore pis dans une heure et demie.

— Mais est-ce que je ne vois pas une voile là-bas à l'ouest?

— Non, c'est l'écume.

— Je te dis que c'est une voile, et, de plus, je te dis que c'est un brick, autant que permet de l'affirmer le jour qui commence à baisser.

— C'est vrai, c'est un brick-goëlette; mais il a trop de toile pour le temps qu'il fait.

— C'est qu'il veut essayer l'entrée.

— Entrer au Havre par ce temps-ci... et sans pilote ! J'espère pour lui qu'il n'est pas si fou, et qu'il va reprendre le large.

— Pas le moins du monde, il vient ici *en droiture*.

— Eh bien, si jamais je deviens *négociant*, voilà un capitaine auquel je ne donnerai pas souvent mes navires à commander.

— Est-ce bientôt que tu espères devenir négociant ?

— Ne plaisantons pas ; les hommes qui montent ce navire sont peut-être bien près d'aller chercher leur *décompte* là-haut.

— Ah ! le voilà qui hisse un pavillon pour demander un pilote.

—Ah ! bien, oui, un pilote ! et comment veut-il qu'on sorte ?

En ce moment, un officier du port se présenta sur la jetée.

— Voici, dit-il, un navire qui demande un pilote. La plupart des pilotes ne sont pas rentrés, et probablement ont cherché un asile dans quelque port de la Manche. Y a-t-il des pilotes parmi vous ?

Deux hommes se désignèrent comme pilotes.

— Pensez-vous pouvoir sortir ? demanda l'officier.

— Vous êtes marin, mon capitaine, répondit l'un d'eux, et je m'en rapporte à vous. Croyez-vous qu'un de nos canots de service pourra franchir les jetées sans être chaviré ?

— J'avoue que ce serait une opération dangereuse pour ceux qui l'entreprendraient, et probablement sans résultat pour les pauvres diables qui demandent assistance. Quand le navire verra qu'il ne sort pas de pilotes, il reprendra le large ; ce n'est pas la peine de mettre des gens en péril pour d'autres qui n'y sont pas.

Le navire, en effet, ne tarda pas à amener le pavillon par lequel il demandait un pilote.

— Mais il ne vire pas de bord !

— Non, il va entrer sans pilote.

— Allons donc ! pas possible ! ce serait perdre l'*assurance*. Les assureurs n'assurent plus quand un bâtiment n'a pas de pilote.

— C'est pourtant comme ça, et il faudrait être un *berquer*, un mauvais *gardeux de vaques* et de moutons, pour ne pas voir qu'il *fait pour entrer au port*.

Cependant la mer devenait de plus en plus furieuse. Quelques personnes, qui avaient entendu dire qu'un navire allait entrer sans pilote, arrivaient sur la jetée ; elles voulurent faire des questions aux marins ; mais le bruit du vent et du galet roulé par la mer était devenu si formidable, qu'il fallait crier bien haut et avec une voix sonore pour se faire entendre.

Le navire avait *amené* presque toutes ses voiles ; il ne gardait plus que ses huniers, que l'on perdait même de vue quand il descendait entre les lames, et avec lesquels il courait plus vite peut-être qu'il n'aurait voulu.

Les marins accablèrent de malédictions le capitaine qui exposait ainsi la vie de ses hommes ; puis personne ne parla plus, quand arriva l'instant solennel où le navire se trouva à la hauteur des jetées.

Une foule de gens avaient suivi les premières personnes qui étaient venues près du phare. Les lames crevaient sur les assistants, qui étaient aussi mouillés que s'ils étaient tombés dans l'eau ; mais le spectacle était si imposant, l'anxiété si grande, que personne ne s'en apercevait.

Tantôt le navire, porté sur le sommet des lames, était entraîné avec une rapidité effrayante ; tantôt on le perdait de vue dans les abîmes qui se creusaient entre les vagues.

Le bâtiment cependant arrivait à la passe ; mais quel fut l'effroi des spectateurs quand un des marins dit :

— Les voiles *flavoient* ; il ne gouverne plus !

En effet, le navire tourna à moitié, et une lame épouvantable le porta, au delà de la jetée du sud, sur un banc de sable et de pierre appelé le Pouiller, où il toucha avec un horrible bruit. Un cri d'effroi s'éleva parmi les spectateurs non marins. Le navire touchant le fond était en butte aux coups répétés de la mer.

Il était roulé de côté et d'autre, et on entendait des craquements dans le pied des mâts. Les hommes de l'équipage essayèrent d'abord de le remettre à flot en le repoussant avec des gaffes ; mais la mer montait encore, et rien ne pouvait lui résister.

Le beaupré fut déraciné et tomba en plusieurs pièces. La mer balayait le pont du bâtiment, enlevant tout sur son passage.

Les matelots se réfugièrent dans les mâts qui restaient, et où des lames venaient encore les secouer et les ébranler. Il faisait presque nuit, et l'obscurité ajoutait à l'horreur de la situation. L'officier du port qui avait déjà parlé aux marins revint les trouver et dit :

— L'équipage du navire est perdu, si on ne va promptement à son secours. Ce qu'il eût été insensé tout à l'heure de tenter pour faire entrer un navire une marée plus tôt dans le port, ne peut-on le faire maintenant qu'il s'agit de sauver la vie des matelots ?

— Jamais un canot ne franchira les lames de la jetée.

— Ce serait se noyer de gaieté de cœur.

— Nous avons des femmes et des enfants, et nous devons encore demander quelques chances favorables avant de nous jeter dans un danger.

— Personne n'ira-t-il donc à leur secours ? dit un des assistants étrangers ; verra-t-on périr six hommes sous les yeux d'une population entière sans rien tenter pour les sauver ?

— Voici la mer qui commence à enlever les bordages du navire. Dans une heure, il n'en restera pas deux planches jointes ; dans une demi-heure, les hommes seront noyés.

Alors un jeune homme vêtu en ouvrier éleva la voix et dit :

— Qu'on me donne une embarcation avec quatre hommes, et j'y vais.

— Bravo ! dit l'étranger qui avait déjà parlé ; je donne cent francs à chaque homme.

— Ce n'est pas pour de l'argent qu'on fait ces choses-là, dit l'ouvrier.

— Pardon, monsieur, vous avez raison, dit l'étranger ; je serai le second.

— Allons, mes amis, dit le jeune homme, faisons pour eux ce que d'autres feront peut-être pour nous dans huit jours. Comme il faut bien être noyé un jour, il vaut mieux que ce soit en essayant de sauver nos semblables. Qui vient avec moi ?

— Tant pis, j'y vais.

— Et moi aussi.

— Vite, une embarcation !

Ces hommes qui se dévouaient coururent à la place des pilotes. Une partie de la foule les suivit, le reste demeura sur la jetée. Au moment de partir, on se trouva six ; il n'en fallait que cinq.

— Êtes-vous marin ? demanda l'ouvrier à l'inconnu.

— Non, je ne puis que partager vos dangers.

— Alors restez à terre ; vous nous gêneriez. En route, mes amis, et à la grâce de Dieu !

L'ouvrier fit le signe de la croix ; ses compagnons l'imitèrent, et ils descendirent dans un canot qui s'élevait et s'abaissait sur les vagues de telle façon que des marins seuls pouvaient l'atteindre et s'y tenir.

Les compagnons de l'ouvrier se hâtèrent de mettre les avirons en place et de s'asseoir sur les bancs de rameurs; il prit la barre du gouvernail.

La partie de la foule qui avait abandonné la jetée pour assister à l'embarquement retourna sur la jetée pour suivre la pirogue aussi bien que le permettrait la nuit, alors presque tout à fait tombée. Les marins et les bourgeois échangeaient leurs impressions.

Groupe de marins. L'homme qui est à la barre... est-ce un marin ?

— Je ne le connais pas.

— Moi, je l'ai vu au pont travailler avec les terrassiers.

— Si ce n'est pas un marin et un fin marin, lui et les hommes qui l'accompagnent sont aussi bien perdus que s'ils étaient morts l'année dernière. La pirogue chavirera avant de sortir des jetées.

Groupe de bourgeois. Ah! mon Dieu! on ne voit plus le bateau... Il est englouti !

— Non, le voici qui remonte sur la lame... tout en haut...

— Ah! les voilà qui redisparaissent.

Groupe de marins. Le cap sur Dive... Bien... ça n'est pas mal *barré* (gouverné). Il est de l'état.

— La mer les repousse... Voilà trois fois qu'ils manquent à franchir la lame.

— Ça y est... En voilà un bout de fait; mais la mer brise furieusement sur le Pouiller... Les voilà chavirés. Il n'y a pas d'eau. La pirogue est remise à flot et ils regrimpent dedans. Il n'y a personne de blessé. Bien *nagé* (ramé) et bien barré. Les voici qui approchent de la goëlette, mais ils vont se briser dessus. Ah ! bien, très-bien ! ils abordent contre la lame; le pilote s'est élancé à bord. C'est un chat, cet homme-là. Je ne vois plus guère rien.

— Je vois un mouvement dans les vergues du brick-goëlette ; c'est sans doute les matelots qui descendent pour embarquer dans la pirogue.

— Vois-tu quelque chose?

— Non ; et toi?

— La mer est noire comme un four. Tout ce que je sais, c'est que le vent fraîchit encore et qu'ils n'ont pas fait la moitié de la besogne; et encore quand la pirogue va être chargée... Pauvres gens !

— Ah bah ! ça sera notre tour demain. Écoutons. Entendez-vous les avirons ?

— On n'entendrait pas Dieu tonner, avec ce vent et cette mer furieuse ; mais je vois comme une ombre.

— C'est, ma foi, la pirogue. Elle est dans les brisants, ils ont abandonné la goëlette... Je ne la vois plus... Ah ! je l'ai revue sur le sommet d'une lame.

A ce moment, en effet, la pirogue passait entre les jetées et entrait dans l'avant-port.

— Ils sont sauvés !

Des hourras et des applaudissements dominèrent un instant le bruit du vent et de la mer.

On courut aider le pilote inconnu et ses quatre compagnons à tirer de la pirogue les hommes qu'ils venaient de sauver et qui étaient plus d'à moitié morts. Puis on embrassa les courageux marins, moins l'ouvrier, qui s'était perdu dans la foule aussitôt que le canot avait touché l'escalier.

On l'appela, on le chercha ; mais il était tard, chacun rentra chez soi. Le capitaine du navire échoué pria les quatre marins qui s'étaient dévoués pour ses hommes et pour lui d'assister à une messe qu'il ferait dire le lendemain, en exécution d'un vœu qu'ils avaient fait quand ils n'espéraient plus de secours des hommes.

L'étranger qui avait voulu partir avec les marins et qui s'appelait le comte de Sievenn, demanda la permission d'as=

sister à la cérémonie et d'offrir un déjeuner à l'équipage sauvé et à ses libérateurs.

Il se mit ensuite à la recherche du jeune et hardi pilote pendant toute la soirée.

Le lendemain, comme il se dirigeait vers l'hôtel qu'habitaient les marins de la goëlette, il passa près du pont Rouge, et, s'approchant d'un groupe d'ouvriers qui attendaient qu'un entrepreneur ou un bourgeois vînt leur offrir de l'ouvrage, il s'écria tout à coup :

— C'est lui, c'est bien lui !

Et, secouant la main du jeune homme, il l'embrassa et lui dit :

— Il faut que vous veniez. Les marins que vous avez sauvés hier ont fait un vœu, et il faut que vous y soyez. Ensuite vous me ferez, comme eux et vos quatre compagnons d'hier, l'honneur de déjeuner avec moi.

Après quelque hésitation, l'ouvrier se laissa entraîner. Le capitaine l'embrassa et voulut absolument lui donner sa montre.

— Ce n'est pas une récompense, ajouta-t-il ; c'est un souvenir d'amitié.

Bientôt arriva l'heure fixée pour la cérémonie du vœu.

Tous les marins de l'équipage, le capitaine en tête, se mirent en route pour l'église.

Ils avaient la tête et les pieds nus, et marchaient dans un profond recueillement que partagea, malgré elle, la foule accourue pour les voir, mais respectueusement entr'ouverte pour leur livrer passage.

Le clergé les attendait à la porte de l'église, et la touchante et majestueuse cérémonie commença.

Le déjeuner offert par le comte de Sievenn fut splendide. L'ouvrier et ses quatre compagnons eurent les places d'honneur.

Le cidre ne parut à table que pour la forme et l'honneur de la Normandie ; mais, sur un signe de l'étranger, les garçons de l'hôtel ne tardèrent pas à l'enlever, et le remplacèrent par de bon vin.

Comme on commençait à chanter, on vit paraître subitement deux gendarmes dans la salle.

— Que personne ne bouge, dit le brigadier. Au nom de la loi, lequel de vous s'appelle Onésime Alain ?

L'ouvrier, qui avait d'abord pâli, reprit du calme aussitôt et dit :

— C'est moi... Que voulez-vous ?

— Êtes-vous Onésime Alain, de Dive ?

— Je m'appelle Onésime Alain, et je suis né à Dive.

— Vous allez nous suivre.

Tous les convives se récrièrent :

— Mais c'est un honnête homme ! c'est lui qui nous a sauvé la vie à tous ! Nous ne le laisserons pas emmener.

Et ils se jetèrent entre Onésime et les gendarmes.

Le comte de Sievenn leur donna des explications ; mais ceux-ci exhibèrent leur mandat d'amener contre Onésime Alain, de Dive, profession de... marin, *déserteur*.

Onésime pria ses convives de ne mettre aucun obstacle à la mission des gendarmes.

Le comte de Sievenn lui dit :

— Après ce que je vous ai vu faire cette nuit, je suis votre ami. Je suis fâché qu'il vous arrive malheur ; mais je ne laisserai pas échapper une occasion qui se présente si vite de vous montrer mon dévouement. Qu'avez-vous fait ?

— J'ai reçu une feuille de route pour Cherbourg. Des amis et des parents avaient alors de moi un besoin indispensable ; je me suis caché et je ne suis pas parti. J'attendais ici une lettre pour aller moi-même me faire juger à Cherbourg. Il aurait mieux valu que je me fusse livré, comme c'était mon intention ; j'aurais sans doute trouvé de l'indulgence dans mes juges.

— Je ne vous quitterai pas, dit le comte ; je me charge de votre avocat, et je parlerai moi-même à vos juges. Si vous êtes condamné, je suis sûr que j'obtiendrai votre grâce du roi.

Le capitaine du brick naufragé avait quelques jours à lui ; les compagnies d'assurance faisaient faire l'expertise du sinistre éprouvé par son bâtiment. Il voulut témoigner à Onésime sa reconnaissance pour le service qu'il lui avait rendu en allant à Cherbourg avec le comte de Sievenn, qui, avant de quitter le Havre, avait écrit au ministre de la marine.

Aussitôt arrivé à Cherbourg, Onésime fut conduit à la prison par les mêmes gendarmes qui l'avaient arrêté au Havre ; mais le comte ne tarda pas à recevoir la réponse du ministre. Onésime, au bout de quinze jours de captivité, fut jugé et acquitté.

Le président du conseil de guerre venait de prononcer la formule ordinaire :

— Le tribunal ordonne que le prévenu sera immédiatement élargi, s'il n'est détenu pour autre cause, et mis à la disposition du ministre de la marine pour faire son service.

Le comte, qui avait en poche une lettre du ministre annonçant qu'Onésime Allain retournerait dans ses foyers et serait appelé ultérieurement, avait serré la main au pêcheur.

Les gendarmes, entre lesquels était placé Onésime, s'étaient écartés pour le laisser sortir, lorsque le procureur du roi, entrant dans la salle d'audience, fit signe aux gendarmes de retenir leur prisonnier, et, lisant un papier qu'il avait à la main, il dit :

— Attendu que le nommé Onésime Alain, de Dive, est prévenu du crime d'assassinat suivi de vol sur la personne d'Éloi Alain, de Dive, requérons qu'il soit réintégré en prison, et tenu à la disposition du ministère public.

Toute l'assistance fut frappée d'étonnement et d'horreur. Le comte de Sievenn et le capitaine s'éloignèrent instinctivement d'Onésime. Celui-ci fut d'abord comme étourdi, puis il s'écria :

— Mais c'est un rêve, j'ignorais la mort de mon cousin Éloi... Mon cousin Éloi est donc mort?... Moi... un assassin !

— Gendarmes, dit froidement le procureur du roi, le prévenu s'expliquera avec le juge d'instruction; emmenez-le.

Les gendarmes saisirent Onésime par les bras; mais lui, les écartant d'une secousse, s'écria d'une voix forte :

— Attendez. Avant de vous suivre, je veux dire à haute voix à mes amis que je suis en ce moment victime d'une fatale erreur ou d'une atroce calomnie, et que je ne suis pas un assassin.

Les gendarmes l'avaient déjà repris par le bras. Cette fois, il les suivit sans résistance; mais, au lieu d'être reconduit dans la prison qu'il avait quittée le matin, il fut renfermé dans un cachot, après qu'on l'eut fouillé scrupuleusement et qu'on lui eut enlevé tout ce qu'il pouvait avoir sur lui.

En vain Onésime cherchait à s'expliquer comment Éloi pouvait être mort, et comment lui, Onésime, était accusé de l'avoir tué. De temps à autre, il se disait :

— Allons, c'est un rêve, je vais bientôt me réveiller. Mais non, ajouta-t-il, je ne dors pas... C'est une erreur... On découvrira qu'on s'est trompé... Oui, mais quelquefois, on a condamné des innocents !

Puis il se disait encore :

— Qu'est-ce donc que cet œil que j'ai vu à travers la serrure quand je prenais l'argent pour M. Malais? N'est-ce pas mon cousin, qui, voyant qu'on lui avait pris une partie de son argent, se sera tué de désespoir? et alors ne suis-je pas, en effet, son assassin? et la justice ne saura-t-elle pas que j'ai envoyé une somme assez forte à Pulchérie? et ignorera-t-on longtemps que j'étais dans le pays, que je me cachais? Ne peut-on m'avoir vu chez le meunier? Je suis perdu!

Il demanda du papier pour écrire au comte de Sievenn : il voulait lui dire toute la vérité; mais on lui répondit que, jusqu'à nouvel ordre, il était au secret et ne pourrait communiquer avec personne.

Le lendemain, il fut conduit dans le cabinet du juge d'instruction, qui lui donna connaissance du procès-verbal, duquel il ressortait que, tel jour, précisément le lendemain du jour où Onésime s'était enfui de Dive, comme ne ne voyait pas sortir le meunier, le garçon du moulin s'était inquiété et était allé frapper à la porte de la chambre sans recevoir de réponse.

Quelques instants après, le sieur Épiphane Garandin, ancien maître d'école, aujourd'hui huissier, était arrivé pour rendre compte à Éloi Alain de diverses exécutions qu'il avait à faire pour lui, et l'avait demandé.

Le garçon lui ayant dit qu'il ne l'avait pas vu de la journée et qu'il commençait à trouver cela singulier, le sieur Épiphane Garandin l'avait engagé à faire chercher le maire et à ouvrir la porte, ce qui avait été fait; par suite de quoi, on avait trouvé le corps du meunier étendu sur le carreau.

Un médecin appelé avait déclaré qu'il était mort étranglé, et que la mort remontait à douze ou quinze heures. Tout portait à croire que l'assassin avait rencontré une vive résistance. Les mains crispées de la victime tenaient un morceau de drap déchiré que, par un hasard singulier, on n'avait pu retrouver quelques instants après, lorsqu'on avait voulu l'annexer au procès-verbal.

Une déposition importante avait été faite par le sieur Épiphane Garandin : il avait révélé que le nommé Onésime Alain, cousin de la victime, marin réfractaire, vivait depuis quelque temps caché dans le pays, que lui-même, le jour où avait dû être commis l'assassinat, il avait subi de la part de cet homme une attaque dans laquelle il avait été blessé de plusieurs coups de bâton.

Il avait appris par la servante du meunier que ledit Onésime s'était, le même jour, introduit par une fenêtre dans la maison d'Éloi Alain, et que sans doute il avait pris la fuite dans la même nuit, car on ne l'avait pas revu le lendemain.

Le sieur Épiphane avait ajouté que, dans son opinion, l'attaque qu'il avait subie de la part dudit Onésime avait pour but de s'emparer d'une somme d'argent qu'il devait avoir quelque raison de supposer avoir été reçue par lui, Épiphane, pour le compte du meunier.

Onésime fut épouvanté de cette déposition ; il annonça au juge d'instruction qu'il allait dire toute la vérité. Il avait voulu sauver des amis poursuivis injustement par son cousin. Ayant épuisé tous les moyens imaginables pour obtenir en leur faveur au moins un délai, il avait pris à son cousin, qu'il savait absent, une somme qui devait servir à le payer.

Il s'était enfui, parce qu'un œil qu'il avait vu à travers la serrure lui avait fait penser qu'il était découvert. Ce qui l'avait décidé à prendre ainsi l'argent de son cousin, c'est qu'il savait comme tout le monde qu'il était l'unique héritier d'Éloi Alain, auquel, d'ailleurs, la somme serait remise peu d'heures après.

Le seul résultat de l'enlèvement de l'argent devait être le délai qu'il avait demandé pour ses amis. Il indiqua le véritable sujet de son combat avec Épiphane ; la colère conservée par Épiphane pouvait expliquer, disait-il, une certaine animosité qu'il remarquait dans sa déposition.

Quelques circonstances pouvaient tromper Garandin, et celles-là, Onésime ne les niait pas ; mais il en était d'autres que l'ancien maître d'école altérait beaucoup ou supposait entièrement. Le juge d'instruction fit son procès-verbal, et dit à Onésime qu'il ne lui cachait pas que ses conclusions ne lui étaient pas favorables, que ses aveux ne lui semblaient pas complets ; que, sans doute, surpris par le meunier et menacé par lui d'une dénonciation, il l'avait tué pour s'assurer son silence. Onésime demanda la faculté d'écrire et de voir quelques personnes, ce qui lui fut accordé.

Pendant ce temps, on était bien triste à Dive. Quand arriva la lettre dans laquelle Onésime disait à Bérénice d'aller avec Pulchérie prendre l'argent au pied du saule, on connaissait déjà la mort du meunier.

Bérénice sentit un horrible frisson, et n'osa pas se dire à elle-même l'épouvantable pensée qui naissait tout à coup dans son esprit. Elle alla trouver Pulchérie.

Celle-ci, le soir même où elle avait vu Onésime au bord de la rivière de Beuzeval, ne comptant pas beaucoup sur le résultat de ses efforts, avait décidé M. Malais à quitter le château pour lui épargner l'humiliation de le voir mis en vente.

M. Malais s'était dit à lui-même ce qu'il se proposait de dire aux autres, que ce château lui était devenu insupportable depuis la mort de madame Dorothée Malais ; que l'air, d'ailleurs, y était trop vif pour l'enfant de Pulchérie, et que, dans l'intérêt de la santé du jeune comte, il habiterait la vallée jusqu'à ce qu'il eût trouvé l'occasion d'acheter quelque magnifique domaine, ce qui ne tarderait pas beaucoup, attendu que ses hommes d'affaires en avaient plusieurs en vue.

Le lendemain matin, dès l'aurore, il sortit à cheval. Pulchérie lui avait demandé de lui laisser le soin de leur installation dans une petite maison qui se trouvait vacante à Cabourg ; elle y avait fait transporter les meubles, le linge, tout ce qui leur était nécessaire, et, le soir, au lieu de rentrer au château, M. Malais était allé coucher au nouveau logement.

Ainsi ils n'habitaient plus Beuzeval lorsque Onésime avait eu ce combat acharné avec Épiphane pour l'empêcher d'afficher la mise en vente du château.

Bérénice et Pulchérie ne purent pas douter du crime d'Onésime.

— Il t'aimait tant ! disait Bérénice ; il aurait détruit le monde entier pour satisfaire un de tes désirs.

— N'y a-t-il donc aucun moyen de le sauver ? disait Pulchérie.

Toutes deux pensaient, comme le juge d'instruction, que, surpris par Éloi Alain au moment où il lui prenait son argent, une lutte s'était engagée entre eux, et que le meunier avait succombé.

— Il ne me manquait plus, disait Pulchérie, que d'être la cause d'un si grand malheur !

Elles décidèrent entre elles qu'elles brûleraient la lettre d'Onésime et qu'elles laisseraient l'argent au pied du saule où il avait été enfoui ; mais, après les aveux d'Onésime au juge d'instruction, on fit une descente chez Tranquille Alain, et, sur la vue du procès-verbal qui constatait ses aveux, Bérénice désigna le saule, au pied duquel on n'eut pas de peine à trouver l'argent.

Une lettre d'Onésime à ses parents contenait le récit qu'il avait fait au juge d'instruction.

« Nous sommes malheureux, disait-il, mais nous ne sommes pas déshonorés ; je suis innocent du crime dont on m'accuse ; un concours effrayant de circonstances vient déposer contre moi : peut-être si, j'étais juge, condamnerais-je un homme dans ma position ; mais à vous, mes bons et malheureux parents, à ma sœur Bérénice et à Pulchérie, à laquelle je demande instamment qu'on montre cette lettre, je jure sur le sang du Christ que je n'ai même pas vu le meunier dans la nuit fatale où il a perdu la vie. »

Le comte de Sievenn, après des conférences multipliées avec l'avocat d'Onésime et des démarches actives auprès des juges, eut la conviction qu'Onésime serait condamné ; cependant, malgré les indices accumulés contre lui, il croyait à son innocence ; on espérait toujours que l'instruction amènerait quelque incident qui pourrait éclairer la justice.

— Mais, disait le comte au juge d'instruction, comment expliquez-vous ce lambeau de drap de couleur foncée vu d'abord aux mains crispées de la victime, et qu'on n'a pu retrouver, tandis que les témoins qui ont rencontré l'accusé ce jour-là affirment tous qu'il était vêtu de toile ?

— Cela prouverait tout au plus qu'il avait des complices.

Quelques jours avant le jugement, le geôlier, un matin, ne trouva plus Onésime dans la prison ; on envoya de tous côtés le signalement du fugitif, et on remit la cause à une autre session, au lieu de passer outre, sans aucun doute par l'intervention du comte, qui espérait, disait-il toujours, que le temps viendrait prouver l'innocence d'Onésime.

Cet espoir, malheureusement, ne se réalisa pas.

A la session suivante, Onésime absent fut déclaré coupable et condamné à la peine de mort ; mais quelqu'un qui traversa le pays avant le jugement prétendit savoir positivement qu'Onésime s'était noyé, et donna sur sa fin des détails qui ne permettaient guère d'en douter.

On ouvrit le testament du meunier : il avait légué tout

son bien, qui était considérable, à Onésime, sauf une pension viagère à sa servante.

Au cas où Onésime mourrait avant ladite servante, elle aurait l'usufruit du tout, qui, après sa mort, retournerait à la famille du meunier. Le bien du meunier, aux termes de la loi, fut mis sous le séquestre, comme appartenant à Onésime, *contumax*, sauf à le faire déclarer indigne et à faire annuler le testament, s'il était plus tard prouvé qu'il était l'assassin du meunier; la pension de la servante fut payée par provision.

Il y eut une grande tristesse dans la maison de Risque-Tout. Il était fort rare qu'on parlât d'Onésime et de son affaire, quoique chacun y pensât en secret. Bérénice seule, après avoir bien écouté son cœur, était sûre de son innocence.

XXV

Une année s'était écoulée; les bains de Beuzeval étaient de nouveau très-fréquentés sous la direction habile de dame Épiphane Garandin.

Quant à maître Épiphane, il avait complétement changé de manières. Autrefois il s'habillait autant que possible d'une façon au-dessus de son état; ses affublements n'étaient pas, en général, d'un goût irréprochable, mais ils étaient de cette magnificence laborieuse qui expose les prétentions et la sottise de celui qui les porte.

Maintenant il n'avait plus que de vieux habits rapiécés; il se plaignait de la pauvreté et de la dureté des temps, il ne mangeait que des croûtes de pain et la viande de rebut, il ne changeait plus jamais de chapeau.

Le plus assidu sur la plage des étrangers réunis à Beuzeval et à Dive était, sans contredit, un grand vieillard maigre qui ne se baignait jamais, mais se rendait agréable à tout le monde par sa politesse, son extrême complaisance, une patience à toute épreuve pour écouter tout ce qu'on voulait lui dire, et la plus étonnante crédulité.

Ce vieillard, qui semblait d'ailleurs atteint d'une surdité presque complète, se nommait Bréville.

M. Malais rencontrait souvent M. Bréville sur la plage, et le trouvait infatigable à écouter les récits des magnificences de sa vie. Depuis qu'il demeurait à Cabourg, dans une petite maison, sous les yeux de tout le monde, il avait reculé devant les déguisements de son cheval; il était un jour sorti sur Mouton, orné de son étoile blanche, s'était montré partout, avait causé avec vingt personnes différentes, en annonçant qu'il allait vendre son cheval; que, maintenant qu'il se faisait vieux, il n'avait plus besoin de deux chevaux, qu'il gardait le meilleur et se défaisait de l'autre; il ne revint que dans la nuit, rentra sans bruit, remit son cheval dans son écurie, et effaça l'étoile blanche.

Le lendemain, il se promena sur Pyrame, disant à qui voulait l'entendre qu'il avait vendu Mouton mille francs. Malgré la singulière assurance avec laquelle il débitait ces contes, il était forcé de prendre quelques précautions avec les gens du pays, qui se permettaient parfois des objections, tandis que M. Bréville, non-seulement, en sa qualité d'étranger, n'était pas frappé par quelques invraisemblances et quelques contradictions, mais encore ne doutait jamais de ce qu'on lui disait, et approuvait tout, pour paraître avoir entendu.

Le hasard avait mis M. Bréville en rapport avec plusieurs des personnages que nous connaissons. Il rencontrait souvent Tranquille Alain, quelquefois aussi Pélagie et Bérénice; il leur parlait avec affabilité et achetait leur poisson; il commanda à Bérénice une assez grande quantité de dentelles pour une personne de sa famille, dont il lui paya une partie d'avance.

Pulchérie y travaillait avec Bérénice, quand on ne lui donnait pas de broderies à faire. Au bout de quelque temps, M. Bréville prit à son service comme femme de charge, Désirée, la servante du meunier.

Une des personnes dont M. Bréville s'était également concilié l'estime et la confiance était une grande et grosse femme, faiseuse de vers et mère d'une charmante fille dont elle était beaucoup moins fière que de ses mauvais vers.

Elle avait, l'hiver précédent, fait d'avance et écrit ses impressions à l'aspect de la mer, et elle les avait emportées comme elle avait emporté ses chapeaux. La première fois qu'elle aborda M. Bréville, c'était à la fin du jour; il était assis sur une chaise, les deux mains croisées sur la pomme de sa canne, et le menton sur ses deux mains. Il regardait le soleil qui allait disparaître derrière la Hève.

— Quel magnifique spectacle que la mer! s'écria-t-elle; comme cet aspect emporte l'âme dans les régions de l'infini!

— Un beau coucher de soleil, madame! avait répondu M. Bréville en la saluant. Vous êtes ici pour prendre les bains? ajouta-t-il.

— Non, monsieur; j'y ai amené ma fille, pour laquelle je vis uniquement, qui est l'objet de toutes mes pensées et de toutes mes affections.

— Les enfants nous récompensent souvent bien mal, madame, avait répondu M. Bréville, qui avait cru entendre *afflictions.*

Il y avait aussi un jeune homme toujours bien cravaté, bien ganté, et portant de longs éperons dont les molettes s'émoussaient singulièrement sur le sable de la mer et sur le galet.

Celui-ci ne parlait que de ses chevaux, de ses bonnes fortunes, de ses duels. Il désignait par leurs prénoms tout ce qu'il y avait de distingué à Paris dans la politique, les arts et le monde.

Il s'appelait le vicomte Morgenstein. Il était fort gracieux pour la grosse femme de lettres et pour sa fille. Comme elles, il avait choisi Dive pour prendre les bains de mer, parce que, fatigué du *grand monde*, il ne voulait pas le retrouver à Dieppe, au Havre ou à Trouville.

Il régnait depuis quelques jours un vent de nord-est qui avait interrompu les bains. On était fort embarrassé de son temps. M. Bréville proposa des promenades dans les environs. Il eut soin de réunir des ânes pour les femmes ; les hommes accompagnèrent à pied.

Le hasard dirigea la promenade vers le château de Beuzeval. Il était affiché à vendre. On entra pour le visiter ; on loua, on blâma ; cependant la jeune Claire, la fille de madame du Mortal, la femme de lettres, ayant dit, à l'aspect d'un couvert de tilleuls, que ce serait charmant pour danser, M. Bréville répondit froidement :

— Vous trouvez, mademoiselle ? Alors je vais acheter le château, et, si vous voulez, dimanche prochain, j'aurai l'honneur d'ouvrir avec vous, sous ces tilleuls, un bal, qui, je l'espère, donnera quelques distractions à nos aimables baigneuses.

On rit beaucoup de la plaisanterie ; mais, le vendredi suivant (on était au mardi), toutes les personnes qui se trouvaient aux bains reçurent une invitation pour venir danser au château de Beuzeval de la part de M. Bréville.

Cette vente ne changea rien à la position de M. Malais et de Pulchérie. Il se trouva que les sommes dues à l'héritage du meunier, par M. Malais et par son gendre défunt, dépassaient de beaucoup le prix à payer pour l'acquisition.

Ce prix fut déposé à la caisse des consignations. La mort d'Onésime n'ayant pas été légalement prouvée, et sa condamnation n'ayant été prononcée que par contumace, ses biens provenant de la succession d'Éloi Alain devaient rester sous le séquestre pendant cinq ans.

M. Bréville s'était informé auprès de Désirée pour avoir de la musique. Elle lui avait indiqué M. Éphiphane Garandin, qui avait un magnifique talent sur le flageolet, mais qui ne voudrait peut-être plus faire le ménétrier, maintenant qu'il avait été huissier, comme il le faisait quand il était instituteur.

Il faut garder son rang.

Cependant, comme il n'était pas bien riche, et que, comme elle, il avait beaucoup perdu à la mort du meunier, puisqu'il était forcé de travailler en journée, l'espoir d'un bénéfice honnête pourrait bien le séduire.

M. Bréville alla donc trouver maître Épiphane Garandin. On le fit attendre longtemps à la porte après qu'il eut frappé; puis madame Épiphane vint ouvrir, très-rouge et très-troublée. Elle était assez misérablement vêtue.

Un vieux bonnet qu'elle avait remis à la hâte n'était pas parfaitement droit sur sa tête; mais un collier d'or à son cou faisait un singulier contraste avec la pauvreté de ses habits. M. Bréville ayant demandé maître Épiphane Garandin, elle l'appela à plusieurs reprises.

Il se fit attendre quelque temps encore; puis, quand il arriva, il pâlit, rougit, et, tout en demandant à M. Bréville ce qu'il désirait de lui, il s'efforça d'attirer l'attention de sa femme par des signes réitérés sur son magnifique collier d'or. Après quelques hésitations, elle finit par se retirer, et, quand elle rentra, elle n'avait plus de collier.

15

— Vous vous appelez Galantin, monsieur ?

— Non, monsieur... Garandin.

— Oh ! très-bien, et vous êtes huissier ?

— Je l'ai été, monsieur. Les temps étaient si difficiles, les affaires si mauvaises, que j'ai été obligé de faire quelque autre chose en même temps. J'avais des ennemis ; on m'a calomnié, on m'a obligé de vendre ma charge, et je l'ai revendue rien du tout, attendu que personne n'a voulu venir s'établir ici, et que l'huissier de Trouville m'a acheté pour quelques pièces de cent sous ma clientèle, mes cartons et mes chaises. Je vis comme je peux avec ma pauvre femme. J'ai été clerc autrefois, je donne quelques leçons, je fais les comptes des ouvriers, puis je travaille de mes bras.

— Alors vous n'aurez aucune répugnance à venir faire de la musique chez moi. J'ai acheté une maison qu'on appelle le château de Beuzeval, et je veux, dimanche, faire sauter quelques jeunes filles.

— Très-volontiers, monsieur.

— Vous jouez, m'a-t-on dit, du flageolet?

— Passablement, monsieur.

— Très-bien. Je vous attends dimanche à sept heures du soir.

Le château était resté en partie meublé ; cependant il y manquait beaucoup de choses. M. Bréville avait prié Désirée de prendre, pour ce jour-là, la direction de la maison, et de surveiller les rafraîchissements en s'adjoignant deux jeunes filles pour servir.

— Il paraît, lui dit-il, que l'homme chez lequel vous m'avez envoyé n'est pas riche. Il s'est montré enchanté de l'occasion de gagner quelque chose. Cependant sa femme avait un très-beau collier qui m'a paru être en or.

— Monsieur s'est trompé. Si madame Garandin avait jamais eu de sa vie un collier en or, il y a longtemps qu'il serait vendu.

A quoi M. Bréville répondit :

— En effet, je pensais bien que cela ne devait pas être de l'or :

Le soir, elle dit à Garandin :

— Il paraît que madame Garandin a des colliers en or.

— Eh ! non, dit Garandin, c'est un vieux collier en imitation.

— Oui, joliment... Monsieur a vu le contrôle... Après ça, ça m'est bien égal... Faites comme il vous plaira, je m'en lave les mains.

M. Malais avait reçu une invitation de la part de l'acquéreur du château de Beuzeval, et il s'y rendit, après quelque hésitation entre le chagrin de revoir cette propriété, dont il avait été si cruellement dépossédé, et l'importance qu'il pourrait se donner, ce soir-là, comme ancien propriétaire du château de Beuzeval.

Il eut soin de dire qu'il s'était défait de cette habitation parce qu'elle était devenue trop triste pour lui depuis qu'il y avait perdu son fils, sa femme et le mari de sa nièce.

— Vous ne m'aviez pas parlé de votre nièce, monsieur de Beuzeval, et je vous en veux de ce que je n'ai pu l'engager à embellir notre petite soirée de sa présence.

— Mille remercîments ; ma nièce, madame la comtesse de Morville, ne serait pas venue ; le deuil de son mari n'était pas terminé, qu'elle a perdu son enfant ; depuis ce temps, elle ne va plus dans le monde, elle vit dans la retraite la plus absolue, et ne voit qu'une famille de pêcheurs, chez lesquels elle a été mise en nourrice. J'ai renoncé moi-même au monde pour ne pas la contrarier, et je ne reçois personne chez moi, pour ne pas la condamner à s'enfermer dans sa chambre, ce qu'elle ne manque pas de faire, quand par hasard il arrive quelqu'un qu'on ne peut se dispenser de recevoir.

On se promena dans la propriété nouvellement acquise.

M. le vicomte de Morgenstein prit occasion de chaque chose qu'on visita pour parler de choses analogues, mais beaucoup plus belles, à lui appartenant.

M. Bréville loua la beauté des meubles que lui avait laissés M. Malais, qu'il n'appelait que M. de Beuzeval. Celui-ci lui dit :

— Vous n'êtes pas difficile... Je ne vous cache pas que j'ai enlevé ce qu'il y avait de mieux pour le petit réduit que j'occupe. Je suis fâché, à cause de la sauvagerie de ma nièce, de ne pouvoir vous en faire juger.

M. Bréville répondit qu'il le savait et qu'on le lui avait dit chez le notaire.

Le vicomte de Morgenstein, en voyant un petit bassin, parla d'un étang d'une demi-lieue qu'il avait chez lui et dans lequel on pêchait les meilleures truites du monde.

M. Malais fit observer qu'il n'avait jamais entendu dire que les truites vécussent ailleurs que dans les cours d'eau claire et rapide; mais M. Bréville répondit que c'était sans doute une espèce particulière, parce qu'il avait un ami qui lui avait dit également en avoir pêché très-souvent, et d'excellentes, dans un étang.

En voyant l'écurie, M. Malais parla de ses quatre chevaux. Le vicomte dit que désormais il n'en voulait plus avoir que six dans ses écuries, et qu'il allait, à son retour, faire cette réforme.

On dansa, on soupa, tout alla le mieux du monde. Madame du Mortal parlait de la mer.

— Quel magnifique spectacle que la mer! s'écria-t-elle; comme son aspect emporte l'âme dans les régions de l'infini !

Sa fille rougit en l'entendant répéter à tous les baigneurs réunis une phrase qu'elle avait déjà dite à chacun d'eux.

Ensuite madame du Mortal parla des rêveries au bord de la mer, des beaux vers qu'elle avait inspirés, et fit si bien, que M. Bréville lui demanda si elle n'avait pas consacré quelques vers à rendre ce qu'elle sentait avec tant de poésie.

Arrivée à son but, madame du Mortal feignit de se troubler; elle était, sans doute, restée bien au-dessous de ce magnifique spectacle; elle n'oserait jamais dire un seul de ses vers; elle avait une timidité dont elle n'avait jamais pu triompher. On lui prodigua les encouragements, et elle se décida à lire des vers ampoulés qui finissaient ainsi :

> J'aime. . . . . .
> Le maquereau brillant des reflets de l'agate,
> Le turbot plat et gris, le homard *écarlate*
> Jouant au fond des mers.

— Pardon, madame, dit M. Malais, mais le homard n'est rouge que quand il est cuit.

Madame du Mortal fut très-confuse; mais M. Bréville cita des écrivains distingués et des peintres célèbres qui étaient tombés dans la même erreur.

Madame du Mortal s'écria alors qu'elle aimait beaucoup mieux se tromper avec des hommes de génie que d'avoir raison avec *certains autres ;* que, du reste, elle faisait ses vers sans prétention, et seulement pour procurer à sa fille des lectures sans danger.

— Car on fait *aujourd'hui,* ajouta-t-elle, de si mauvais livres !... Pour moi, j'erre aux bords de l'Océan, je me laisse aller aux rêveries que m'inspire le bruit des vagues, et je jette sur le papier les élans d'une poésie un peu sauvage peut-être, mais qui ne seront lus que par ma fille.

La vérité sur la poésie un peu sauvage de madame du Mortal est qu'elle était attachée à un journal de Paris pour y faire l'article *modes,* et que, le jour même, on l'avait vue assise au bord de la mer, qui venait murmurer à ses pieds.

La marée était basse, les fraîches lueurs du matin teignaient d'un rose lilas le sable humide que la mer avait abandonné et qu'elle allait reprendre. La mer était d'un vert pâle partout, excepté à l'horizon, où elle était d'un bleu sombre.

Au bord se déroulait une écume blanche comme une frange d'argent, dans laquelle se jouaient des mouettes. On avait vu de loin madame du Mortal écrire, et voici ce qu'elle écrivait :

« On continue à festonner les *volants* de taffetas ; *l'organdi* et *la tarlatane* sont des étoffes en vogue dans la *fashion*, surtout quand elles sont employées avec le *faire distingué* de madame Amanda (rue de Rivoli, 13). Madame la comtesse A... portait l'autre jour une capote en *tulle bouillonné* avec un léger bouquet sur le côté de la *passe,* tandis que sa sœur, madame la duchesse de B..., en avait un en paille de riz orné de petits radis roses. Toute la *bonne compagnie* reconnaissait le *faire* de madame Ursule (rue Bréda, 5). Elle avait aussi un mantelet de mousseline de l'Inde, doublé de soie citron, qui sortait de chez M. Alfred (rue Vivienne, 14). »

Comme elle finissait en signant : « Vicomtesse de C..., » le vicomte de Morgenstein l'avait abordée. Elle avait caché son papier, et celui-ci lui ayant dit :

— Ah ! madame, nous priveriez-vous des belles pensées que la mer vous inspire ?

— Quel magnifique et imposant spectacle ! s'était écriée

madame du Mortal; cette agitation incessante des vagues n'est-elle pas la fidèle et triste image de notre destinée ?

La vérité est que la destinée de madame du Mortal avait été, en effet, assez agitée. Depuis huit ans, elle avait quitté M. du Mortal pour un officier, qui n'avait pas tardé à avoir des remords et lui avait laissé promptement le loisir de racheter leur faute commune en retournant édifier le foyer conjugal par son repentir et l'exercice de vertus privées qu'elle avait un peu négligées.

Madame du Mortal n'en fit rien; elle sut se créer des ressources. Autrefois les gens déçus, les gens découragés, entraient en religion; aujourd'hui, ils entrent en feuilleton.

Qu'une femme fasse parler d'elle, qu'une histoire scandaleuse l'éloigne pour un moment du monde, elle n'ira pas pleurer sa faute et l'expier dans un cloître; vous n'attendrez pas longtemps pour voir son nom au bas du feuilleton d'un journal, où elle demandera l'affranchissement de la femme.

Madame du Mortal n'avait pas eu, du reste, à faire, pour imaginer cette ressource, de grands frais d'invention. Son époux, M. du Mortal, grand et gros homme à figure sévère, à formidables moustaches, faisait depuis longtemps l'article *modes* dans un journal répandu, et, sous le nom de marquise de M..., traitait hebdomadairement les questions de *volants* et de *passe,* parlait de la longueur des robes et de la largeur des chapeaux, d'après les indications des modistes et des couturières, qui le payaient pour citer leur nom et leur adresse.

Madame du Mortal se livra à la même industrie et enleva quelques personnes de la clientèle de son mari.

Le vicomte de Morgenstein était un de ces illustres pianistes dont l'art a beaucoup moins de rapports avec la musique qu'avec la prestidigitation. M. de Morgenstein ne faisait que trois notes de moins à la minute que M. Henri Herz, mais il était encore jeune et travaillait beaucoup : on pensait qu'il atteindrait et peut-être même surpasserait ce maître.

Il avait les cheveux longs et frisés, affectait un air mélancolique et désespéré ; il avait dans la démarche quelque chose de fatal. En le voyant, on devinait sans peine un homme accablé par les assauts du génie et la malédiction divine.

M. Bréville, qui n'aurait pas osé lui demander une contredanse, le pria de jouer quelque chose sur le piano ; il refusa ; il était exténué, il y avait quatre nuits qu'il n'avait pas fermé l'œil ; il portait tant d'envie à ceux qui dorment !

On insista ; il passa la main sur le clavier ; le piano ne valait rien, et n'était qu'à peine d'accord. On cessa de le tourmenter, et on s'occupa d'autre chose. Quand il se vit abandonné, il se mit devant le piano et préluda.

Le maître de la maison réclama un peu de silence. Alors il parut que le jeune musicien se réveillait.

— Eh quoi ! s'écria-t-il, ai-je joué du piano ? Je ne m'en étais pas aperçu, je n'y songeais seulement pas... Mais, puisqu'on le veut absolument, voici quelques variations sur la *Dernière pensée de Weber*.

Il laissa tomber ses deux bras sur les deux côtés de la chaise, il ferma les yeux, regarda le plafond, comme s'il demandait des inspirations au ciel, puis il leva ses deux mains au-dessus du clavier et à la hauteur de ses yeux avec nonchalance.

Alors, comme si l'inspiration arrivait tout à coup et s'emparait de lui, il frappa des deux mains sur le piano avec énergie, et commença à jouer des variations qu'il avait jouées vingt fois déjà après les avoir apprises pendant deux mois, au grand désespoir de ses voisins, qui avaient eu à subir les études et les passages répétés avec une inexorable persévérance.

De temps en temps, baissant la tête sur le piano, il laissait tomber ses cheveux sur le clavier ; puis tout à coup, relevant brusquement et fièrement la tête, il les rejetait en arrière. C'est un effet que presque tous essayent, mais dans lequel peu réussissent. Ces mouvements brusques et spontanés sont étudiés avec grand soin.

Voici comment se fait une variation pour un instrument quelconque : on prend un air d'un autre musicien (rien n'empêche de le choisir joli), on joue l'air une fois dans le mouvement fixé par l'auteur, puis on le joue une autre fois en le délayant, en y intercalant toutes sortes de lambeaux de phrases plus ou moins musicales.

Les faiseurs de variations versent, dans la coupe où est un vin généreux, tantôt de l'eau, tantôt une odieuse piquette; ils vous font boire cet horrible mélange, puis de temps en temps vous font un peu goûter le vin pur, c'est-à-dire que de temps en temps ils rejouent la mélodie sans y rien ajouter.

Quand ils s'arrêtent, on applaudit bien plus de joie de ce que c'est fini qu'à cause du plaisir qu'on a goûté. Puis, si quelqu'un, ravi de la mélodie ainsi délayée, demande au pianiste de qui elle est, celui-ci répond hardiment et modestement à la fois :

— De moi, monsieur.

Absolument comme si le fou se croyait l'auteur du verre de Bohême qu'il brise en éclats.

Le journal de madame du Mortal reçut en même temps que l'article *modes* que cette dame avait écrit sur les bords de la mer, une note que le pianiste envoyait à un de ses amis, rédacteur de la feuille. Cette note, faite par lui-même et de son écriture, était accompagnée d'un billet ainsi conçu :

« Fais *passer* cette note dans le plus prochain numéro ; il serait ridicule de faire le modeste et de ne pas te dire franchement que j'ai eu un succès fou. Tout à toi. »

15.

Voici la note : « Nous avons encore à enregistrer un nouveau succès de Morgenstein. Il a bien voulu se faire entendre dans un salon aristocratique à Dive, où il a été applaudi avec fureur par les plus jolies duchesses et la fleur de la fashion. Cet artiste immense ne peut plus être comparé qu'à lui-même : grâce, énergie, noblesse, il réunit toutes les qualités que la nature avare partage d'ordinaire avec les grands musiciens. Tout le monde l'entourait avec empressement, lorsque, oppressé sous les étreintes de son génie, courbant son front pensif, il s'est retiré du salon au milieu des applaudissements.

M. Bréville remercia M. de Morgenstein, qui lui dit :

— Cet air a eu beaucoup de succès l'hiver dernier. La princesse*** en était folle, la duchesse*** me l'a fait répéter jusqu'à trois fois ; mais ces gens du monde m'ennuient.

Quelques jours après le bal donné par M. Bréville, Bérénice et Pulchérie étaient allées se promener le long de la rivière de Beuzeval, et, sans y songer, elles s'étaient assises au pied du saule d'Onésime.

Pulchérie était redevenue tout doucement la sœur de Bérénice.

Elle avait repris, avec les ménagements nécessaires pour ne pas choquer M. Malais, presque tous les costumes simples qu'elle avait portés pendant son enfance.

Un observateur vulgaire n'aurait pas facilement reconnu la brillante comtesse ; mais Pulchérie aimait mieux être confondue avec les femmes et les filles des pêcheurs que de jouer aux yeux du monde le rôle de grande dame déchue.

— Eh bien, dit-elle à Bérénice, c'est donc dans quatre mois ? Glam est un brave garçon qui te rendra heureuse et qui sait apprécier le trésor qui va lui être confié.

— Ce qui m'embarrasse le plus, dit Bérénice, c'est la noce !... Glam veut qu'on fasse une noce... Jamais nous ne pourrons décider mon père et ma mère à se mêler à une assemblée de plaisir. Tu vois qu'ils ne sont pas consolés de la perte d'Onésime plus que le premier jour. Le deuil n'a pas quitté notre maison; on n'a plus souri à cette table, où deux places vides racontent sans cesse de si tristes histoires.

En effet, depuis le départ d'Onésime, et depuis surtout que le bruit de sa mort s'était accrédité, Pélagie servait comme autrefois le dîner de son mari sur la table, son couvert était mis comme de coutume; mais Tranquille prenait sa soupe et allait manger dans un coin sur ses genoux; Pélagie et Bérénice en faisaient autant, chacune de son côté.

Un jour, Tranquille dit à sa femme :

— Pélagie, il faut pourtant que ça finisse. Pourquoi, Bérénice et toi, ne mangez-vous pas à table?

— Si tu le veux, répondit Pélagie, je mettrai le couvert comme autrefois, et, dès demain, nous mangerons à table.

— Tu peux bien le mettre si tu veux, répliqua Tranquille, mais ce n'est pas moi qui y mangerai.

Depuis ce temps, on n'en avait plus parlé, et on avait continué à manger chacun dans son coin.

— Et M. Malais? demanda Bérénice à Pulchérie.

— M. Malais n'est pas malheureux : je craignais pour lui une triste impression en voyant le château passer en d'autres mains; mais, au contraire, il s'arrange très-bien avec ce M. Bréville, qui semble croire avec une grande facilité tout ce que lui dit mon oncle, peut-être parce qu'il n'en entend pas la moitié, et admet sans observation tous les petits mensonges qu'il entasse pour ne pas avouer sa ruine, ruine, hélas! dont je ne puis parler sans une douleur respectueuse, car j'en suis la cause et l'origine. Quel malheur, ma bonne Bérénice, pour eux et pour nous tous, que mon oncle et ma tante ne m'aient pas oubliée un peu plus longtemps! Ils n'auraient pas perdu leur fortune ; moi, je n'aurais pas subi de si rudes épreuves : nous ne nous serions jamais quittés.

— Tu aurais épousé Onésime, qui serait resté au milieu de nous, au lieu d'être mort désespéré et déshonoré...

Après un moment de silence, Bérénice reprit :

— Le maître du château fera bien d'être riche, car il a la réputation déjà d'être facile à tromper. On prétend que c'est l'homme le plus crédule du monde.

A ce moment, M. Bréville passait de l'autre côté du ruisseau et salua les deux amies. Il demanda à Bérénice des nouvelles de ses parents et de la pêche ; puis il s'informa si le facteur de la poste était déjà passé, et, sur sa réponse négative, il salua et descendit à Dive.

Bérénice et Pulchérie parlèrent si longtemps d'Onésime et de leur enfance, que M. Bréville les retrouva à la même place une heure après, lorsqu'il remonta au château avec Épiphane Garandin ; mais, à la vue de ce dernier, elles disparurent dans les arbres et redescendirent à la maison de Pélagie par un autre chemin.

Il était évident que c'était Épiphane qui, par ses révélations, avait entraîné la fuite, la condamnation et la mort d'Onésime, et elles ne pouvaient le voir sans horreur.

M. Bréville emmena Épiphane au château et lui dit :

— Vous avez, l'autre jour, donné un échantillon de vos talents ; mais j'ai besoin de vous pour quelque chose de plus sérieux. Monsieur Garandin, je m'occupe de sciences, et ce n'est pas sans raison que j'ai fixé mon domicile au bord de la mer. Je m'occupe d'un grand ouvrage sur les huîtres ; j'ai déjà fait beaucoup de recherches, j'en ai encore davantage à faire. Vous avez une belle écriture, vous êtes intelligent ; je ne vous crois pas très-occupé...

— Non, monsieur, et j'ai besoin de l'être... J'ai beaucoup perdu à la mort du meunier...

— Voilà plusieurs fois que je vous entends dire que vous avez beaucoup perdu à la mort du meunier, et je ne comprends pas bien comment cela peut se faire. S'il vous devait de l'argent, il a laissé une magnifique fortune qui, quoique sous le séquestre, peut payer les dettes de la succession.

— Monsieur, d'abord j'étais huissier. Le meunier faisait la banque : il prêtait de préférence à des gens qu'il savait ne pouvoir pas payer à l'échéance des obligations ; cela amenait des *renouvellements* et des *intérêts* pour lui, et des *frais* pour moi. Ensuite je lui cherchais des affaires ; il me donnait quelque chose quand je lui amenais un emprunteur, et l'emprunteur, de son côté, me faisait un cadeau ; puis... j'avais de temps en temps quelques *chapeaux*...

— Comment ! quelques chapeaux ?... Le meunier vou donnait des chapeaux ?

— Non pas lui... mais c'était à cause de lui qu'on m'en donnait... et c'était là le meilleur de mon revenu...

— Je ne comprends pas.

— Vous n'êtes pas Normand, monsieur ?

— Non... je n'ai pas cet honneur.

— Alors vous ne pouvez pas me comprendre, c'est un mot du pays...

— Qui veut dire ?

— Voici ce que c'est : On savait que je faisais les affaires d'Éloi Alain, et on savait surtout qu'il était très-riche. J'avais soin d'être à l'affût de toutes les ventes qui se faisaient dans le pays ; mes divers métiers me rendaient la chose facile. Le jour de la vente, je me présentais, et j'annonçais l'intention d'enchérir, soit sur une ferme, soit sur un lot de bois ; ma présence inquiétait les autres. On venait me trouver : « Dis donc, Épiphane, me disait-on, est-ce que tu veux de cela, toi ?

» — Mais peut-être bien.

» — Cela ne vaut pas grand'chose.

» — C'est peut-être pour cela qu'on ne le vendra pas bien cher.

» — Plus que tu ne le crois ; il y en a qui enchériront, et cela pourra bien monter un peu haut.

» — Tant mieux pour le vendeur...

» — Et jusqu'où iras-tu ?

» — Vous verrez... on en a envie...

» — Oh ! nous savons qui tu as derrière toi... Eh bien, celui qui l'aura le payera cher... Voilà ce que c'est que de ne pas s'entendre... Nous étions trois dessus. Eh bien, nous nous sommes arrangés... de sorte qu'on couvrira à peine la mise à prix, et nous partagerons les bénéfices... Voilà que tu viens tout déranger ; mais, quand cela devrait nous coûter quelque chose, si c'est toi qui l'as, tu le payeras.

» — Cela m'est égal... ce n'est pas avec mon argent.

» — Écoute, Épiphane, veux-tu un *chapeau ?*

» Je me faisais un peu prier : je ne pouvais pas... il n'y avait pas moyen, tout ce qu'il fallait enfin pour faire grossir le chapeau : puis enfin je me laissais gagner ; j'acceptais le chapeau, et, quand venait le moment de l'adjudication, je mettais une ou deux enchères insignifiantes et j'abandonnais, de sorte que, moyennant un chapeau, les acheteurs avaient les choses presque pour rien.

— Mais vous ne m'avez pas expliqué le mot *chapeau.*

— C'est juste... Lorsqu'un testateur vous donne un *diamant* de deux mille francs, l'exécuteur testamentaire vous paye deux mille francs dont vous achetez rarement un diamant. Un *chapeau,* c'est à peu près la même chose. Souvent, en Normandie, pour de petites gageures on parie un *chapeau.* Quand il s'agit de ventes peu importantes et qu'on veut éloigner un concurrent, on lui propose un chapeau pour le désintéresser; on paye le plus souvent le chapeau en argent. Ainsi *je vous gage un chapeau* signifie : je vous gage vingt francs. Eh bien, on est arrivé à donner des chapeaux de quinze cents francs, de dix mille francs, de cent mille francs, selon l'importance des affaires.

— Je vous comprends, dit M. Bréville; c'est ce qu'on appelle ailleurs un *pot-de-vin*, et ce que les voleurs nomment un *bouquet*. Et, ajouta-t-il se parlant à lui-même, les hommes ont pour l'argent la pudeur qu'inspire un amour sérieux. Ainsi ils évitent de le désigner par son nom. Les uns se servent d'un pronom; ils disent : *je n'en ai pas, j'en dois*, sans oser prononcer le mot argent, tant c'est pour eux une divinité redoutable. Les autres disent *diamant, pot-de-vin, chapeau;* quelques-uns demandent des *épingles* pour leur femme. Et il suit de là, reprit-il, monsieur Épiphane, que vous n'êtes pas très-occupé et que vous ne seriez pas fâché de l'être?

— Si on me pensait employé par vous, monsieur, je gagnerais bien quelques chapeaux par-ci par-là; mais, quand on me croit livré à mes seules ressources, on ne tombe pas dans le piége.

— Ce n'est pas dans ce sens-là que je compte vous employer; j'ai besoin de vous pour mon *Essai sur les huîtres*.

— J'en ai mangé, monsieur, mais je n'en sais pas davantage.

— Je n'ai pas besoin que vous en sachiez davantage; il s'agit seulement de mettre mes recherches en ordre et de recopier les notes que je prends. Du reste, monsieur Garandin, mon *Essai sur les huîtres* est un ouvrage sérieux qui sera lu à l'Académie des sciences; je travaille lentement, parce que je ne veux rien avancer qu'accompagné de preuves. Savez-vous le grec, monsieur Garandin?

— Non, monsieur; je l'ai montré, mais je ne le sais pas.

— Vous savez peut-être le lire et l'écrire?

— Oui, monsieur, du moins à peu près.

— C'est assez : il ne s'agit que de quelques étymologies; mais, je vous l'ai dit, je travaille lentement, deux lignes quelquefois me coûtent huit jours de recherches préalables; il faudrait que je vous eusse toujours sous la main.

XXVI

Il se passa encore un an sans qu'il se fît de grands changements dans la situation de nos personnages. Bérénice allait épouser le fils de Pacôme Glam. Pacôme Glam était mort il y avait quelques mois, ce qui avait nécessairement retardé le mariage.

Quant à M. Bréville, il avait sa réputation complétement faite, et cette réputation était celle d'un homme parfaitement sourd et un peu niais, à qui l'on peut tout dire et tout faire accroire.

Désirée était femme de charge à Beuzeval, et M. et madame Garandin avaient fini par venir y demeurer.

Épiphane travaillait énormément pour M. Bréville, dont les recherches prenaient des proportions tout à fait formidables. Il est vrai qu'un volume d'extraits fait par maître Épiphane Garandin ne donnait, en résumé, que quelques lignes à l'ouvrage du nouveau propriétaire de Beuzeval.

Tout portait à croire que cet ouvrage durerait autant que la vie de l'auteur et que celle de son secrétaire; Désirée, d'un côté, et les Garandin, de l'autre, passaient pour piller M. Bréville sans aucune mesure.

La belle saison ramena les baigneurs, et M. Bréville donna quelques fêtes. La bonne intelligence qui avait régné jusque-là entre Désirée et madame Garandin ne put durer plus longtemps. Désirée voulait dominer dans la maison ; madame Garandin opposait quelque résistance.

Garandin, quand survenait une discussion, donnait tort à sa femme ; mais celle-ci finit par lever l'étendard de la rébellion et méprisa les injonctions d'Épiphane.

Quelques personnes trouvaient que M. Bréville ne faisait pas tout ce qu'il aurait pu pour faire régner la paix dans la maison ; on aurait pu croire que ces bavardages et ces récriminations, qu'on appelle *potins* en Normandie, d'où le verbe *potiner*, l'amusaient singulièrement ; il écoutait séparément les plaintes et semblait animer les adversaires les uns contre les autres au lieu de les concilier, ce qu'on affirmait être la marque d'un petit esprit.

On était dans le cabinet de travail de M. Bréville ; il était entouré de livres et dictait à M. Épiphane Garandin, tout en entremêlant les doctes élucubrations de dialogues plus familiers.

— Y êtes-vous, maître Garandin ?

— Oui, monsieur, j'y suis.

— Très-bien ! Écrivez : « Huître, en latin *ostreum* ; en grec *ostreon*. Ménage affirme qu'on a dit en français des *oistres* avant de dire des *huîtres*... » Il serait bien intéressant, monsieur Garandin, de pouvoir suivre ce mot *ostreon*, *ostreum*, *oistres*, *huîtres*, dans ses diverses transformations. Ce sera l'objet de recherches ultérieures. Vous me disiez que vous aviez donné des leçons de grec ; c'était sans doute des leçons particulières ; car on n'enseigne pas le grec dans les écoles communales.

— Oui, monsieur ; je donnais, pendant les vacances, quelques leçons à un fils de M. Malais, l'ancien propriétaire de

Beuzeval; mais ce jeune homme est mort prématurément.

— Est-ce que vous étiez encore instituteur lors de la mort du meunier, mort dont on a tant parlé et dont on parle en-encore de temps en temps dans ce pays ?

— Non, monsieur, j'étais huissier.

— Très-bien ! Écrivez : « Pendant longtemps, les Romains ne mangèrent que les huîtres du lac Lucrin ; ils en tirèrent ensuite de Brindes et de Tarente ; puis, enfin, les seules estimées furent les huîtres de l'océan Atlantique. L'huître est un coquillage bivalve ; l'écaille de l'huître est d'une figure presque ronde, ordinairement épaisse, raboteuse, inégale... » On a dit que vous étiez témoin à charge dans l'affaire ?

— Quelle affaire ?

— Mais l'affaire du meunier.

— Oui, monsieur.

— L'assassin était le fils d'un pêcheur d'ici ?

— Oui, monsieur, c'était le fils de Risque-Tout.

— Et il s'est, je crois, sauvé de prison ?

— Oui, monsieur, et, depuis, on l'a dit mort.

— On m'a assuré qu'il l'était. J'ai eu quelques détails à ce sujet quand j'ai acheté Beuzeval, parce que Beuzeval, était hypothéqué par le meunier, et que son héritier était ce... comment l'appelez-vous ?

— Qui, monsieur ?

— L'assassin ?

— Oh ! l'assassin, il s'appelait Onésime Alain.

— Je vous croyais bien avec Désirée, monsieur Épiphane ?

— Mais je ne crois pas que nous soyons bien mal ensemble, monsieur.

— Elle ne parle pas de vous comme on parle d'un ami ; elle médit surtout de madame Garandin. J'ai dû lui imposer silence hier ; elle trouvait mauvais que votre femme eût un bonnet neuf.

— Désirée est à son aise et elle est un peu fière, quoiqu'il n'y ait pas de quoi. Ce qu'elle a, elle ne l'a pas volé. Le vieux meunier, avec qui elle est restée longtemps, la faisait pleurer plus souvent qu'à son tour. Il n'y avait personne d'aussi manant que lui quand il avait bu.

— Que voulait-elle dire en s'écriant : « Madame Garantin porte son bonnet trop haut ? »

— Je ne sais pas monsieur. Peut-être veut-elle par là l'accuser d'un peu de vanité. Un bonnet neuf pour une femme de cette classe-là, monsieur, car la mienne ne vaut guère mieux que Désirée, c'est une couronne ; celles qui l'ont en sont fières, celles qui le voient en sont aussi jalouses. Après ça, Désirée n'a pas tout à fait tort, Madame Épiphane obéit un peu trop à ses caprices ; quelquefois elle oublie que nous sommes de pauvres diables, et on la prendrait pour la femme d'un négociant ; mais, de temps en temps, j'y mets bon ordre.

— Écrivez : « Macrobe dit qu'on servait toujours les huîtres sur la table des pontifes romains. Apicius avait un moyen de conserver les huîtres qui n'est pas venu jusqu'à nous ; il en envoya d'Italie en Perse à l'empereur Trajan, et, à leur arrivée, elles étaient aussi fraîches qu'au départ. Quant aux qualités des huîtres... » Racontez-moi donc l'histoire de cet assassinat...

— Cela n'a rien de bien curieux, monsieur. Onésime Alain avait rendu un service à son cousin Éloi ; celui-ci l'avait mis sur son testament. Il lui laissait sa fortune, mais il ne lui donnait pas un sou de son vivant. Onésime s'était cependant habitué à se croire riche ; il dépensait de l'argent, il faisait des dettes. Il paraît qu'un jour, poussé à bout, il lui demanda de l'argent. Le cousin en refusa, ils se querellèrent.

On vit s'enfuir Onésime par une fenêtre, et on trouva Éloi étranglé.

— Et on n'a pas soupçonné un complice ?

— Rien n'indiquait des complices. D'ailleurs, les charges contre Onésime étaient suffisantes ; sa fuite a été prise pour un aveu par les gens sensés. Moi, j'en savais davantage. La famille m'en veut de l'avoir accusé ; mais il n'est pas moins vrai que j'ai beaucoup aidé à le sauver.

— Ah ! vraiment !

— Je l'avais connu tout enfant. Cela me fendait le cœur de déposer contre lui. Enfin, quand on vous a fait faire serment de dire *toute la vérité*, il faut bien la dire ; j'ai dit ce que je savais ; mais, quand il s'est agi de le faire évader, je l'ai conduit jusqu'à une barque qui devait le transporter en Angleterre. C'est alors qu'il m'a remercié, qu'il m'a embrassé et m'a tout avoué. Seulement, il m'a toujours dit que c'était le meunier qui avait frappé le premier. C'est possible, parce que Éloi Alain, de son vivant... son fort n'était pas la patience ; mais ce n'était pas une raison pour l'étrangler.

— Parfaitement raisonné... Nous laisserons là pour aujourd'hui mon *Essai sur les huîtres*.

. . . .

M. Bréville à M. Edmond***, au Jardin des Plantes, à Paris.

« Mais, mon cher ami, vous êtes par trop avare de votre science. Vous ne m'envoyez rien et me voici arrêté au milieu d'une phrase dans mon *Essai sur les huîtres*... Ne perdez pas un instant pour m'envoyer la suite. Tout à vous.

» Toujours à M. Bréville, au château de Beuzeval, près Dive. »

. . . .

— Madame Désirée, dit un matin M. Bréville, venez faire

les comptes de la maison. Ah! ma chère dame, ajouta-t-il, pourquoi, depuis trois jours, ne me faites-vous plus manger de poisson?

— Par une raison toute simple, monsieur, répondit Désirée; c'est que les pêcheurs ne sont pas sortis à cause du mauvais temps.

— C'est bien singulier, ma chère dame; M. Épiphane Garandin, à qui je confiais, je ne vous le cacherai pas, que vous me priviez de poisson, me disait, il n'y a pas une demi-heure, que les bateaux étaient revenus pleins.

— M. Épiphane devrait bien se mêler de ce qui le regarde.

— C'est ce que je lui ai dit quand il a voulu aller plus loin... Je vous croyais bien ensemble, madame Désirée.

— Comment, monsieur, est-ce qu'il s'est permis de parler de moi sans respect?

— Et, aujourd'hui, avez-vous du poisson à me donner?

— Pardon, monsieur, mais je donnerais tout au monde pour savoir ce qu'il a dit de moi, ce...

— Si vous pouviez avoir une belle sole au gratin...

— Au nom du ciel, monsieur Bréville, que vous a-t-il dit?

— Rien qui vaille la peine d'être répété, ma chère madame Désirée, des niaiseries... ce que vous appelez ici des *potins*.

— Il sied bien à une pareille espèce de se permettre de parler de moi!

— Calmez-vous, madame Désirée, M. Garandin n'a rien dit qui puisse porter atteinte à votre honneur.

— A mon honneur! jour de Dieu! il n'oserait pour sa vie; mais je ne veux pas qu'il se permette de jamais parler mal de moi.

— Ah! mon Dieu! voici maître Épiphane, ma chère dame

Désirée; soyez prudente, je vous prie. Je suis très-occupé au dehors, il faut que je le charge de faire mes comptes avec vous. J'espère que vous n'allez pas vous emporter et que vous ne lui parlerez de rien... Monsieur Épiphane, obligez-moi de faire mes comptes avec madame Désirée.

Et M. Bréville sortit de la chambre, où il laissa madame Désirée et Épiphane se mesurant des yeux et attendant qu'il se fût éloigné pour commencer les hostilités.

— Je suis contente de vous rencontrer, monsieur Garandin, commença Désirée quand elle vit fermée la porte par où était sorti M. Bréville.

— Et, moi, je vous cherchais, madame Désirée, répliqua Épiphane.

— Il faut que vous soyez bien effronté, monsieur Garandin...

La conversation, ainsi entamée, promettait d'être assez chaude, et il est probable que M. Bréville, malgré sa surdité, s'arrangea pour en entendre la suite ; ce qui justifie singulièrement l'accusation que dans le pays on portait volontiers sur lui.

— M. Bréville aime à *potiner*, disait-on ; mais on n'est pas parfait : car, à part ce léger défaut, c'est bien l'homme le meilleur, le plus doux, le plus facile à attraper, qu'on puisse rencontrer. On lui fait payer tout trop cher, ce qui n'empêche pas le plus souvent de le lui faire payer deux fois. On fait des fagots dans ses bois, on mène paître les bestiaux dans ses prés ; il en est encore à le trouver mauvais. Il donne des fêtes, il fait travailler, il ne refuse pas dans l'occasion un secours à un malheureux. Seulement, il veut tout savoir ; mais enfin, si c'est son plaisir, à cet homme... D'ailleurs, il n'est pas le seul.

. . . .

*M. Edmond *** à M. Bréville, au château de Beuzeval,
près Dive.*

« Mon cher ami,

» Je m'empresse de vous envoyer tout ce qui existe sur le mollusque auquel vous portez un si vif intérêt. Tous les traités sur l'éducation des huîtres ne comprennent jusqu'ici que l'art de les engraisser au moyen d'une maladie qu'on leur procure par un mélange progressif d'eau douce.

» Quel que soit votre projet, mon cher ami, je mets à votre disposition le peu que je sais et même davantage, car il se trouve dans les divers traités que j'ai réunis pour vous non-seulement des choses que je ne sais pas, mais d'autres aussi dont je ne crois pas un mot.

» J'espère encore, à la fin de cet automne, aller vous aider à manger vos élèves.

» EDMOND *** »

Hubert à M. Bréville, au château de Beuzeval, près Dive.

« Mon cher ami, mon père.

» Je donne cette lettre à un navire qui sera en France avant moi, mais qui ne me précédera que d'un mois à peu près. Mon premier voyage comme capitaine a surpassé toutes les espérances que les armateurs et nous avions pu concevoir : le navire s'est comporté à la mer comme un poisson ; mais celui-ci n'a pas été aussi favorable, nous avons essuyé une affreuse tempête, nous avons été démâtés, et enfin obligés d'abandonner le navire.

» Je puis dire qu'il n'y a rien à me reprocher, et le témoignage de l'équipage et des passagers en a tellement convaincu les armateurs, qu'ils m'ont déjà écrit pour m'offrir le commandement d'un autre navire. Celui que nous n'avons pu empêcher de se perdre était assuré.

» Après que nous eûmes abandonné notre malheureux bâtiment, nous avons erré, pendant un jour et une nuit, dans notre chaloupe, sur la mer en fureur. J'ai fait à la Vierge un vœu que j'ai promis d'accomplir dans l'église de Dive : tous mes hommes ont promis avec moi.

» A peine ce vœu était-il fait, que le ciel, qui semblait de plomb, s'est entr'ouvert pour nous laisser voir comme une tache bleue. Un des matelots s'étant écrié : « Voilà une fenêtre ouverte au ciel! le bon Dieu nous regarde... » nous nous sommes sentis pris d'un grand courage et d'une grande confiance dans l'intercession de la Vierge. En effet, vers le milieu de la seconde journée, nous avons rencontré un navire qui nous a recueillis et nous ramènera bientôt en France.

» Quel beau jour ce sera, mon cher ami, mon cher bienfaiteur, que celui où, à la tête de mon équipage, j'accomplirai dans l'église de Dive le vœu que j'ai fait à la Vierge!

» Je ne vous dis rien de plus aujourd'hui. Cette lettre, confiée à un homme que je ne connais pas, pourrait, par des circonstances imprévues, ou ne pas vous parvenir, ou tomber en d'autres mains.

» Adieu, mon cher, mon excellent ami! A bientôt, je l'espère. Comment reconnaîtrai-je jamais toutes les bontés que vous avez eues pour moi? A vous de tout cœur. Vous me dites qu'il va y avoir une noce ; j'aurai bien du mal à ne pas y être.

» Hubert. »

M. Bréville ne répondit que deux mots à la lettre de Hubert : « Ne t'en avise pas. » Hubert ne reçut pas ce billet, qui fut perdu.

. . . .

— Ah! madame Garandin, dit un jour M. Bréville à la femme de son secrétaire, pourquoi ne mettez-vous donc plus un superbe collier que je vous ai vu une fois et que je ne vous ai plus vu depuis? Ce collier vous allait réellement fort bien.

— Oh! mon Dieu, répliqua madame Garandin à M. Bréville, c'est Épiphane qui ne veut pas que je me pare de mes beaux *morceaux*. Il me l'a assez dit le jour que je n'ai pas eu le temps d'ôter ce collier avant d'aller ouvrir. Si je l'en croyais, je serais toujours affublée comme une mendiante.

Et elle montra à M. Bréville toute sa *coffrée*, c'est-à-dire son armoire, son linge, ses habillements, ses bijoux.

— Mais à quoi me servent ces *morceaux*, dit-elle en soupirant, puisqu'on ne me permet pas de les mettre jamais ni de m'en parer même les jours de fête?

— Sans étaler trop de bijoux ni de riches étoffes, madame Garandin, vous pourriez, ce me semble, tenir votre rang ; car enfin votre mari a été instituteur et même huissier. Voici, par exemple, une petite robe à laquelle, à votre place, je voudrais faire prendre l'air de temps en temps. Une robe toujours renfermée, ça se fane, ça se passe! Je comprends bien que, les jours ordinaires, chez vous ou aux bains, vous vous habilliez de la façon la plus commode : mais, quand le dimanche, par hasard, vous allez à la messe, pourquoi mettez-vous un simple bonnet ?... Est-ce qu'autrefois vous ne portiez pas de chapeau ?

— Oui, monsieur, c'est vrai ; mais, dans ce temps-là, Épiphane était huissier, et la femme d'un huissier devait porter chapeau : c'était pour faire honneur à mon mari et à sa profession. Aujourd'hui, les temps sont bien changés, les temps sont bien durs.

— M. Épiphane Garandin est mon secrétaire aujourd'hui,

madame, et je ne prétends pas qu'il se croie déchu pour cela. Je pourrais peut-être, si je le voulais bien, trouver des gens qui penseraient le contraire. Il ne faut pas se déclasser, madame Garandin.

Le dimanche suivant, madame Épiphane Garandin n'osa pas tout à fait mettre le fameux collier ; mais elle se para de la petite robe qui, selon M. Bréville, devait lui aller si bien, et elle arbora le chapeau.

M. Bréville était dans la salle à manger, à la fenêtre, et madame Désirée s'occupait à enlever le couvert du déjeuner, lorsque madame Garandin sortit pour aller à la messe.

— Ah ! par ma foi, s'écria M. Bréville, voici madame Garandin qui peut se flatter d'être parfaitement habillée. Cette robe lui va à ravir et lui donne tout à fait bon air. C'est que vraiment elle a la taille assez svelte.

Madame Désirée avait quitté la table et s'était approchée de la fenêtre.

— Elle porte donc chapeau ordinairement ? demanda M. Bréville.

— Elle peut bien porter ce qu'elle veut, dit madame Désirée ; bonne renommée vaut mieux que ceinture dorée. Et pourtant je n'aurais qu'un mot à dire ! Un chapeau, bon Dieu ! Elle en portait autrefois, quand elle était huissière ; mais j'espérais pour elle que ça lui avait passé, de faire la grande dame ; il paraît que ça ne va pas mieux.

— Madame Garandin aurait-elle donc fait parler d'elle ? demanda M. Bréville. Toujours est-il qu'elle a vraiment l'air comme il faut, ainsi habillée, et je n'avais jamais remarqué qu'elle a de fort beaux yeux.

Les éloges de M. Bréville finirent par porter l'exaspération de madame Désirée au plus haut degré, si bien qu'elle demanda son congé à M. Bréville. Comme elle avait de quoi vivre, grâce aux libéralités de son ancien maître, elle disparut tout à coup, et l'on n'entendit plus parler d'elle.

Le moment de la noce de Bérénice et du fils Glam approchait. Pélagie avait dit doucement qu'elle désirait qu'il n'y eût point de fête. Certes, elle souhaitait le bonheur de sa fille et elle le ressentait vivement, mais elle ne prendrait sa part d'aucun plaisir; d'ailleurs, un peu de gravité ne messeyait pas au bonheur.

Pour Tranquille, il dit plus sévèrement qu'il ne voulait pas de noce; Bérénice était dans les mêmes dispositions; seuls, le fils Glam et ses amis murmuraient tout doucement.

Cependant tout le monde comprit qu'il fallait respecter la douleur de la famille Alain. On décida qu'il n'y aurait pas de noce, et que tout se bornerait aux cérémonies de l'église.

— Le bonheur, disait Pélagie, ne peut plus être notre hôte. Le fils qui faisait notre joie, et peut-être aussi trop notre orgueil, est devenu notre désespoir et notre honte. Pour qu'un bonheur vienne s'asseoir à notre foyer, il faut qu'il se déguise et n'ait pas d'habits de fête.

— Oui, dit Pulchérie, le souvenir de nos chers morts doit se mêler à tout. Il ne nous manquerait plus que de nous consoler, c'est-à-dire de... Oh! non, heureusement qu'on ne se console pas.

Tranquille voulut que, la veille du mariage, on dît à l'église une messe pour Onésime.

Pulchérie alla au cimetière pour prier sur les tombes de sa tante et de son enfant. Il y avait alors sur un pilier de la porte du cimetière de Dive une inscription qu'on a effacée depuis, et qui avait sans doute été tracée autrefois par quelque voyageur :

> La vie est un sursis à l'arrêt du trépas.
> Tous ces morts ont vécu ; toi qui vis, tu mourras.

En sortant du cimetière, Pulchérie alla se promener seule sur le bord de la mer, qui était basse et qui commençait à remonter.

Elle resta livrée à une profonde rêverie, et, lorsque Bérénice, qui la cherchait, finit par l'apercevoir, elle traçait presque sans y songer, avec le bout de son petit pied, sur le sable de la mer, quelques lettres qu'une lame ne tarda pas à venir effacer, mais pas assez vite cependant pour que Bérénice ne pût lire le nom d'Onésime.

— Oh! Pulchérie, dit-elle, tu penses donc à lui?

— Oui, dit Pulchérie. J'ai retrouvé depuis longtemps déjà mon cœur d'alors. D'ailleurs, n'est-ce pas pour moi qu'il s'est sacrifié? Toute sa vie n'a-t-elle pas été un long dévouement, depuis le jour où, tout enfant, il a failli mourir de froid pendant cette nuit où nous nous étions égarés sur la mer? Ce n'est pas d'aujourd'hui que je me suis reproché la légèreté qui m'a fait méconnaître ce cœur sublime. Maintenant qu'il n'est plus qu'une âme, je vois cette âme dans toute sa beauté. Nous attristons tous ton jour de noce, ma pauvre Bérénice!

— Le sérieux va bien au bonheur, et la tristesse ne lui messied pas autant que cette grosse joie qui règne d'ordinaire dans les fêtes du mariage. D'ailleurs, après tout ce qui est arrivé dans notre malheureuse famille, ce que les autres appellent bonheur, nous ne pouvons guère l'appeler que consolation.

La cloche *sonnait au mort*, comme on dit à Dive. La famille Alain, dans laquelle il faut compter Pulchérie, se rendit à la messe en vêtements de deuil; le fils Glam y accompagnait Bérénice; quelques autres amis s'étaient joints à eux.

La cérémonie eut lieu avec un grand recueillement. Au

moment où le prêtre finissait l'hymne *Dies iræ, dies illa*, une voix répondit : *Amen!* à l'entrée de l'église.

Quelques personnes se retournèrent et aperçurent un homme pauvrement vêtu et étranger à la paroisse, qui ne se vit pas plus tôt l'objet de l'attention générale, qu'il sortit de l'église et disparut.

XXVII

D'autres événements se passaient à Dive. Le grand pianiste, M. de Morgenstein, avait retrouvé aux bains madame la vicomtesse du Mortal et sa fille ; ils avaient fait ensemble de la musique et quelques petites excursions. M. de Morgenstein avait fini par avouer sa flamme ; la jeune personne avait laissé voir quelque sensibilité et en avait référé à sa mère.

Madame la vicomtesse avait demandé un peu de temps pour se décider ; mais, de ce moment, sa bienveillance pour M. de Morgenstein s'était accrue si visiblement, que l'affaire avait paru arrangée et que leur existence était devenue presque commune.

Cependant M. de Morgenstein ne laissait pas d'avoir quelques inquiétudes, et son ciel n'était pas précisément sans nuages. Après de longues méditations, il résolut de sortir d'embarras par un coup hardi.

Mademoiselle du Mortal et sa mère achevaient toutes deux leur toilette et s'entretenaient de leur côté d'un sujet qui les tracassait également un peu.

— Mais enfin, maman, disait la jeune personne, comment sortirons-nous de l'embarras où nous jette ta manie de te créer vicomtesse de ta propre autorité ? Que pensera Adalbert quand il apprendra que nous ne sommes point nobles, et que nous nous appelons simplement madame et mademoiselle Dumortal?

— A quoi lui sert un nom que tu dois perdre en lui donnant ta main?

— J'ose espérer, dit mademoiselle Claire en baissant les yeux, que ce n'est pas là seulement ce qu'il aime en moi. Mais sa famille, cette famille si fière de son blason, dont il ne nous parle plus depuis quelque temps, peut-être parce qu'il craint que même la noblesse que tu as inventée ne soit insuffisante, savons-nous ce qu'elle pensera de ce changement dans notre condition sociale?

— Je ferais, à ta place, bien peu de cas d'un amour qui ne saurait pas triompher et de ce ridicule orgueil des castes et de l'injustice tyrannique de parents aveuglés par la vanité.

— Alors pourquoi nous être parées de ces titres que tu méprises si souverainement? Certes, si, m'ayant toujours connue ce que je suis, c'est-à-dire la fille de bons et simples bourgeois, Adalbert eût renoncé à moi pour cela, je ne lui aurais pas fait même l'honneur de le regretter ; mais ici c'est bien différent, il a le droit de nous accuser de fourberie.

— Allons, allons, tout s'arrangera.

— Et quand il saura que je n'ai pas de dot?

— Comment, pas de dot! Mais n'est-ce rien qu'un trousseau magnifique, qu'un appartement chez moi, que la table pour les deux époux? n'est-ce rien que mes relations?... Crois-tu donc que l'homme qui t'aime ait l'âme si intéressée?

— Non, ma mère, non, Adalbert a le cœur mieux placé; mais sa famille n'a-t-elle pas dû concevoir pour son établissement de plus hautes espérances, et, si elle passe par-dessus le défaut de noblesse, ne s'attendra-t-elle pas à une compensation en argent ? Il faut absolument s'expliquer avec Adalbert. Chaque jour, cet aveu devient plus difficile, et, chaque jour, je suis plus honteuse de ne l'avoir pas fait encore.

A ce moment, on apporta une lettre pour ces dames de la part de M. de Morgenstein. Madame du Mortal se hâta de l'ouvrir ; elle contenait ces mots.

« Madame la vicomtesse, et vous, trop adorée Claire.

» Je ne puis attendre plus longtemps pour vous faire un aveu nécessaire, mais je n'en subirai pas la honte. Je vais en finir avec la plus cruelle destinée. La mort va venir mettre un terme à une vie depuis longtemps décolorée.

» Oui, le ciel, qui m'avait donné l'aristocratie de l'âme, et, oserai-je le dire ? celle du talent, m'a, par un odieux et cruel sarcasme, fait naître dans une classe dont m'éloignent et mes goûts et mon organisation. Je ne suis pas noble ! ou je ne le suis que par les sentiments.

» Pourquoi ne puis-je sur les champs de bataille conquérir une couronne de duc et la déposer à vos pieds ? Mais que faire en ces temps prosaïques, sinon s'élever par les dons de la nature, sinon devenir comte par le talent et prince par le génie ? C'en est fait, je ne veux pas m'exposer aux dédains d'une race orgueilleuse.

» Pendant que vous lisez cette lettre, je charge les pistolets, et, comme Werther, j'abandonne cette vie trop étroite pour mon âme.

» Adieu, madame la vicomtesse ; adieu, Claire, adieu ! »

— Oh ! mon Dieu ! courons, ma mère ! s'écria la jeune fille ; sauvons-le s'il en est encore temps.

— Il en est parfaitement temps, répondit froidement madame du Mortal. Tout ceci veut simplement dire que M. de Morgenstein ne s'appelle pas M. de Morgenstein, et n'est noble que de sa façon.

— Eh bien, ma mère, tant mieux... Mais allons.

— Tout de suite.

— Mais s'il était trop tard ?

— Il ne sera pas trop tard. Je me demande seulement si ce mariage peut encore me convenir.

— Ah ! ma mère, ne serons-nous pas indulgentes pour une supercherie dont nous sommes coupables nous-mêmes ?

— Ceci n'est pas une raison ; mais on peut faire quelque chose de ce jeune homme. Il ne manque pas d'entregent; on le poussera avec les journaux, comme disait un homme très-habile de ce temps-ci : « Prenez rien du tout, faites-le beaucoup annoncer, et vous en vendrez immensément ! »

— Mais, ma mère, par pitié, quand je devrais me perdre, je cours à sa chambre. Ce pauvre garçon, vous ne lui laisserez pas le temps de charger ses pistolets. Allons, laissez-moi parler, ou tout est rompu.

Claire précéda sa mère en courant. Il n'y avait qu'un corridor à traverser pour arriver à la chambre de M. de Morgenstein ; elle frappa avec violence ; une voix faible répondit :

— Entrez.

Pendant ce temps, madame du Mortal avait rejoint sa fille, et c'est elle qui ouvrit la porte en disant :

— Ah ! la clef est sur la porte ; la mise en scène est médiocre.

On trouva Adalbert debout, deux pistolets sur une table.

— Adalbert ! s'écria mademoiselle du Mortal, qu'alliez-faire ?

— Infortuné jeune homme ! dit madame du Mortal. Heureusement, nous n'arrivons pas trop tard. Renoncez à ce fatal projet ; ma fille est à vous.

Adalbert se précipita sur une main de madame du Mortal et la couvrit de baisers ; en se relevant, il rejetait ses cheveux en arrière, absolument comme au piano.

— Comme il est pâle ! dit madame du Mortal.

Et Adalbert très-étonné d'être pâle, faisait toutes sortes de manœuvres pour se voir dans une glace.

— Laisse-nous, Claire, ajouta la vicomtesse ; je vais faire un tour de promenade et causer avec lui.

Claire sortit en échangeant un long regard avec M. de Morgenstein. Madame du Mortal prit le bras d'Adalbert, et ils allèrent au bord de la mer.

— Voyez un peu le beau malheur ! Parce que vous n'êtes pas noble, faut-il donc mourir ? Les vertus que l'on a soi-même ne valent-elles pas celles qu'ont eues nos aïeux ? Croyez-vous que ma fille se contenterait de la preuve qu'il y a eu sous Philippe le Bel un Morgenstein très-aimable et très-bien fait ? N'aime-t-elle pas mieux que vous soyez tel vous-même ? Le cœur n'est pas si bête qu'on le dit, et il a souvent raison. Que fait un *de* ajouté devant un nom ? Ces deux lettres ont-elles donc un charme magique qui rende un homme plus beau, plus noble, plus généreux ? Dites, Adalbert !

— C'est un sot et ridicule préjugé, reprit Adalbert.

— N'êtes-vous pas noble par le talent et le génie, noble par le cœur et par l'âme ?

— Je le crois, madame.

— Croyez-vous que le *de* ajoute beaucoup de charmes à ma fille ? Est-ce au *de* qu'elle est redevable de sa peau de camellia, de ses cheveux souples et épais, de sa taille fine et cambrée ?

— Oh ! non.

— Et vous-même, qu'est-ce que le *de* vous donnerait ? Auriez-vous plus de verve, plus de rapidité ? Était-ce pour ces deux lettres que Claire vous aimait ? est-ce pour cette syllabe que vous aimiez Claire ?

— Non, madame. Je voudrais, pour le prouver, être

né sur le trône et que Claire fût une simple bergère.

— Adalbert, voilà la véritable noblesse ; elle est dans les sentiments. Eh bien, voyons, que penseriez-vous de vous-même si ce que vous disiez tout à l'heure venait à se réaliser, si vous, né sur le trône, vous refusiez la main de Claire simple fille des champs ?

— Ah ! madame, je serais le plus lâche des hommes. Je vous le répète, je voudrais qu'elle n'eût ni titre ni naissance.

— Soyez donc heureux : Claire n'est pas plus noble que vous.

— C'est pour m'éprouver que vous parlez ainsi ?

— Non, vraiment. C'est mon mari qui avait pris ce titre. A mes yeux, il ne valait même pas l'honneur d'être quitté. D'ailleurs, cela jette de la poudre aux yeux des imbéciles. Aux philosophes, aux gens distingués, on montre par quoi l'on est vraiment noble ; au vulgaire, on se contente de jeter un titre.

— Mais, madame... c'est que je ne suis pas plus riche que je ne suis noble.

— Qu'est-ce que cela fait ?

— Ah ! madame...

— Si vous n'êtes pas riche, vous le deviendrez. Tenez, Adalbert, voici assez longtemps que nous jouons la comédie ; je vais vous parler franchement, et ne vous avisez pas de continuer votre rôle avec moi. Vous n'êtes pas assez fort pour me tromper un instant, au point où nous en sommes maintenant.

» Nous ne sommes pas plus riches que vous ; mais j'exerce une industrie qui à la fois me donne une position et me permet de vivre dans le monde : j'écris dans certains journaux d'une manière productive. Vous avez ce qu'on appelle pour le moment du talent, ou, du moins, vous passez pour en avoir : cela suffit. Presque tous ceux qui ont aujourd'hui le plus de succès et gagnent le plus d'argent n'en savent et n'en font pas plus que vous. Le monde et les femmes surtout vous aimeront bien plus pour le talent qu'on vous trouvera que pour celui que vous avez réellement. Vous n'êtes pas musicien ; vous tapez très-vite sur les touches noires ou blanches d'un piano ; vous prenez des airs inspirés en répétant un passage pour la centième fois, chose d'ailleurs purement mécanique, que l'inspiration vous rendrait tout à fait impossible. Vos manières désolées sont une imitation ; mais ce n'est pas mal imité, et cela réussit...

— Madame...

— Attendez un peu. Je suis répandue dans un certain monde ; je dispose des journaux auxquels vous savez avoir recours dans l'occasion. On vous connaît déjà, mais je vous ferai une grande réputation. Nous gagnerons de l'argent, nous vivrons très-heureux tous les trois. Vous continuerez au dehors votre rôle, comme, moi, je joue le mien. Qui est-ce qui ne joue pas un rôle ? Par exemple, votre suicide a été très-mal joué. Si vous donnez jamais une seconde représentation, je ferai la critique de la première, et vous réussirez mieux. Je ne reçois votre suicide qu'à correction.

— Je vous jure, madame...

— Ne jurez pas ; je laisserai Claire croire au suicide. Soyons amis ; je ferai quelque chose de vous ; mais plus de comédie. Si vous me trompiez, ce ne serait pas pour longtemps, et je ne pourrais vous être bonne à rien. Dites-moi la vérité, n'importe laquelle, et j'en tirerai parti.

Cette vérité, on la devine : c'est que l'origine de M. de Morgenstein était des plus humbles, et que l'illustre pianiste n'avait pour père qu'un obscur ouvrier.

Madame du Mortal n'en voulut pas savoir davantage, et cet aveu termina l'entretien.

. . . .

M. Edmond *** à M. Bréville, au château de Beuzeval, près Dive.

« Je suis en route pour Beuzeval, mon cher ami ; mais je vous amène un hôte bien maussade. Il m'est arrivé l'aventure la plus déplorable qui se puisse imaginer.

» J'étais allé voir des amis à Lisieux ; ils m'ont fait conduire jusqu'à Honfleur, où j'ai couché. Une voiture partait le matin pour Trouville. J'étais déshabillé et j'allais entrer dans mon lit, lorsque le garçon de l'hôtel vint me dire qu'on me priait d'envoyer ma malle dès le soir à la voiture, qu'on allait charger d'avance, parce qu'on partait le lendemain à cinq heures du matin.

» J'étais fatigué, j'avais sommeil ; je fis cependant ce qu'on me disait. Le garçon prit la malle, et, moi, je m'endormis d'un profond sommeil, qui ne cessa qu'à quatre heures et demie.

» On vint me réveiller pour le départ ; je me levai en toute hâte, je voulus m'habiller ; mes habits avaient disparu ; j'appelai le garçon.

» — Je vais chercher vos habits, monsieur, me dit-il. On les aura portés dans la chambre où on brosse tous les habits de la maison.

» Dix minutes après, il revint me dire qu'il ne les avait pas trouvés.

» Je l'envoyai au bureau de la voiture pour la faire attendre, et je me remis à chercher avec l'aubergiste sous le lit, dans les tiroirs, partout.

» Le garçon rentra bientôt et me dit :

» — La voiture est partie ; je l'ai retenue plus de dix minutes, mais il a bien fallu la laisser partir.

» — Ah! mon Dieu! m'écriai-je alors, je sais où sont mes habits.

» — Et où cela, monsieur?

» — J'étais fatigué hier au soir, je tombais de sommeil ; on m'a dit de faire ma malle, j'ai très-bien plié et enfermé dedans le pantalon et l'habit que je venais de quitter. Quand part-il une nouvelle voiture?

» — Demain matin, monsieur.

» — Ce sera un jour de retard ; mais on peut bien passer une journée à Honfleur... Remontez-moi ma malle, je vais m'habiller.

» — Mais elle est en route, monsieur, votre malle.

» — Comment! en route?

» — Oui, votre place était retenue, vous la devez au voiturier ; il a dit qu'on vous rendrait votre malle à Trouville contre le prix de votre place.

» — Imbécile!

» — Pardon, monsieur, mais le voiturier a raison ; il n'est pas juste qu'il perde le prix de votre place, qu'il aurait donnée sans doute à un autre, s'il ne vous l'avait pas réservée.

» — C'est bien de cela qu'il s'agit! Mes habits sont dans ma malle, et vous avez envoyé ma malle à Trouville. Me voici en chemise pour jusqu'à demain matin.

» — C'est désagréable, mais ce n'est pas ma faute.

» J'entrai alors dans une telle colère, que je renversai les chaises et brisai mon pot à l'eau. L'aubergiste finit par me dire :

» — Monsieur, ma maison est une maison honnête, dans laquelle on ne fait pas en six mois le bruit que vous faites depuis une demi-heure.

» J'étais hors de moi, je m'emportai en invectives.

» Il me dit :

» — Monsieur, obligez-moi de débarrasser ma maison d'un hôte aussi bruyant et aussi incommode, et cela tout de suite, ou je vais vous faire sortir au moyen de la garde, qu'on va appeler.

» — Mais, sot que vous êtes, comment voulez-vous que je sorte dans l'état où je suis ? Mon portefeuille est dans la poche de mon habit, ma bourse est dans celle de mon pantalon ; tous deux sont sur la route de Trouville.

» — Alors, monsieur, dit l'hôte, comment allez-vous me payer ?

» Je pensai à vous, je demandai si la poste était partie ; on me dit qu'elle ne passait qu'à deux heures ; c'est en l'attendant que je vous écris si longuement, mon cher ami.

» Cette lettre arrivera ce soir à Trouville ; vous ne l'aurez à Beuzeval que demain matin ; envoyez-moi promptement un homme avec de l'argent, des habits et une voiture.

» Tout à vous.

» ÉDMOND ***. »

. . . .

M. Bréville se mit en route à l'instant même pour aller au secours de son ami.

XXVIII

Bérénice, dont la noce devait être célébrée le lendemain matin, se promenait depuis le coucher du soleil jusqu'à la nuit avec le fils Glam au bord de la mer, tous deux parlant de l'avenir.

— Mon père, disait Glam, a amassé quelque argent ; il

est vieux, il me donnera son bateau, en se réservant un lot sur la pêche. Pour vous, Bérénice, vous laisserez là la dentelle; vous aurez bien assez à raccommoder vos filets; il faudra aussi que vous continuiez à aider votre mère dans son ménage; vos parents ne sont plus jeunes; loin de leur ôter une si bonne fille, je veux remplacer pour eux un des fils qu'ils ont perdus. Ce pauvre Onésime, j'ai prié pour lui de bien bon cœur ce matin. Notre premier enfant s'appellera Onésime.

Bérénice devint toute rouge et demanda à rentrer. D'ailleurs, il allait faire de l'orage; les arbres frissonnaient sans qu'il fît de vent; puis des bouffées subites venaient faire ployer les peupliers jusqu'à terre, et on retombait dans un calme pesant; des éclairs, les uns d'un blanc bleuâtre, les autres d'un violet pâle, déchiraient la voûte noire et abaissée que formaient d'épais nuages; aux éclairs succédaient des bruits de tonnerre, tantôt roulant sourdement, tantôt éclatant en sons aigus.

Entre les coups de tonnerre, des fauvettes chantaient dans les arbres, et écartaient leurs ailes pour recevoir la pluie qui allait tomber.

Pulchérie, suivie de Mopse, avait remonté la rivière de Beuzeval, et elle était allée s'asseoir sous le saule d'Onésime; elle se laissait bercer à des rêveries qui faisaient passer devant elle les fantômes de ses journées écoulées; mais bientôt, voyant le jour presque fini, elle se disposa à redescendre à Dive, d'où elle comptait se faire reconduire à Cabourg par quelqu'un du village.

Cependant elle voulut passer par Beuzeval, où son existence avait changé si complétement. Déjà elle n'était plus qu'à quelques pas du château, quand elle rencontra Épiphane qui allait y rentrer.

Mopse grogna en montrant ses dents blanches et aiguës.

Épiphane salua Pulchérie, et lui offrit, si elle avait peur, de l'accompagner jusqu'à Dive ou jusqu'à Cabourg.

— Vous voyez, dit-elle en montrant Mopse, qui, le poil hérissé, continuait à le regarder en grognant, que j'aurais au besoin un bon défenseur.

— Qu'est ceci ? demanda maître Garandin ; ne vois-je pas quelqu'un qui rôde autour du château ?

Et il s'avança au moment où un étranger venait de sonner ; une femme ouvrit la porte.

— M. Bréville est-il chez lui ? demanda l'étranger.

— Il est en voyage, monsieur.

— Pour longtemps ?

— Il reviendra sans doute ce soir, mais pour sûr demain matin.

— Alors je ne pourrai pas le voir. Vous lui direz que c'est M. Hubert, qui n'a pu l'attendre, et est reparti tout de suite.

Mopse avait recommencé à grogner de plus belle ; puis tout à coup, malgré les efforts de Pulchérie, qui le rappelait, il s'élança sur l'étranger : mais, au lieu de le déchirer ou le mordre, il sauta sur lui, léchant ses mains, ses habits ; il se roula par terre en gémissant ; puis il recommença ses gambades, courant autour de lui en cercle, et sautant assez haut pour lui lécher le visage.

— Mopse ! Mopse ! cria l'inconnu.

Et lui-même prit le chien dans ses bras et le couvrit de caresses.

Épiphane s'avança.

— Vous avez, monsieur, demandé M. Bréville ?

— Êtes-vous de la maison ?

— Oui, monsieur.

— Eh bien, j'ai laissé mon nom.

— M. Hubert ?...

— Oui, monsieur.

— Écoute, Onésime, si c'est pour moi que tu cherches à déguiser ton nom et ta voix, cela ne te servira pas à grand'-chose. Je te reconnais parfaitement ; que viens-tu faire ici, malheureux Onésime ?

Pulchérie s'était approchée en croyant entendre le nom d'Onésime, et déjà surprise de la joie du chien ; mais, quand elle entendit Garandin nommer Onésime pour la seconde fois, elle jeta un grand cri et tomba à genoux.

— Pulchérie ! s'écria Onésime.

— Est-ce toi, Onésime, qu'on nous disait mort ?

— Ce n'est pas le moment de causer, dit Épiphane ; si on sait qu'Onésime est ici, il est perdu.

— Et on ne tardera pas à le savoir par ton moyen, lâche et traître que tu es ! mais ce n'est pas encore le moment de régler nos comptes ; seulement, disparais à l'instant.

Et, en disant ces mots, Onésime mit la main sur un poignard de marin qu'il portait à la ceinture. Épiphane était déjà loin.

— Chère Pulchérie, reprit Onésime, ce n'est pas seulement la peur qui fait fuir Épiphane ; d'ailleurs, le temps n'est pas arrivé où je veux être au milieu de vous ; mais je n'ai pu résister au besoin de vous voir de loin hier à l'église. De qui étiez-vous donc tous en deuil ? Je n'ai appris la mort de personne.

— Onésime, c'était un service pour le repos de votre âme qu'on célébrait hier.

— Chère Pulchérie, ma seule pensée, tout ce que j'aime au monde, vous avez donc adopté mon pauvre Mopse ?

— Êtes-vous en sûreté, Onésime ?

— Moi ? Pas le moins du monde.

— Fuyez alors, malheureux !

— Il faut que je voie quelqu'un qui ne sera ici que demain.

— Mais si Épiphane vous trahit... c'est possible.

— C'est même parfaitement sûr. Aussi je ne voulais être reconnu par personne ; j'aimais mieux qu'on me crût mort ; il faudra peut-être que mes amis me perdent une seconde fois.

— Et cette horrible affaire...?

— Je suis innocent, Pulchérie ; mais je n'en suis pas moins condamné à mort.

— Comme vous êtes changé, Onésime !

— J'ai étudié, j'ai travaillé, depuis que nous ne nous sommes vus ; mais... tenez, j'aimerais mieux que nous ne nous fussions pas rencontrés. Adieu ! ne parlez de moi à personne, pas même à Bérénice, si toutefois il n'arrive rien de mal ; car, si je suis trahi et arrêté, vous n'entendrez que trop parler de moi. Soyez sûre d'une chose, Pulchérie : ma vie entière vous appartient ; quoi qu'il arrive, elle sera à vous jusqu'à la fin ; mon dernier soupir sera pour vous. Adieu !

Et Onésime disparut sous les saules et les arbres de la rivière. Mopse voulut le suivre, mais il le chassa.

Pulchérie n'osa pas entrer à Dive, où elle devait cacher un si grand secret et où on aurait remarqué sans peine son émotion ; elle alla droit à Cabourg ; son oncle était couché depuis longtemps.

Il était près de minuit lorsque M. Bréville arriva à Beuzeval avec son ami, M. Edmond. M. Edmond était un homme d'un embonpoint peu ordinaire ; il n'aurait pu mettre aucun des habits de M. Bréville, qui n'avait pas cru devoir lui en faire porter, et ne s'était muni que d'argent ; on appela des fripiers, on eut beaucoup de peine à trouver ce qu'il fallait pour mettre en état de sortir de l'auberge M. Edmond***, dont les formes démesurées n'avaient pas été prévues par les tailleurs.

On finit cependant par trouver un habit à peu près à sa taille. Pendant le cours de ses recherches, M. Bréville demanda avec empressement le prix d'une redingote qui était mêlée aux hardes qu'on leur montrait; il la paya sans marchander, et fit beaucoup de questions au fripier.

La voiture qui ramenait M. Bréville et M. Edmond n'était plus qu'à quelques pas du château, quand un homme arrêta brusquement le cheval.

En même temps une voix cria :

— C'est moi, Hubert.

— Malheureux ! imprudent ! quelqu'un vous a-t-il vu ?

— Oui, Épiphane.

— Diable !

— Et tout porte à croire qu'il a déjà pris ses mesures pour me faire arrêter. Aussi, si je ne vous avais pas rencontré ce soir, je serais parti dans la nuit.

— Il faut que vous entriez au château ; nous allons voir ensuite ce qu'il y a à faire. Attendez que tout soit fermé. Quand vous verrez une lumière en dehors de la porte du salon, vous entrerez par la porte du jardin, où je vous attendrai.

— Très-bien !

Il se passa au moins une demi-heure ; après quoi, la lumière s'étant fait voir, Onésime fut reçu à la porte du jardin par M. Bréville, qui l'embrassa tendrement.

— Je suis bien mécontent de vous, Onésime. Comment, malgré ma défense !...

— Je ne pouvais plus attendre.

— Vous êtes un fou... Épiphane est allé prévenir les gendarmes ; il est déjà revenu.

— Je m'en doutais.

— Il m'a parlé de votre rencontre. Ce qu'il fait, c'est dans votre intérêt et dans celui de votre famille. Il vous a d'abord conseillé de prendre la fuite, vous avez refusé de l'écouter ; alors, pour vous sauver malgré vous, il est allé mettre les gendarmes en campagne; mais les renseignements qu'il leur a donnés les feront promener inutilement demain toute la matinée. Il a pensé que, voyant le danger si éminent, vous vous décideriez sans doute à fuir. Voici dans quel ordre il a indiqué au brigadier de gendarmerie les recherches à faire : d'abord ici, où il est bien sûr que vous ne serez pas ; ensuite chez vos parents, puis à Cabourg, chez M. Malais ; enfin chez les Glam, dont le fils va épouser votre sœur. Il pense que ces fausses démarches vous donneront, et au delà, le temps de vous mettre à l'abri.

— Quelle trahison cachent ces précautions ?

— Pas celle que vous croyez ; Épiphane aime mieux, en réalité, vous voir en fuite qu'arrêté. Les gendarmes viendront ici à la pointe du jour. Soupez et dormez; nous causerons pendant que vous souperez.

Il était à peine six heures du matin ; Bérénice se réveillait heureuse fiancée. Pulchérie était venue surveiller sa toilette.

Tout à coup le fils de Glam arriva ; il apportait la nouvelle qu'Onésime n'était pas mort, qu'on l'avait vu dans le village, et qu'il avait été arrêté par les gendarmes au moment même où il prenait la fuite par-dessus les murs du château de Beuzeval.

Cette nouvelle livra tout le monde aux impressions les plus diverses et même les plus opposées. Onésime était vivant, mais il ne vivait sans doute que pour mourir d'une mort infamante.

Il ne fut plus question de mariage pour ce jour-là. Pulchérie alors put dire qu'elle l'avait rencontré la veille. Tout le monde caressa Mopse, qui avait si bien reconnu son maître.

— Oh! dit Pélagie, si je l'avais au moins embrassé et serré sur mon cœur!

On remarqua avec étonnement que les gendarmes, après avoir conduit Onésime dans la prison de Caen, revinrent à Beuzeval et ne s'en écartèrent pas pendant quelques jours.

On ne tarda pas à citer les témoins, maître Épiphane Garandin et sa femme, ainsi que la servante du meunier; mais, ainsi que nous l'avons dit, Désirée avait quitté le pays sans laisser de traces.

M. Bréville alla souvent à Caen. Lorsque le jour du jugement fut fixé, il demanda à Tranquille Alain et à Pélagie s'ils voulaient y assister.

Ils hésitèrent longtemps; mais ils reçurent une citation comme témoins, en vertu du pouvoir discrétionnaire du président. M. Malais, également cité, emmena sa nièce Pulchérie.

XXIX

Le jour du jugement arrivé (peu de nos personnages avaient dormi pendant la nuit), les témoins se rendirent à leur poste, Bérénice et Pulchérie se tenaient à l'écart avec Pélagie : toutes trois étaient pâles et se parlaient à peine. M. Malais, Tranquille Alain, Épiphane et sa femme étaient au banc des témoins.

Les juges ne tardèrent pas à monter sur leurs siéges, puis le président ordonna d'introduire l'accusé. Alors Onésime parut entre deux gendarmes, et s'assit au banc des prévenus.

Les trois femmes, en le voyant, se prirent à pleurer en silence. Tranquille Alain évita de regarder du côté de son fils, sa tristesse était mêlée de sévérité. On fit l'appel des témoins ; tous répondirent, à l'exception de Désirée, la servante du meunier, dont on n'avait pu retrouver la demeure, et de M. Bréville, dont on ne put expliquer l'absence.

Le président annonça que les débats étaient ouverts. L'accusé ayant répondu aux questions d'usage qu'il était marin et capitaine marchand, le procureur du roi l'interrompit et dit :

— Le prévenu n'avait pas ce titre lors de l'instruction qui précéda son évasion ; ce titre est-il réel ?

— Monsieur, reprit Onésime, je me suis enfui, parce que, bien qu'innocent, je voyais accumulées contre moi des probabilités qui auraient pu tromper la sagesse des juges. J'espérais que le hasard ou plutôt la Providence m'apporterait quelque preuve de mon innocence que je serais venu moi-même mettre sous les yeux de la cour. En attendant, sous le faux nom de Hubert, j'ai travaillé, je me suis fait recevoir capitaine et j'ai fait un voyage dans les Indes. Voici les papiers qui en font foi.

Le procureur du roi, donnant lecture alors de l'acte d'accusation, commença par rappeler la mort du meunier, qui avait évidemment perdu la vie en défendant son trésor.

« La justice, continua-t-il, fut un moment embarrassée.

» Un seul homme était entré la nuit et avait accès chez Éloi Alain ; mais cet homme était son neveu, cet homme était son héritier, ainsi qu'en fait foi le testament, et il le savait, comme l'ont établi non-seulement plusieurs témoignages, mais aussi ses réponses et ses aveux à lui-même.

» La défiance de la justice reculait devant un crime aussi odieux, lorsque les révélations d'un témoin oculaire vinrent l'obliger à croire à une perversité heureusement peu commune.

» Un personnage que des liens d'amitié et d'intérêt attachaient à cette famille, le nommé Épiphane Garandin, qui, maitre d'école, avait élevé le prévenu, dit que, vaincu par la force de la vérité et par l'horreur du crime, il venait révéler aux magistrats un épouvantable forfait.

» Quelques heures avant le crime, il avait laissé Éloi Alain en parfaite santé, partant pour un petit voyage. Onésime Alain, marin réfractaire, caché dans le pays, s'était introduit chez son oncle, et, peu de temps après, on l'avait vu s'échapper par une fenêtre.

» Le lendemain, on avait trouvé mort le meunier, qui était rentré dans la nuit, au lieu de ne rentrer que le lendemain, comme on devait s'y attendre.

» Le prévenu, qui avait cette nuit même quitté le pays, fut arrêté au milieu d'un repas de matelots, au Havre, et amené en prison. Là, dans l'instruction, il avoua qu'après avoir épuisé toutes les prières afin d'obtenir quelques délais pour un débiteur du meunier, qui était de ses amis, il avait cru pouvoir prendre à son oncle, dont il se savait le seul héritier, une somme qui serait rentrée quelques heures après entre ses mains, puisqu'elle devait lui être remise par ce débiteur aux abois.

» Il s'était, en effet, introduit chez le meunier de Beuzeval pendant l'absence de ce dernier, et avait ouvert une cachette dans laquelle il savait être renfermées des sommes importantes. Au moment où il venait de prendre l'argent dont il avait besoin, il avait entendu du bruit, et, regardant à travers la serrure, il avait vu un œil qui, de l'autre côté de la porte, suivait tous ses mouvements.

» Effrayé, il s'était enfui et n'avait appris la mort de son oncle que longtemps après, et seulement lors de son arrestation au Havre. Il avait enfoui, en effet, la somme au pied d'un arbre, où les personnes auxquelles cet argent était destiné furent invitées par une lettre à l'aller chercher ; mais celles-ci s'empressèrent de remettre entre les mains de la justice le résultat d'un crime dont il ne peut retomber sur elles le moindre soupçon de complicité.

» Cette défense manquait complétement de la vraisemblance même la plus vulgaire. Le prévenu avouait toutes les choses matériellement prouvées et niait toutes les autres.

» L'instruction crut devoir le renvoyer devant la cour d'assises; mais, lorsque vint le jour du jugement, Onésime Alain s'était évadé.

» C'est seulement il y a quelques jours qu'il a reparu dans le pays, ramené par son imprudence, par sa confiance dans une trop longue impunité, ou plutôt par un arrêt de la Providence, qui ne laisse quelquefois les plus grands crimes impunis que pour leur infliger ensuite leur châtiment avec plus d'éclat.

» Onésime Alain, aujourd'hui entre les mains de la justice, est donc appelé de nouveau à se défendre; mais les preuves accumulées contre lui ne permettent guère d'espérer qu'il puisse le faire avec succès. »

Cette exposition de l'affaire fut suivie de la plaidoirie du ministère public. Il démontra l'épouvantable ingratitude d'Onésime, qui, comblé des bienfaits de son oncle, l'avait lâchement assassiné dans l'impatience que lui causait l'attente du testament.

Il félicita Épiphane Garandin, qui, saisi d'horreur à la vue d'un pareil forfait, avait rejeté loin de son cœur honnête une vieille amitié et n'avait pas hésité à faciliter à la justice l'accomplissement de ses rigoureux devoirs.

Il termina en demandant contre Onésime l'application des articles 296, 297 et 302 du Code pénal.

Le président demanda à Onésime s'il avait quelque chose à dire pour sa défense et s'il avait fait choix d'un avocat. Un homme grand et sec perça la foule alors, s'avança jusqu'au pied du tribunal et dit :

— Monsieur le président, témoin cité, je demande, du consentement du prévenu, à prendre sa défense devant MM. les jurés et les juges.

— Prévenu, dit le président, prenez-vous le témoin ici présent pour défenseur ?

— Oui, monsieur.

— Comment vous appelez-vous ?

— Hector-Eugène, comte de Sievenn.

Les habitants de Dive et de Beuzeval se regardèrent les uns les autres avec étonnement. Le président avait parlé assez bas, et M. Bréville, qui s'appelait maintenant le comte de Sievenn, avait répondu à l'instant même, lui qui semblait si souvent avoir peine à entendre les voix les plus fortes et les plus stridentes.

— Le témoin, dit le procureur du roi, n'est assigné que sous le nom de M. Bréville.

— Mettez Bréville, si vous voulez, c'est peu important. Voici cependant des papiers qui constatent mon identité.

— Ah çà ! mais il n'est plus sourd, murmura Épiphane.

— C'est une singulière transformation, dit M. Malais. Du reste, je ne suis pas fâché que le propriétaire actuel de Beuzeval soit un homme tout à fait comme il faut ; je m'en étais douté.

— Puis-je prendre la parole?

— Parlez, monsieur.

— Messieurs les jurés et messieurs les juges, je me trouvais sur la jetée du Havre au moment où un navire allait se perdre. Le danger était si effroyable, que les plus hardis pilotes hésitaient à se mettre à la mer.

» Onésime Alain se présenta, son exemple encouragea

d'autres matelots. La fureur de la mer fut vaincue, et six hommes furent arrachés à une mort certaine.

» Le lendemain, au milieu d'un repas auquel on me fit l'honneur de m'admettre, Onésime Alain fut arrêté comme coupable d'un assassinat commis sur la personne de son parent et de son bienfaiteur dans l'intention de le voler.

» Moi qui avais vu le dévouement d'Onésime pour des inconnus, moi qui avais vu aussi de quel air il m'avait repoussé quand je lui avais sottement offert de l'argent, je trouvai l'accusation invraisemblable et absurde.

» Je n'abandonnai pas cet homme si brave et si généreux; je ne tardai pas à apprendre qu'il avait, il y a quelques années, exposé sa vie pour sauver celle de ce parent qu'on l'accusait d'avoir lâchement assassiné.

» Néanmoins des témoignages accablants se réunissaient contre lui. Des circonstances qui ressemblaient singulièrement à des preuves s'accumulaient.

» Je m'informai; je vis qu'Onésime allait être condamné; excusez mon audace, messieurs, mais je pensai que la justice se trompait et qu'elle allait commettre une de ces très-rares mais très-déplorables erreurs, qui ont taché son hermine de quelques gouttes de sang innocent.

» Je n'avais absolument rien à répondre à l'accusation; mais une voix éloquente me disait dans le cœur : « Cet homme » est innocent. » Je le fis évader. Je fus aidé, je dois le dire, par un homme dont M. le procureur du roi vient de faire un remarquable éloge, par Épiphane Garandin, qui montra le plus grand zèle et le plus grand courage pour faciliter cette évasion.

» J'eus quelque peine à décider Onésime Alain à prendre la fuite. Il prétendait qu'étant innocent, il ne courait aucun risque d'être condamné.

» Votre sagesse, messieurs, était par lui dignement appréciée; mais je suis moins jeune, j'ai vécu, j'ai vu le monde, cela m'a donné une défiance sans aucun doute exagérée : je fis partir Onésime.

» J'ai quelques amis, quelque influence, même un peu d'argent. Onésime, dont l'éducation était nulle, travailla dans la retraite, travailla avec intelligence et opiniâtreté.

» Au bout d'un an et demi, il était reçu capitaine au long cours sous le nom de Hubert, laissant, par mon conseil, de côté son nom d'Onésime Alain, en attendant qu'il pût le porter de nouveau sans tache et sans soupçon.

— Mais, monsieur, dit le procureur du roi, il me semble que vous nous contez là des histoires qui vous sont parfaitement personnelles; ces épisodes n'appartiennent que très-indirectement au procès, fatiguent l'attention de MM. les jurés, et...

— Monsieur, répondit M. de Sievenn, vous avez parlé pendant deux heures et demie pour soutenir l'accusation; je ne demande qu'une demi-heure pour la détruire.

» Laissez-moi employer ma demi-heure à ma fantaisie. MM. les jurés, j'en suis sûr, ont trop d'intérêt à ne pas condamner un innocent pour s'ennuyer de mes paroles; d'ailleurs, je vous ménage des détails qui, à vous-même, monsieur le procureur du roi, procureront quelque satisfaction. Puis-je continuer?

— Continuez, dit le président.

— Mon ami était à l'abri; je dis mon ami, messieurs, parce que l'homme assis là entre deux gendarmes m'avait fait l'honneur de m'appeler son ami, honneur que j'avais brigué le jour du sauvetage du navire, honneur que je trouvais plus grand encore depuis qu'il était malheureux, injustement accusé et abandonné de tout le monde; le malheur donne aux hommes une sorte de consécration et les rend vénérables.

» Pour moi, cependant, ce n'était point assez qu'Onésime Alain fût en sûreté contre l'erreur probable de la justice : je croyais, je sentais, je savais qu'il était innocent, et je n'avais pas la moindre preuve à en donner ; cette preuve, il me la fallait, quand j'aurais dû consacrer ma vie entière à la chercher ; c'était une grande et noble occupation, je m'y dévouai entièrement.

» J'arrivai à Beuzeval comme par hasard ; je me montrai le plus sourd et le plus crédule de tous les hommes ; je n'entendais rien, et je croyais tout.

» Ces deux infirmités écartèrent de moi toute défiance ; on parlait librement devant moi comme si j'eusse été absent ; je courus tout le pays, je voulus savoir la vie de tout le monde. Il n'y a personne qui ne m'ait raconté à deux ou trois reprises l'histoire du meunier Éloi Alain trouvé mort dans sa chambre.

» Cent fois j'ai cru voir un commencement de clarté, cent fois je me suis heurté contre le faux et l'absurde. J'enregistrais tous les rapports, toutes les contradictions. Cela a duré trois ans, messieurs, et c'est seulement il y a trois semaines que j'ai eu la dernière preuve qui me manquait, non pas pour ma conviction, elle n'est pas plus forte que le premier jour, mais pour la vôtre, messieurs ; et, aujourd'hui, je viens vous dire et vous prouver d'une manière irréfutable d'abord qu'Onésime Alain, mon ami, est innocent, ensuite que l'auteur de l'assassinat du meunier Éloi Alain est cet homme, Épiphane Garandin, dont M. le procureur du roi vient de faire l'éloge. »

En prononçant ces paroles, M. de Sievenn, la taille droite et majestueuse, les yeux étincelants, s'avança vers Épiphane, pâle comme un mort, le saisit par le bras, et avec une force invincible le traîna jusqu'au milieu du prétoire, devant les juges et les jurés, muets d'étonnement et de terreur.

Là, il répéta :

— Oui, messieurs, cet homme, Épiphane Garandin, est à la fois l'accusateur d'Onésime et l'assassin du meunier.

— Messieurs, s'écria Épiphane, c'est une calomnie ; cet homme est fou.

Toute l'assemblée était dans la stupéfaction. Quand Épiphane, sur un signe du président, se remit à sa place, les témoins assis à côté de lui s'écartèrent par une sorte d'horreur instinctive, pour ne pas le toucher.

La cour délibéra. Les assistants, malgré les fréquentes invitations au silence, se communiquaient leurs impressions. Les femmes pleuraient.

Le président, après avoir conféré avec les autres juges et avec le procureur du roi, fit conduire les témoins dans la salle qui leur est réservée, et ordonna qu'Épiphane resterait seul devant la cour.

M. de Sievenn demanda alors que M. le président voulût bien faire introduire comme témoin la fille Désirée Maurel, qui avait été servante du meunier jusqu'à sa mort.

— Ce témoin, ajouta-t-il, n'a pas répondu à l'appel de son nom, pour des raisons que je me réserve de vous expliquer.

On appela, sur l'ordre du président, la fille Désirée Maurel, qui répondit aux questions d'usage et alla rejoindre les autres témoins.

— Monsieur de Sievenn, demanda le président, voulez-vous continuer votre plaidoirie ?

— Oui, monsieur le président. Je désirerais seulement qu'Épiphane Garandin répondît à une question.

— Dites-moi cette question, monsieur, et je la transmettrai au... témoin.

— Voulez-vous, monsieur le président, demander au... témoin, pour parler comme vous, s'il persiste dans sa déclaration ?

— Témoin Épiphane Garandin, que savez-vous de l'assassinat d'Éloi Alain, meunier à Beuzeval?

Épiphane se leva et dit :

— Je maintiens ce que j'ai dit dans l'instruction.

Le procureur du roi lut à haute voix la déposition d'Épiphane.

— Ainsi, dit le président, vous maintenez tout ce qui est contenu dans cette déposition?

— Oui, monsieur le président.

— Et votre conviction est que le meunier a été assassiné par Onésime Alain?

— Oui, monsieur le président.

— Est-ce là, monsieur de Sievenn, ce que vous désirez?

— Oui, monsieur.

— Il me semblerait juste et convenable, interrompit le procureur du roi, que, dans la nouvelle position que le défenseur du prévenu essaye de faire à un témoin, ce témoin fût, dès à présent, assisté d'un avocat. Est-ce l'avis de la cour?

Le président recueillit les avis, et demanda s'il se trouvait des avocats dans la salle. Plusieurs se présentèrent.

— Épiphane Garandin, dit le président, je remets d'office votre défense à maître ***; c'est un de nos plus éloquents avocats; l'acceptez-vous?

— Oui, monsieur.

L'avocat se plaça auprès d'Épiphane, avec lequel il échangea de temps en temps quelques paroles à voix basse. Le président invita M. de Sievenn à reprendre la parole.

— Installé dans le pays, messieurs, ayant établi convenablement ma réputation de surdité et de crédulité, je pris pour gouvernante la fille Désirée Maurel, servante du meunier, et pour secrétaire M. Épiphane Garandin, avec qui je n'avais eu que des rapports indirects lors de l'évasion d'O-nésime.

» Maître Épiphane avait été tour à tour maître d'école, ferblantier, soldat, ménétrier, chantre, pharmacien ; puis, en dernier lieu, assassin et faux témoin. Pour trouver de l'occupation au... témoin, comme l'appelle M. le président, je fis semblant de composer un ouvrage savant sur les huîtres.

» De ce moment, le combat fut engagé ; tantôt je faisais vivre en paix Épiphane, sa femme et la fille Désirée : alors ils causaient sans se défier de moi ; tantôt je jetais parmi eux quelques germes de discorde, et chacun d'eux, sous l'empire de la colère, me parlait des autres avec assez de liberté : j'écrivais, je composais mon dossier.

» Enfin aujourd'hui, messieurs, je puis vous apprendre comment le crime a été commis en réalité. Je n'avancerai rien dont je n'aie à fournir les preuves les plus complètes.

» Onésime, poursuivi comme réfractaire, retenu dans le pays par une passion plus noble que raisonnable, trouvait un asile chez son oncle, auquel il avait sauvé la vie avec un rare dévouement. Voici une médaille qui constate sa belle action.

» Éloi Alain, il faut le dire, malgré l'usage qu'ont les vivants de se débarrasser en faveur des morts de toutes les vertus qui les embarrassent, Éloi Alain faisait l'usure.

» Il s'était approprié par toute sorte de moyens peu honorables la plus grande partie des biens de M. Malais de Beuzeval, et il le poursuivait à outrance pour faire vendre sa maison, tout ce qui lui restait d'une fortune considérable.

» Depuis longtemps, un lien d'amitié existait entre la famille d'Onésime et celle de M. Malais. Les enfants des deux maisons avaient été élevés ensemble. Onésime supplia son oncle d'avoir pitié d'un vieillard déchu d'une grande position de fortune, accablé par des malheurs de tout genre, et qui allait être réduit à la mendicité et au désespoir.

» Le meunier fut inflexible ; le vieillard et le reste de sa famille allaient être chassés. Leur maison, leur dernier asile, allait être vendue, les affiches étaient apposées, lorsque Onésime, après s'être une dernière fois jeté aux genoux de son parent, ne prit conseil que de son désespoir.

» Il résolut de lui prendre la somme qu'il réclamait à M. Malais, pour que M. Malais la lui rendît le lendemain, sous forme de payement.

» Éloi Alain était en voyage ; Onésime ouvrit une cachette dont il soupçonnait la place, compta juste la somme nécessaire ; puis, entendant du bruit, voyant un œil à travers la serrure, il prit la fuite et fit parvenir cette somme au malheureux débiteur du meunier, lequel, du reste, refusa d'en profiter et la rendit, quelques jours après, à la succession.

» L'homme qui avait surpris Onésime et qui l'avait vu sans être vu par lui n'était pas le meunier, mais bien Épiphane Garandin, qui avait, comme Onésime, accès facile dans la maison.

» Soit qu'il eût voulu, comme Onésime, profiter de l'absence du meunier pour ouvrir la cachette, soit que, témoin par hasard de ce qui se passait, il eût songé qu'il lui était facile de faire retomber le vol sur un autre, il vida le trésor.

» Onésime avait enlevé huit mille sept cents francs, qui ont été restitués à la succcession par M. Malais de Beuzeval ; mais il restait en papier et en or vingt-huit mille francs, qu'Épiphane Garandin allait emporter lorsqu'il fut surpris à son tour, mais cette fois par le meunier, qui le saisit au collet, voulut crier, et qu'Épiphane étrangla ; après quoi, il emporta les vingt-huit mille francs.

» Le lendemain, on trouva le meunier mort et la cachette vide. Le cadavre avait dans la main un morceau de drap qu'il avait arraché probablement à l'habit de son assassin.

» On négligea de le mettre sous scellé ; quelques heures après, le morceau de drap avait disparu. Le voici.

» Épiphane, en rentrant chez lui, fut obligé d'avouer à peu près à sa femme ce qui s'était passé. Il avait, disait-il, trouvé le meunier assassiné, agonisant. Le voleur n'avait pas tout pris ; il avait, lui, ramassé le reste, qui sans cela devait revenir à Onésime, assassin et héritier de son oncle.

» Dans les convulsions de son agonie, Éloi Alain, qu'il avait voulu secourir, avait déchiré sa redingote, sur laquelle avaient jailli aussi quelques gouttes de sang. Il ordonna à sa femme de brûler la redingote : celle-ci la mit au feu ; mais, craignant que l'odeur du drap qui commençait à brûler ne se répandît dans le voisinage, poussée aussi peut-être par un sentiment d'avarice sordide ou par un aveuglement providentiel, la femme Garandin se hâta de retirer du feu la redingote et la cacha.

» Depuis elle la vendit à Caen, à un fripier nommé Samuel, qui la raccommoda et la revendit à un de ses confrères, Salomon, demeurant à Trouville, où je l'ai achetée.

» Voici la redingote, avec deux pièces d'un autre drap de même couleur, et, remplaçant, l'une la partie arrachée par le meunier expirant, l'autre le morceau brûlé. Des chimistes retouveront peut-être les traces de sang. M. le président peut faire citer les deux fripiers.

» Pendant qu'Épiphane croyait, comme il l'a toujours cru jusqu'à ce jour, que sa femme brûlait ce fatal vêtement, il allait trouver la fille Désirée, lui faisait la même fable qu'il avait faite à sa femme, mais avec quelques changements dans les détails : il ne parla pas des vingt-huit mille francs.

» Il lui persuada d'enlever le morceau de drap laissé dans la main crispée du cadavre ; mais cette femme, à laquelle certaines circonstances étaient suspectes, garda précieusement ce morceau de drap, que j'ai fini par me faire remettre.

» Elle était fort attachée à son maître. Épiphane la décida à tromper la justice, surtout en lui faisant espérer qu'on ne saurait pas que le meunier avait été assassiné par son neveu, ce qu'il serait, lui, Épiphane, obligé de dire s'il se trouvait en danger.

» Plus tard, quand elle fut suffisamment compromise par l'enlèvement du morceau de drap et par son mensonge à la justice, on se gêna moins avec elle, et elle en apprit un peu plus; mais elle crut toujours qu'Onésime était l'assassin.

» Aussi lui persuada-t-on de le laisser accuser, lorsqu'Épiphane, croyant voir planer quelques soupçons sur lui-même, se décida à perdre Onésime, contre lequel il n'était pas difficile d'accumuler des preuves apparentes.

» Cependant, tout pris qu'était Onésime dans les toiles qu'avaient ourdies autour de lui et le hasard et la perfidie de Garandin, celui-ci craignait qu'aux débats une lumière subite ou la prudence des juges ne vînt éclairer et faire apparaître la vérité.

» Aussi s'employa-t-il de son mieux à l'évasion de l'accusé. Quand j'eus pris la résolution de découvrir la vérité pour venir ensuite vous la dire, messieurs, je ne voulus pas, par trop de précipitation, rendre impossible une entreprise déjà au moins difficile.

» Aussi ai-je mis trois ans à ramasser des preuves, et mon trésor est-il ramassé grain à grain, comme celui d'une fourmi. Je réserve ce que j'ai à dire pour les témoins, quand M. le président voudra bien les interroger.

Le président demanda alors à Épiphane ce qu'il avait à répondre à l'accusation que venait de porter contre lui M. Breville.

Épiphane se leva et retomba sur son banc sans avoir pu prononcer un mot; puis il se releva et dit :

— Il n'y a pas dans tout cela un mot de vrai ; mais mon avocat répondra en plaidant.

L'avocat prit la parole et dit :

— J'ai conseillé à mon client de ne répondre à aucune question jusqu'à ce que j'aie conféré avec lui.

— Alors, dit le président, nous allons entendre d'autres témoins. Appelez la femme Garandin ; faites retirer Garandin, et que les gendarmes ne le quittent pas.

— Monsieur le président, demanda M. de Sievenn, puis-je adresser quelques questions aux témoins?

— Vous me les communiquerez.

Après les premières questions d'usage, le président demanda à madame Garandin si elle reconnaissait la redingote achetée par M. Bréville. Elle affirma ne pas la reconnaître.

— Avez-vous vendu une redingote à Samuel, fripier?

— Je n'ai jamais vu Samuel, et je ne connais personne de ce nom.

— Asseyez-vous. Qu'on appelle le témoin Samuel.

Samuel fut interrogé : il reconnut au milieu des assistants la femme Garandin, qui lui avait vendu la redingote que lui avait achetée depuis Salomon, de Trouville.

D'ailleurs, cette vente était inscrite sur ses livres ; seulement, madame Garandin avait un peu altéré son nom et avait dit s'appeler madame Parentin.

— Et vous, femme Garandin, persistez-vous à nier avoir vendu au fripier Samuel la redingote qui vous est représentée?

— J'avoue que c'est vrai, mais j'ai peur. Je ne sais pourquoi on me fait toutes ces questions ; je crains de faire des réponses qui me compromettent.

— Il n'y a que le mensonge qui puisse vous compromettre. Dites la vérité, ainsi que vous l'avez juré devant le Christ.

Est-ce vous qui avez mis ces deux pièces, l'une remplaçant une déchirure, l'autre une brûlure ?

— Non, monsieur.

— Votre mari ne vous avait-il pas ordonné de brûler cette redingote, et n'avez-vous pas préféré la vendre ?

— Tout ce que je me rappelle, c'est que je l'ai vendue.

— Le jour de l'assassinat du meunier, votre mari n'a-t-il pas apporté beaucoup d'argent à la maison ?

— Non monsieur, jamais nous n'avons été si pauvres que depuis ce malheur-là ; tout le monde le sait bien.

— Monsieur le président, interrompit M. de Sievenn, voulez-vous demander à madame Épiphane si ce n'est pas là une ruse imaginée par son mari, et qui la contrariait beaucoup ? Demandez-lui aussi, je vous prie, si elle n'a pas fini par obtenir de lui la permission d'acheter certains ornements qu'elle mettait chez elle en fermant bien les portes. Demandez-lui si, la première fois que je suis allé chez eux, dans sa précipitation, elle n'avait pas gardé un collier d'or, et si Épiphane, se fiant à ma surdité, ne lui a pas à ce sujet dit des injures à demi-voix en ma présence.

— On peut bien chercher à la maison, on n'y trouvera pas le collier d'or.

— Cela dépend du lieu où l'on cherchera. Si on lève une pierre sous les cendres, au fond du foyer de la cheminée, on trouvera le collier d'or et d'autres bijoux, et aussi la presque totalité des vingt-huit mille francs volés par Épiphane.

— Que répondez-vous à cela, femme Garandin ?

— Monsieur le président, je dis que cela n'est pas vrai.

— On va aller faire des recherches.

— Eh bien, c'est vrai qu'il y a de l'argent ; mais Garandin l'a trouvé.

— Monsieur le président, veuillez, je vous prie, demander

à madame Garandin si, dans une querelle que j'avais soin de susciter entre elle et la fille Désirée, celle-ci n'a pas fait des allusions au crime d'Épiphane, qu'elle ne connaissait qu'en partie. Ne lui a-t-elle pas dit une fois entre autres : « Quand je voudrai, j'enverrai ton mari aux galères? » A quoi madame Épiphane a répondu d'un air suppliant et en me désignant; mais la fille Désirée a rappelé par un signe que j'étais sourd.

Madame Épiphane parut accablée et ne répondit pas. On fit paraître la fille Désirée, dont les réponses furent conformes aux assertions de M. de Sievenn.

Elle se plaignit de M. Bréville, qui l'avait trompée si longtemps en faisant semblant d'être sourd; et puis il avait l'air si bonasse, si crédule! on ne pensait pas à se défier de lui.

Cependant elle se rappela comment il avait soin tantôt de la brouiller, tantôt de la raccommoder avec les Garandin. C'est par son conseil qu'elle avait quitté le pays.

On fit revenir Garandin. Le procureur du roi lui demanda où il avait trouvé l'argent qui était chez lui. Il répondit qu'il n'avait pas trouvé d'argent.

— Ce n'est pas la peine de nier plus longtemps, répliqua le magistrat; votre femme vient d'avouer que vous avez trouvé de l'argent.

— J'ai trouvé une fois un écu sur la route de Trouville.

— Ce n'est pas de cela qu'il s'agit. Il s'agit de vingt-huit mille francs qui sont sous une pierre de votre cheminée. Votre femme, interrogée sur l'origine de cette somme importante dans votre situation, dit que vous l'avez trouvée.

L'avocat se leva et dit qu'il engageait derechef son client à ne pas répondre.

— Messieurs les juges et messieurs les jurés, ajouta-t-il,

la position du client qui m'a été donné ne me permet pas de le défendre sans quelques préparations et sans avoir conféré avec lui. Je demande donc que l'affaire soit remise à quelques jours. Nous aurons sans doute des témoins à faire citer, et nous demandons des délais convenables.

Le tribunal pensa que, de son côté, il avait des témoins à faire mander. Les distances étant fort rapprochées, il remit l'affaire au surlendemain ; mais il décida qu'Épiphane Garandin serait retenu en prison ainsi que sa femme et la fille Désirée, que tous les prisonniers seraient tenus au secret et ne pourraient conférer, même avec leurs défenseurs, qu'à partir du lendemain à midi, attendu que la nouvelle face qu'avait prise l'affaire exigeait un supplément d'instruction.

Les gendarmes emmenèrent d'abord Onésime, puis Épiphane Garandin, sa femme et Désirée.

Je n'ai pas besoin de dire à quelle émotion tous nos personnages furent en proie jusqu'au jour du jugement. Tranquille et sa femme s'embrassaient, pleuraient et remerciaient le ciel.

Pulchérie et Bérénice se vantaient de n'avoir jamais cru Onésime coupable ; tout le monde maudissait Épiphane et son double crime ; mais surtout on s'entretenait de M. de Sievenn, de sa patience et de son dévouement à l'innocence ; on rendait grâce à la Providence, qui lui avait inspiré une ténacité si extraordinaire.

Le surlendemain arriva ; l'avocat d'Épiphane plaida longuement, mais il ne dit pas grand'chose. D'ailleurs, M. de Sievenn avait un inflexible cahier rempli de notes accablantes, qui, lorsqu'elles étaient niées par un des accusés, étaient prouvées et reconnues vraies par les témoins. Il y avait là des observations pour chaque jour pendant trois ans, et souvent même il y avait trois ou quatre observations pour le même jour.

La cour et les assistants furent très-scandalisés d'entendre le chef du jury déclarer que les jurés reconnaissaient en faveur d'Épiphane des circonstances atténuantes. On ne manqua pas de rappeler que, dans le jugement qui avait frappé par coutumace Onésime innocent, celui-ci n'avait pas rencontré le même bénéfice et avait été bien et dûment condamné à mort.

Épiphane fut condamné aux travaux forcés à perpétuité, sa femme à cinq ans de prison, et la fille Désirée à un an, dont elle ne fit que trois mois, M. de Sievenn s'étant intéressé à elle, comme il le lui avait promis.

Pour Onésime, il fut déclaré qu'*il n'y avait lieu à suivre contre lui*, et la cour ordonna qu'il fût sur-le-champ *relaxé* et mis en liberté *s'il n'était détenu pour autre cause*.

C'est par là que commença et que commence d'ordinaire le dispositif du jugement quand il y a plusieurs accusés.

Par une attention délicate de la justice, l'innocent acquitté apprend ainsi son sort le premier. Onésime fut immédiatement relâché, M. de Sievenn s'étant porté caution pour lui, et le président ayant promis d'obtenir sa grâce.

L'assistance vit avec attendrissement ce grand et beau jeune homme, auquel les gendarmes livraient passage, s'aller mettre à genoux devant son père et sa mère, qui le bénirent avant de l'embrasser.

M. de Sievenn avait des voitures toutes prêtes, et tout le monde se mit en route pour Dive.

Ce n'est que quelques jours après qu'un autre jugement rendu devant un tribunal civil ordonna la délivrance à Onésime Alain du legs de son cousin Éloi Alain, conformément au testament de celui-ci ; mais c'était là une affaire de forme dont on n'apprit le résultat que par une lettre de l'avoué.

Je n'ai pas besoin de dire quelle fut la joie de toute la famille Alain quand elle se retrouva dans la chaumière de Dive, où Onésime coucha cette nuit-là. Pélagie, par une douce et délicate prévision de femme, appela Pulchérie, et, la serrant dans ses bras, lui dit :

— Ma fille !

XXX

Les jours suivants, on ne vit plus ni Pulchérie ni Onésime. Onésime ne quittait pas le château de Beuzeval, où il était probablement occupé avec M. de Sievenn. Pulchérie, sous divers prétextes, resta chez elle à Cabourg.

Une indisposition de M. Malais vint, d'ailleurs, remplacer les prétextes par une raison. Certaines révélations qui s'étaient faites au procès relativement à sa ruine l'avaient profondément humilié.

Il s'écriait sans cesse :

— Que dira-t-on, mon Dieu ! Je n'oserai plus montrer ma figure dans le pays ; j'avais caché ma misère avec tant de soin et de succès, et voilà que ces maudits bavards en font le texte de leurs plaidoiries.

Pulchérie n'osa pas lui dire que personne n'avait jamais été dupe de sa triste comédie. Bérénice vint souvent voir Pulchérie ; mais Bérénice elle-même était embarrassée.

Contre l'attente de toute la famille, Onésime ne parlait pas d'épouser Pulchérie, on n'osait pas lui en parler non plus ; mais Pélagie et Bérénice en causaient entre elles.

— Cela manquerait à mon bonheur s'il ne me donnait pas Pulchérie pour fille, disait la bonne mère ; je sens que je hais déjà celle qu'il épousera à sa place.

— On ne peut forcer personne pour ces choses-là, disait le père Alain ; mais j'espère que ce n'est pas parce qu'il est devenu riche et que Pulchérie est pauvre qu'il est changé à son égard, j'espère que ce n'est pas cela.

— Oh! non, bien sûr, s'écria Bérénice, et je suis certaine qu'il ne pense pas à autre chose qu'à épouser Pulchérie; je gagerais qu'il viendra ce soir, mes chers parents, vous demander votre consentement.

— Il ne l'attendra pas longtemps, dit Pélagie.

Mais il ne vint ni ce soir-là, ni les soirs suivants, et Bérénice commença à s'inquiéter. Aussi ses conversations avec Pulchérie étaient-elles embarrassées; elle craignait de froisser le cœur ou de blesser l'orgueil de madame de Morville. Pulchérie pleurait et disait :

— Il a raison, il me rend mes dédains. Ne l'ai-je pas dédaigné, moi, quand il m'aimait tant et qu'il était pauvre? Hélas! le ciel m'est témoin que ce n'est point sa pauvreté qui m'empêcha alors de songer à lui. Comme il est changé! comme son visage a pris de la noblesse! comme sa démarche est imposante! Et, depuis si longtemps que je sais qu'il s'était sacrifié pour moi, comment ne l'aurais-je pas aimé pour tant de misères endurées à cause de moi? Mais aujourd'hui je dois l'éviter et lui cacher ma tendresse; quel malheur qu'il soit riche!

M. Malais l'appela auprès de son lit.

— Pulchérie, dit-il, je n'ose pas trop te demander de quitter tes amis; mais, moi, il faut que je m'éloigne de Beuzeval; on sait maintenant que je suis pauvre, je n'ose pas sortir; les enfants me montreront au doigt; je ne resterai pas ici.

— Nous partirons quand vous voudrez, cher oncle, cher père; je ne demande pas mieux, pourvu que j'aie quelques nouvelles des amis que je laisserai ici, pourvu qu'une lettre de temps en temps m'apprenne qu'ils sont heureux. Je pense que, vous et moi, nous serons mieux partout ailleurs;

je vais écrire à madame de Fondois, mon ancienne amie ; je vais la prier, elle qui va dans le monde, de me trouver à Paris des leçons de piano. Nous irons à Paris : là, on paraît ce qu'on veut, personne ne sait ce qui se passe chez vous et n'en prend souci ; je vous soignerai bien, nous vivrons heureux.

— Merci, merci, ma douce Pulchérie ! s'écria le vieillard ; je n'aurais pas osé te le demander, mais tu me sauves la vie ; je ne voulais pas te laisser seule, et cependant je ne pourrais plus vivre ici, ici où tout le monde me sait dans la misère, ici où le meilleur sentiment que je pourrais inspirer serait de la pitié ; merci, merci ! Quand partirons-nous ?

— Quand vous voudrez, mon oncle ; mais ne pensez-vous pas qu'il faille attendre la réponse de Marie ?

— Comme tu voudras ; toujours est-il que je ne mettrai pas les pieds hors de la maison, si ce n'est pour quitter Dive et n'y jamais rentrer. Oh ! non, je ne donnerai pas aux gens le plaisir de rencontrer pauvre et humilié par les chemins le seigneur de Beuzeval, qu'ils ont vu riche et heureux. J'attendrai ; d'ailleurs, je n'ai pas bien besoin de sortir : qu'est-ce que je vois quand je sors ? Des terres qui ont été à moi, des bois à moi que l'on abat, le château de Beuzeval, un château où j'ai dépensé tant d'argent et de soins, et où je ne puis promener mes regards qu'à travers une grille. On dit que ce M. de Sievenn, qui a fait une belle action en sauvant un innocent de l'échafaud, mais qui a parlé de choses et de gens dont il aurait pu se dispenser de parler, fait énormément travailler à Beuzeval, comme si j'y avais laissé quelque chose à faire. Je suis sûr qu'il gâte tout ; je voudrais seulement y entrer une fois pour voir le mauvais goût de ces gens-là.

— Pourquoi faire, mon oncle ? Ce serait vous donner encore de nouveaux chagrins; pour moi, pourvu que j'apprenne quelquefois que mes amis d'enfance sont heureux, et ils le seront, ils ont maintenant tout ce qui leur manquait, je ne regretterai ici que des tombeaux.

Le vieillard revint en peu de jours à la santé par l'espoir de quitter bientôt Dive; il ne voulait pas même ouvrir une fenêtre, et ne prenait l'air que le soir pour ne pas être vu.

On reçut bientôt une lettre de Marie de Fondois. Le ton de cette lettre était un peu protecteur. Cependant Marie s'était occupée de ce que lui avait demandé Pulchérie; elle lui avait déjà trouvé deux leçons et était sûre d'en trouver d'autres. La lettre renfermait beaucoup de doléances sur le malheureux sort de madame de Morville, et cela sous une forme assez peu obligeante.

Il faut dire, pour l'explication de ceci, que Marie de Fondois n'avait pas supporté avec patience d'être éclipsée dans le monde par Pulchérie de Morville, qui, pendant un temps du reste assez court, avait été plus riche et plus élégante qu'elle, et n'avait pas cessé d'être plus belle.

Malgré le ton dédaigneux de son amie, Pulchérie fut enchantée de cette lettre, et, d'accord avec M. Malais, elle pressa les préparatifs de départ.

Un jour, Bérénice rentra à la maison, tomba dans les bras de Pélagie et fondit en larmes.

— Tu ne sais pas, maman, Pulchérie va quitter le pays. Je l'ai trouvée faisant des paquets. Elle va à Paris avec M. Malais; elle dit que M. Malais ne peut supporter d'être pauvre là où il a été riche, surtout depuis qu'on a parlé dans le procès d'Onésime d'une misère qu'il croyait avoir cachée à tout le monde. Depuis ce temps-là, il n'a pas voulu sortir une seule fois de sa maison, tant il est honteux, et tu ne saurais croire combien il est changé. Pulchérie va donner des leçons de piano à Paris, et je pense aussi qu'elle n'est pas décidée seulement par le chagrin de M. Malais : Onésime et son inexplicable indifférence y sont pour beaucoup. Elle a souvent les yeux rouges. Je ne lui parle pas d'Onésime, car, à vrai dire, je ne sais que penser de lui; elle ne m'en parle pas non plus, mais je vois bien que cela lui ronge le cœur. Il faut dire aussi qu'Onésime est bien singulier. Lui qui n'a jamais vécu que pour elle, au moment où il peut l'avoir, il a l'air de ne pas seulement y penser. Je ne veux cependant pas croire qu'il soit changé ainsi parce qu'il est devenu riche. D'ailleurs, que pourrait-il désirer? Pulchérie est si belle, si distinguée, et elle l'aime! Je lui ai tant parlé depuis trois ans de l'amour, du dévouement et des chagrins de mon frère! Enfin Pulchérie va partir, et, en effet, je comprends qu'elle ne veuille pas rester ici. Je n'ai rien pu lui dire; j'étouffais, et je suis accourue pour pleurer avec toi.

— Mais c'est affreux, s'écria Pélagie; je ne veux pas que Pulchérie s'en aille. Il est vrai qu'Onésime ne nous gâte pas non plus; il est toujours en course au château de M. de Sievenn. Ce M. de Sievenn lui a rendu un grand service, et c'est un véritable ami; mais enfin il ne peut pas lui faire oublier sa famille et sa maîtresse. Écoute, Bérénice, cela ne peut pas aller ainsi; il faut au moins qu'il s'explique. Prends ta cape, et allons toutes les deux au château, nous lui parlerons; il faudra bien qu'il nous laisse voir ce qu'il a dans le cœur.

— Allons, ma mère.

Toutes deux se mirent en route. Comme elles passaient à une petite distance du cimetière de Beuzeval, elles virent Pulchérie qui était à genoux sur la tombe de son enfant, et qui alla ensuite prier sur celle de sa tante; puis elles la virent cueillir des fleurs sur les deux tombes et baiser la pierre qui les recouvrait.

— Ma mère, dit Bérénice, vois-tu, elle vient de leur dire adieu.

Elles ne furent pas longtemps sans arriver au château. Elles demandèrent Onésime.

On leur dit qu'il était parti le matin à cheval, mais qu'il ne tarderait pas à rentrer.

Elles attendirent une demi-heure, et il arriva. Il embrassa sa mère et sa sœur avec effusion.

— Onésime, dit Pélagie, nous venons de passer auprès du cimetière de Beuzeval ; nous avons vu Pulchérie qui disait adieu aux morts qu'elle y laisse.

— Adieu ?

— Oui, ajouta Bérénice, elle s'en va à Paris avec M. Malais ; elle quitte Dive pour n'y plus revenir.

Onésime devint pâle, et, prenant sa sœur par le bras, il s'écria :

— Elle n'est pas partie, au moins, elle n'est pas partie ?

— Oh ! maman ! s'écria Bérénice en pleurant de joie, il l'aime ; tu vois bien qu'il l'aime toujours.

— Que veux-tu dire ? demanda Onésime.

— Nous pensions que tu n'aimais plus Pulchérie.

— Moi ! et pourquoi donc ai-je vécu ? quel a donc été toujours le but de ma vie ? en quoi a-t-on pu en douter ?

— Mais, dit Pélagie, ta conduite a été bien singulière, et Pulchérie a dû se croire dédaignée.

— Dédaignée, Pulchérie ? Mais je l'adore, ma mère ; mais je ne respire que pour elle ! Je n'ai pas cru un moment qu'elle en pût douter, ni vous non plus.

— Eh bien, ton silence, dont elle ne dit rien, est sans aucun doute ce qui la fait partir, quoiqu'il y ait aussi le vieux Malais qui meurt de chagrin et ne veut rester ici à aucun prix.

— C'est une idée de M. de Sievenn qui me retient ici ; mais tout est fini. Comment ! vous avez pu croire que j'oubliais Pulchérie? Vous êtes sûres qu'ils ne partent pas aujourd'hui, au moins?

— Oh! non, Pulchérie ne nous a pas dit adieu.

— Mais êtes-vous certaines qu'elle veut vous dire adieu? Redescendez bien vite, surveillez tout : mon père est-il à la maison?

— Oui.

— Eh bien, je vais chercher M. de Sievenn ; attendez-moi à Dive.

Pulchérie resta plus d'une heure dans le cimetière à pleurer, à prier, à répéter :

— Adieu! adieu!

Puis elle rentra à Cabourg, où elle trouva le vieux Malais tout joyeux; car on devait partir le soir même, et Pulchérie laissait le vieillard arranger les choses au gré de sa triste et maladive vanité.

Ils avaient vendu leurs meubles, et n'emportaient que leurs vêtements et leur linge. M. Malais, se voyant un peu d'argent, voulait sortir *décemment* du pays, qui lui paraissait triompher de sa pauvreté. Il voulait se faire conduire *en chaise de poste* jusqu'à Honfleur.

— Là, dit-il, on ne nous connaît pas, nous pourrons voyager dans la rotonde de la diligence, et nous rattraperons ce que nous aura coûté la chaise de poste. Ici, nous allons dire que nous partons pour Paris, à cause d'un héritage important qui nous est survenu; j'en ai déjà dit un mot au maire de Dive, qui passait devant la porte, et que j'ai fait entrer un moment : cela va bientôt courir tout le pays ; j'ai écrit pour avoir une chaise de poste, et cela confirmera l'histoire de l'héritage. De cette manière, quand on parlera de moi à Dive ou à Beuzeval, au lieu de dire : « C'est un pauvre diable qui s'est ruiné et qui est mort dans la misère, » on dira : « Oh! oh! M. de Beuzeval, voilà un homme qui avait du bonheur : on l'avait ruiné en abusant de sa générosité; eh bien, il lui est survenu une fortune plus belle encore que la première. » Vois-tu, quand les gens sont pauvres, on dit toujours que c'est leur faute, c'est plus commode ; mais, si on nous croit redevenus riches, on trouvera toute sorte d'excuses à mes sottises.

— On ne dira que la vérité, mon cher oncle, en disant que vous vous êtes ruiné par votre générosité.

— Et un peu aussi par la vanité de m'allier à un comte, petite nièce. C'est égal, j'ai écrit à la poste d'envoyer ce soir à six heures une chaise de poste pour M. Malais de Beuzeval et madame la comtesse de Morville. A six heures, les pêcheurs seront rentrés ; je veux qu'on nous voie partir, qu'on nous voie partir en chaise de poste. As-tu fait tes adieux à la famille Alain?

— Pas... tout à fait... mon oncle ; ils sont de ma famille aussi, et, si vous vous accusez d'un peu de vanité, je puis, moi, m'accuser avec au moins autant de raison d'en avoir eu beaucoup, et de la plus mauvaise espèce. Je n'ai pas toujours été pour la famille Alain ce que j'aurais dû être, et cependant je les ai toujours trouvés bons, tendres et dévoués, sans parler du dévouement sublime de l'un d'eux. Je vais aller à Dive. Je voudrais bien que cette pénible épreuve fût passée ; je vous avoue que je la redoute plus que tout le reste.

— N'oublie pas de leur faire part de l'héritage, parce que, si nous ne disons pas la même chose à tout le monde, on finira par découvrir la vérité.

Pulchérie mit sa mante et allait sortir, lorsqu'on frappa à la porte, et on vit entrer Tranquille Alain avec Pélagie et Bérénice en habits de dimanche.

Ils étaient suivis de M. de Sievenn, d'Onésime et du fils Glam, qui resta dehors avec M. de Sievenn.

— Bien le bonjour, monsieur de Beuzeval, dit Tranquille

Alain ; mais qu'est-ce que ces paquets ? est-ce que vous allez en voyage ?

— Oui, mon cher Alain, oui, mon bon ami ; j'avais un cousin qui s'est laissé mourir, le cher homme : c'est le seul plaisir qu'il ait fait à quelqu'un dans sa vie. Pendant que je me ruinais bêtement ici, lui s'enrichissait à Paris, et il est mort juste à temps pour rétablir mes affaires. Me voici un peu plus riche que je n'étais auparavant. Nous allons à Paris, où nous devons nous fixer.

— Oh ! alors, monsieur de Beuzeval, je ne sais plus s'il faut vous dire ce que... Non... je crois que non.

Pélagie entraîna Pulchérie dans une autre chambre, et lui dit :

— Est-ce vrai, cet héritage ? Alors il n'y faut plus penser. Ce pauvre Onésime va te perdre encore une fois. Il t'aime... Il en mourra cette fois... Je sais pourquoi il ne disait rien...

— Ma bonne mère, dit Pulchérie, c'est parce que ce n'est pas vrai qu'il me perd et que je le perds aussi, car je n'ai appris à le connaître que pour le regretter.

— Rentrons, dit Pélagie.

— Mon bon ami, disait M. Malais à Risque-Tout, si je puis vous être utile à Paris, vous me le direz, je serai enchanté de vous servir.

Pélagie prit à part son mari, Onésime et Bérénice. Alors Alain s'avança vers M. de Beuzeval :

— Écoutez, monsieur de Beuzeval, lui dit-il, ce n'est pas pour votre argent que nous vous avons toujours aimé dans notre famille ; nous ne vous respectons pas moins depuis que vous êtes ruiné. Je ne sais si vous avez bien voulu y faire attention. Ce n'est donc pas à nous qu'il faut faire des histoires.

Ici, Pélagie fit des signes à son mari pour l'empêcher de

continuer; mais ce fut parfaitement inutile. Alain, poursuivit :

— Il ne s'agit pas de ça. Je sais la distance qu'il y a entre vous et nous, monsieur de Beuzeval; nous ne vous méconnaissons pas, et ce n'est pas parce que vous avez un peu moins d'argent aujourd'hui que nous nous en ferons accroire. C'est un peu hardi, ce que je vais vous dire, mais il faut pourtant que je vous le dise : vous connaissez Onésime depuis son enfance; on l'a élevé avec Pulchérie; ç'a été son dieu toute sa vie; il s'est toujours dévoué à elle; il a pour elle exposé sa vie, son honneur. Il nous a rendus bien malheureux tous pendant plusieurs années; il m'a fait bien des fois désirer d'être mort; enfin, c'est fini, n'en parlons plus. Onésime n'est plus un paysan; il a étudié, il parle comme un monsieur; il est capitaine au long cours, il est riche. Ce n'est pas quelque chose qui peut vous toucher; mais, pour diminuer un peu la distance qu'il y a entre vous et nous, il ne faut rien négliger de nos petits avantages. Eh bien, monsieur de Beuzeval, voulez-vous lui donner Pulchérie ?

M. Malais allait répondre et commençait :

— Ma nièce, madame la comtesse de Morville...

Pulchérie le pria de l'excuser si elle l'interrompait, et dit :

— Je ne veux pas avoir dédaigné Onésime quand j'étais riche, et l'accepter quand il est riche à son tour et que je suis devenue pauvre. Certes, depuis que je le connais, depuis que je sais ce qu'il a fait pour moi, j'ai conçu pour lui des sentiments aussi affectueux qu'il pourrait le désirer; mais il faut que je parte.

— Pardon, dit Onésime; Pulchérie, au nom de l'amour le plus profond, au nom d'une existence qui vous a été consacrée tout entière, est-ce la seule cause qui vous empêche d'être à moi ?

19

— Je voudrais être riche et que vous fussiez pauvre, Onésime... Mais cessez de me mettre à une épreuve trop cruelle. Il faut que je parte, et je partirai.

Onésime alla appeler M. de Sievenn. Celui-ci s'avança vers M. Malais et lui dit en ouvrant une tabatière pleine de cendres :

— Que voyez-vous là dedans, monsieur de Beuzeval ?

— Pourquoi cette question, monsieur ?

— Vous le sauriez déjà, si vous m'aviez répondu.

— Eh bien, je vois quelques pincées de cendres.

— Ah !... Eh bien, ces cendres sont tout ce qui reste de l'acte de vente du château de Beuzeval et des titres de ce que vous deviez au meunier. Peut-être même s'y mêle-t-il un peu des cigares qu'Onésime et moi, nous avons allumés avec ces paperasses.

Tous les assistants restèrent ébahis.

— De sorte que vous ne m'avez jamais vendu Beuzeval, de sorte que vous n'avez jamais dû un sous dessus.

— Mais, monsieur, dit M. Malais, je ne sais si...

— Cela ne me regarde pas, monsieur de Beuzeval ; j'avais acheté Beuzeval pour le compte d'Onésime, qui m'a parfaitement remboursé. Il m'a dit ses raisons pour allumer nos cigares avec les papiers en question ; je les ai trouvées bonnes, et jamais cigares ne m'ont paru aussi délicieux. Si vous voulez qu'il vous dise ses raisons, j'espère que vous serez de mon avis.

— Monsieur de Beuzeval, dit respectueusement Onésime, je suis, vous le savez, je crois, héritier de mon cousin le meunier de Beuzeval. J'ai trouvé dans ses papiers les preuves qu'il y avait eu des erreurs graves dans les affaires qu'il avait faites avec vous et avec votre parent, M. le comte de Morville. Ces erreurs ont porté les intérêts des sommes prêtées à un taux exorbitant et ruineux. Mon cousin est mort subitement, et j'ai cru, pour sa mémoire, devoir effacer une injustice qu'il n'avait pas eu le temps de réparer. Les hypothèques sur le château de Beuzeval et sur une partie de ses dépendances m'ont paru devoir être annulées. Vous ne pouvez, monsieur, refuser d'accepter ce qui est à vous, ce qui ne vous avait été enlevé que par une erreur de comptes.

— Eh quoi ! Onésime, c'est toi, toi qui me rends le château de Beuzeval, mon château où ma pauvre Dorothée est morte ! Je pourrais encore demeurer à Beuzeval !

— Soufflez là-dessus, monsieur, dit M. de Sievenn à M. Malais en lui présentant la tabatière où était la cendre. Vous ne voulez pas ? je vais souffler moi-même.

Et la cendre s'envola et tomba dans la chambre.

— Voilà qui est fini, ajouta M. de Sievenn. Mais qu'est-ce que cette voiture qui s'arrête devant cette porte ?

— C'est une voiture que j'ai demandée pour la comtesse de Morville, ma nièce, et pour moi, à cause de notre départ.

— Elle va vous conduire chez vous, à Beuzeval, où vous retrouverez tout comme vous l'avez laissé. Nous avons eu assez de peine à remettre tout en ordre, Onésime et moi.

Le vieillard, succombant à tant d'émotions, tomba assis et pâle dans un fauteuil. Pulchérie se précipita pour le secourir. On donna de l'air, il ouvrit presque aussitôt les yeux.

— N'ayez pas peur, dit-il, cela ne fait pas de mal. Mais enfin, Onésime, que veux-tu, mon garçon ? Je n'ai rien au monde que ce que tu me donnes. Demande à Pulchérie si elle est plus riche que moi.

Onésime se tourna vers son père et lui donna des papiers que lui tendit M. de Sievenn :

— Un fils, dit-il, ne peut pas être plus riche que son père. Ces papiers vous donnent tout ce qui vient du cousin Éloi. Tout est à vous et à ma mère. Vous prendrez chez vous Bérénice et Glam, moi et Pulchérie, si elle y consent.

Puis, s'adressant à Pulchérie :

— Pulchérie, ajouta-t-il, ma vie tout entière a été à vous jusqu'ici ; voulez-vous en accepter le reste ? Je ne suis digne de vous que par mon amour.

Pulchérie se jeta dans les bras de Pélagie, puis dans ceux de Bérénice, qu'elle embrassa sur les deux joues. Onésime cueillit ces baisers sur les joues de sa sœur.

Il y a une douzaine d'années, à peu près, par une chaude journée d'août, je me promenais sur la côte de Beuzeval. Le soleil brûlait la terre ; les oiseaux se taisaient ; on n'entendait que les sauterelles dans les chaumes.

Je m'étais assis à l'ombre des saules, au bord de la riante et limpide rivière de Beuzeval, qui murmurait sur les cailloux en baignant le cresson et les myosotis aux fleurs bleues.

Non loin de moi s'était mis aussi à l'ombre un vieux berger, vêtu d'une souquenille brune ; d'un chapeau à larges bords s'échappaient de longues mèches de cheveux blancs qui venaient se mêler à une barbe également blanche ; malgré cela, il était loin d'avoir l'air vénérable. Sous ses sourcils épais, on voyait des yeux pleins de ruse, qui semblaient éviter les regards.

Ses chiens haletaient, couchés à ses pieds. Les moutons cherchaient, dans les chaumes coupés, de petits liserons à fleurs rose pâle, qui exhalent une odeur d'amande, seule verdure que le soleil eût laissée dans le champ où ils se trouvaient.

Quelques-uns broutaient un peu d'herbe sous les arbres,

ou s'efforçaient d'atteindre quelques feuilles aux branches pendantes des saules.

Je voulus faire causer le berger. Je risquai l'observation usitée en pareil cas, qu'il faisait bien chaud. D'une part, il ne pouvait nier la chose ; d'autre part, j'en paraissais tellement convaincu, que je n'avais pas besoin d'être confirmé dans cette opinion par l'assentiment du berger.

Il n'y avait pas besoin de réponse, il ne me répondit pas. Je lui demandai alors combien il y avait de chemin de Beuzeval à Dive, où je logeais, et quel était le chemin le plus court.

Il se leva, rassembla ses moutons, siffla ses chiens et se mit en marche sans m'avoir répondu. Je ne tardai pas à le voir disparaître derrière les haies.

Je m'égarai un peu en rentrant à Dive ; mon hôtesse me dit :

— Monsieur, ce n'est pas ma faute si votre dîner ne vaut rien ; il n'y a réellement pas de bon sens à rentrer dîner à sept heures.

— Ma foi, dis-je, c'est la faute d'un berger qui n'a pas voulu m'enseigner mon chemin, et je me suis un peu égaré. Je ne risque rien, murmurai-je en m'adressant à la fille de l'hôtesse, de mettre la chose sur le dos de l'homme que j'ai rencontré. Si sa physionomie ne me trompe pas, il en a d'autres et de plus lourdes sur la conscience.

— Si c'est celui que nous savons bien, dit l'hôtesse, qui écoutait toujours ce qu'on disait à sa fille, surtout quand on parlait bas, si c'est un homme très-vieux, très-maigre, à cheveux blancs et à barbe blanche, vous n'en imagineriez jamais sur lui autant qu'il en a fait. Aujourd'hui, il est sorcier, il jette et lève des sorts ; il préserve les jeunes gens de la conscription. Mais il est sombre et taciturne ; il y a des endroits où il ne passe jamais. Vous ne le feriez pas descen-

là jusqu'au moulin de Beuzeval pour tout l'or du monde. Je parle du moulin qui est au bord de la mer. Il y a bien longtemps, il a assassiné un meunier à qui était, non pas le moulin, mais un autre bâti à la même place. Il ne passe pas non plus sur l'emplacement où était autrefois le château de Beuzeval. Il y a là-dessus une histoire... terrible, où il est question de bien du monde ; mais la plupart des gens d'alors sont morts, les autres ont quitté le pays et ne sont plus jeunes. Le berger Garandin a, dit-on, quatre-vingt-seize ans ; mais il mourra ici. Il avait, dans le temps, été condamné aux galères à perpétuité ; il a eu sa grâce au bout de douze ans. Seulement, on ne lui permet pas de s'écarter du pays, où, tout vieux qu'il est, on le surveille sévèrement.

Je demandai si on pourrait me raconter cette horrible histoire. L'hôtesse me mena chez une très-vieille femme sourde qui faisait de la dentelle noire.

Elle avait connu tous les personnages de ce récit, et était parente de Désirée, la servante du meunier. Elle mit plusieurs jours à se rappeler et à me conter l'histoire.

Je viens de vous la conter à mon tour.

FIN.

LAGNY. — Typographie de A. VARIGAULT et Cie.

www.ingramcontent.com/pod-product-compliance
Lightning Source LLC
Chambersburg PA
CBHW060653170426
43199CB00012B/1772